21世纪高等教育系列规划教材

演讲与口才

（第二版）

主　编　钱奇佳

副主编　余大芹

北京师范大学出版集团
BEIJING NORMAL UNIVERSITY PUBLISHING GROUP
安徽大学出版社

图书在版编目(CIP)数据

演讲与口才 / 钱奇佳主编. —2版. —合肥:安徽大学出版社,
2012.8(2024.2重印)
21世纪高等教育系列规划教材
ISBN 978-7-5664-0556-2

Ⅰ.①演… Ⅱ.①钱… Ⅲ.①演讲－高等学校－教材 ②口才学－高等学校－教材 Ⅳ.①H019

中国版本图书馆CIP数据核字(2012)第186324号

演讲与口才(第二版)

钱奇佳 主编

出版发行:	北京师范大学出版集团
	安徽大学出版社
	(安徽省合肥市肥西路3号 邮编230039)
	www.bnupg.com
	www.ahupress.com.cn
印　刷:	合肥远东印务有限责任公司
经　销:	全国新华书店
开　本:	710 mm×1010 mm　1/16
印　张:	14
字　数:	218千字
版　次:	2012年8月第2版
印　次:	2024年2月第9次印刷
定　价:	28.00元
ISBN 978-7-5664-0556-2

策划统筹:朱丽琴　　　　　　　责任编辑:卢　坡
装帧设计:李　军　　　　　　　责任印制:陈　如

版权所有　侵权必究

反盗版、侵权举报电话:0551－65106311
外埠邮购电话:0551－65107716
本书如有印装质量问题,请与印制管理部联系调换。
印制管理部电话:0551－65106311

目 录

第一章 演讲知识 ABC ……………………………………（1）
第一节 什么是演讲 ……………………………………（1）
第二节 狭义演讲的分类 ………………………………（9）
第三节 演讲的意义 ……………………………………（13）

第二章 演讲前的准备 ……………………………………（20）
第一节 选择一个适当的话题 …………………………（20）
第二节 确立一个新颖的主题 …………………………（23）
第三节 准备一份完整的讲稿 …………………………（25）

第三章 登台和开场的艺术 ………………………………（32）
第一节 演讲的登台艺术 ………………………………（32）
第二节 演讲的开场艺术 ………………………………（36）

第四章 演讲的展开和深入 ………………………………（49）
第一节 以道理说服人 …………………………………（49）
第二节 以情感打动人 …………………………………（63）
第三节 以兴趣振奋人 …………………………………（70）
第四节 以妙语激励人 …………………………………（73）
第五节 设置演讲的"兴奋点" …………………………（83）

第五章 演讲的结尾和收场 ………………………………（86）
第一节 结尾的方式 ……………………………………（86）
第二节 收场的禁忌 ……………………………………（94）

第六章 控场与应变及演讲词的记忆诀窍 …………………… (96)

第一节 控场的含义和要求 ………………………………… (96)
第二节 应变的方法 ………………………………………… (98)
第三节 演讲词的记忆诀窍 ………………………………… (101)

第七章 演讲中的语言 …………………………………………… (103)

第一节 有声语言 …………………………………………… (103)
第二节 态势语言 …………………………………………… (106)

第八章 无法回避的广义演讲 …………………………………… (120)

第一节 课堂讲授 …………………………………………… (120)
第二节 即兴说话 …………………………………………… (124)
第三节 主持仪式 …………………………………………… (130)
第四节 日常谈话 …………………………………………… (134)
第五节 辩论演讲 …………………………………………… (142)
第六节 求职应聘 …………………………………………… (152)

第九章 影响口才的几大因素 …………………………………… (157)

第一节 影响口才的语言因素 ……………………………… (157)
第二节 影响口才的非语言因素 …………………………… (168)

第十章 交际的技巧 ……………………………………………… (173)

附 录 …………………………………………………………… (193)

后记一 …………………………………………………………… (215)

后记二 …………………………………………………………… (217)

第一章 演讲知识 ABC

第一节 什么是演讲

一、演讲的定义

演讲又叫讲演或演说,一般有广义和狭义两种理解。

1. 广义演讲

广义演讲是指主题明确的言语表达活动。广义演讲除了包括下面要详细介绍的狭义演讲外,还包括教学环节中的课堂讲授、唇枪舌剑的当堂辩论、有明确主题的双边或多边交谈、公共场合的即席发言等等。演讲是说话,而说话并不都是演讲。演讲不同于无主题的随意漫谈,也不同于以表达感情为目的的窃窃私语,更不同于讲故事、说笑话一类逗趣活动。

有的演讲读本说演讲是"在听众面前就某一问题发表自己的意见或阐述某一事理的系统、成套的讲话",另一演讲读本说演讲是借助于有声语言"公开而系统"地表述自己观点的信息交流活动。实际上,演讲与其他言语表达活动的主要差别在于是否有明确的主题,而不在于是否"系统"地表述观点,系统性并不是构成演讲的必要条件。如果主题明确,哪怕只有短短的三言两语,也可以算是演讲;而如果没有明确的主题,即使是彻夜长谈,也不能算是演讲。例如,历史上有脍炙人口的"一句话演讲":美国飞机发明家莱特兄弟,是一对很善于思索、又刻苦钻研的兄弟,可是他们却是一对最不善于交际的兄弟。有一次在某个盛宴上,酒过三巡后主持者请莱特兄弟发表演说,他们一再推辞,人们还是不肯放过,经各界人士再三邀请,小莱特只说了这样一句话:"据我所知,鸟类中会说话的只有鹦鹉,而鹦鹉是飞不高的。"这只有一句话的演讲,博得了人们长时间的热烈鼓掌。

这是一个典型的即席发言,而且是被动的发言,它并没有"系统"地表述自己的观点,但是因为它有明确的主题,具备了广义演讲的基本特征,因而成为一个典型的广义演讲。

2.狭义演讲

狭义演讲是指个人在公众集会上运用有声语言和体态表情就某一问题直接发表意见、阐述观点,以达到说服人、影响人、感染人的目的的特殊言语行为。狭义演讲除了具有广义演讲"主题明确"的要件外,还应该具有以下条件:

一是听众人数众多。狭义演讲是在公众集会上发表的,而公众集会不管是由某一机构举办的,还是群众自发举行的,都不会仅有少数几个人参加。因此,公务活动或社交活动中面对个别对象或少数对象的一般谈话,尽管主题明确,也只能算是广义演讲。例如,1982年邓小平同志会见英国首相撒切尔夫人时做了题为《我们对香港问题的基本立场》的重要谈话,虽然主题明确、内容丰富,但人们一般不把它看成是一次演讲;而1941年12月8日罗斯福总统在美国国会所做的后来题为《一个遗臭万年的日子》的讲话,则是一个典型的演讲。

二是个人对听众的单向言语表达活动。虽然有些演讲活动安排有演讲人与听众的对话,但这一程序不是必须的。言语表达的单向性把狭义演讲与当众辩论一类的活动区别开来,有的辩论会或辩论比赛,虽然有成百上千的现场听众,但由于发言是辩论者之间相互进行的,因此人们一般也不把辩论当作狭义的演讲。

三是演讲中发表的应该是自己的意见或主张。教学中的课堂讲授,以传授知识为主要目的,教师必须按照教学大纲的要求阐述教科书上的内容,虽然每个教师的讲授各有其特点和风格,也只能算是广义的演讲。在我国,各级领导经常进行的传达文件内容或会议精神的报告,由于并不表达自己的观点,一般也不算是狭义的演讲。

二、狭义演讲的特征

作为一种特殊的言语表达活动,狭义演讲有哪些特征呢?

关于狭义演讲的特征有各种说法,例如,有一本演讲读本说狭义演讲的特征之一是"演讲目的的真理性"。这种说法显然是不合逻辑的,例如当年希特勒就是靠演讲起家的,他发表过无数次演讲,鼓吹大日耳曼民族的天生优越性和犹太民族的"劣根性";李洪志到处发表演讲,鼓吹反科学、反人类的歪理邪说;"文革"初期张春桥之流到处发表演讲,兜售他们的"知识越多越反动"一类奇谈怪论;而西方政治领袖们为竞选总统或议会席位而进行的演讲,仅仅是为了争得更多的选票,很难说是为了探索真理、宣传真理、捍卫真理。以上种种演讲并不具备"目的的真理性",怎么能说"真理性"是演讲的特征呢?"目的的真理性"充其量只是学术文化演讲的特征。

"选例的典型性"也被一些演讲读本列为狭义演讲的特征之一,实际上演讲是否一定要引用例子就是一个疑问。历史上有一些脍炙人口的"一句话演讲",如果说前面提到的莱特兄弟的一句话演讲只能算是广义的演讲,那么下面的例子则是典型的狭义演讲:1936年在上海各界公祭鲁迅先生大会上,著名学者和出版家邹韬奋先生发表的演讲全文如下:"今天天色不早,我愿以一句话来纪念先生:许多人是不战而屈,而鲁迅先生是战而不屈。"韬奋先生的这一演讲被认为是公祭大会上"最具特色的演讲",而这个演讲中一个具体例子也没有涉及,哪里谈得上什么"选例的典型性"呢?

演讲的特征应该是所有演讲都具有的共性特征。就狭义演讲来说,它与其他言语表达活动相比有以下几个明显特征:

1. 主题鲜明单一

主题明确是演讲的基本要求,没有明确主题的言语表达活动连广义的演讲都算不上。

演讲主题的单一性是由演讲的时间限制决定的。一个人发表一次演讲,一般只有几分钟到几十分钟时间,最长的演讲一般也不会超过半天。无论是邹韬奋的一句话演讲,还是毛泽东1942年5月23日在延安文艺座谈会上的长达三个小时讲话;无论是恩格斯《在马克思墓前的讲话》,还是希特勒在纳粹党集会上的任何一次演讲,无不具有单一鲜明的主题。

主题的单一性与演讲内容的丰富性并不矛盾。如果一个演讲的内容丰富,可以将总主题分解为若干分论题。但是,就像一篇议论文不管有多少分论点但总有一个总论点一样,一次演讲必须有一个主要的明确的中心论点。

2.目的具体明确

"说服人、影响人、感染人"是狭义演讲的一般目的,而任何一个人任何一次演讲,都有一个具体的目的。马丁·路德·金的《我有一个梦想》,具体目的是传播他的民族平等的理想和非暴力抵抗主义的策略;闻一多先生的《最后一次讲演》具体目的是谴责反动派暗杀李公朴先生的罪行;秋瑾女士的演讲《敬告中国二万万女同胞》,具体目的是鼓励妇女同胞向封建势力作勇敢的抗争;而村民大会上的竞选村委会主任的演讲,其目的是阐明自己的"施政纲领",以争取村民对自己的支持。

3.事前有所准备

这是狭义演讲一个很重要的特征。前面引用了两个"一句话演讲"的例子,其中小莱特在酒会上的演讲是在事先没有任何准备的情况下,被人再三邀请不得不做的发言,因此只能算是广义的演讲;而邹韬奋先生的纪念鲁迅先生的一句话演讲,则是事先有所准备的,据说他事先拟定了一份演讲稿,后来由于时间限制,只讲出了演讲稿中最精彩的一句话。

不仅初出茅庐的新手在演讲前要做充分的准备,就是身经百战的演讲大师,在正式演讲前也要做一定的准备。美国著名演讲家卡耐基一次乘车到另一座城市去演讲,他利用等车的时间到车站前的街心花园做模拟演讲,由于在街心花园面对花草做出种种演讲的手势,使人感到"行动怪异"而受到警察的讯问。这件趣事说明演讲大师们在演讲前也都要做一些准备。

4.兼有表演成分

狭义演讲除了要运用有声语言外,还要借助一定的体态表情,所以有人说演讲就是兼有表演成分的讲话。

不同场合、不同性质的演讲,表演成分的比重是不同的。例如,一个中学生在学校举办的演讲比赛上的演讲,表演成分会多一点;村委会主任候选人的竞选演讲,表演的成分就要少一些;而著名学者在高校礼堂的学术文化演讲,表演成分就更少。

在其他言语活动中,与演讲较为相似的是朗诵。演讲和朗诵都是语言表达艺术,二者的差别在于:朗诵以演为主,更加注重表演艺术,而演讲以讲为主,更加注重所讲的内容;朗诵可以照着原稿念,也可以完全靠背诵,但演讲却绝对不能照着原稿念,也不能靠背诵;朗诵的内容多为已经完成的诗歌、散文一类的抒情性文学作品,而演讲的内容则必须是演讲者自己的思想,演讲稿多呈议论文形式。

有一种有趣的现象可以帮助我们理解演讲与朗诵的差别:如果要列出我国著名的演讲家,人们会想到梁启超、鲁迅、马寅初、毛泽东等著名学者、思想家、政治家;而如果要列出我国著名的朗诵家,人们则会想到李默然、孙道临、赵忠祥等著名演员、播音员。这说明著名的演讲家不一定有精湛的表演技巧和标准的普通话,但必须有深刻的思想和独到的见解;而著名的朗诵家则必须有良好的表演技巧并讲一口标准的普通话,但并不要求他们有深刻的思想或独到的见解。

三、演讲的构成要素

任何演讲活动都存在四个问题:由谁讲?对谁讲?在何时何地讲?讲什么?这就构成演讲的四个要素:演讲者、听众、演讲环境、演讲内容。

1. 演讲者

演讲者是演讲活动的主导。演讲内容是否丰富、深刻,演讲语言、感情、体态的把握是否恰当,听众情绪和现场气氛是否活跃,主要取决于演讲者的综合水平。

对演讲者的评价有品德、才识、情感、个性等指标。

品德包括一个人的政治品质和道德修养。孔子说"有德者必有言"。一个道德高尚的人之所以要发表有价值的演讲,不是为了扩大个人的影响(演讲比赛、应聘考核一类的演讲除外),而是出于强烈的社会责任感。品质恶劣、矫揉虚伪的政客与正气凛然、德高望重的学者相比,谁能赢得听众的喜爱,这是不言而喻的。

才识包括知识和才能。就知识而言,演讲者的知识水平应当高于听众。演讲者理想的知识结构是金字塔形的,即所谓"通才—专才"型人才。如果不能达到这种理想的知识结构,从广度和深度两方面看,广度的要求要先于深度的要求,即演讲者首先应当是"通才",各种知识都要懂一点,尤其是人文科学和社会科学知识,这是因为演讲(即使是学术文化演讲)不同于纯粹的学术报告。演讲的听众大多数不是某一特定专业的专家或准专家(例如本专业的研究生），而是一些普通的听众，因此，过于专门的学术成果不宜在一般演讲中发表，而应去学术研讨会面对同行专家或研究生去发表。著名美籍华人学者杨振宁多次在清华、北大等高等学府面对大学生发表演讲，他演讲的内容不是获诺贝尔奖的"宇称不守恒定律"，也不是他在理论物理学方面最新的研究成果，而是"中美教育之比较"、"中国留美学生的优势与不足"等人文社会科学方面的问题。试想，如果杨振宁是一个人文、社会科学知识贫乏而又不十分关注社会问题的学者，他就不可能对普通大学生做出精彩的思想深刻的演讲。

才能包括综合能力和口才。知识与演讲才能密切相关，但又不能等同。一个明显的事实是，有些知识丰富的学者虽然能够写出高水平的学术论文或学术专著，却并不是杰出的演讲家，甚至他们的课堂教学也只能达到一般水平。这是因为演讲是一门独特的艺术，演讲才能是在实际的演讲活动中逐步形成的。

情感本身是个中性名词，但成功的演讲必须有激情，受人欢迎的演讲者必须有丰富的情感，是没有例外的。希特勒当年用煽情的演讲赢得了广泛的支持，而恐怖分子鼓动非理性的复仇情绪的演讲也充满了某种情感。我们今天所讲的演讲者的情感指标，指的是真挚、坦诚的爱憎感情。优秀的演讲者应该爱憎分明，对祖国、对真理、对人民、对现场听众都要有真挚深沉的爱。一个情感贫乏的人不可能有慷慨激昂的言词。演讲与纯粹的学术报告的一个重要差别就是前者必须包含演讲者的情感体验，演讲既要以理服人，也要以情感人，而学术报告则没有情感方面的要求。

每个人都有个性，人的个性是由遗传、环境、所受教育和本人价值观念等多种因素决定的。前国家领导人、同样当过国务院总理的李鹏和朱镕基，具有明显不同的个性。人的个性在演讲中往往会得到充分的展示，这又必然影响演讲的水平和风格。虽然有人认为个性本身没有优劣之分，但大多数听众更喜欢个性鲜明的演讲者。

在个性诸要素中，幽默感对于演讲来说具有特别重要的意义，因为绝大多数听众喜欢幽默风趣的演讲。

2. 听众

听众是演讲的客体和受众。演讲者必须了解听众，否则就是无的放矢，效果自然欠佳。黑格尔说:"演说家首先要充分考虑到演讲的场合以及听众的理解力和一般的性格,否则……不能达到所想望的实践效果。"

听众有权利赞同或反对演讲者的观点,他们对演讲者的态度以及对演讲内容的认可程度,直接关系到演讲的成败。

演讲者一般无权对听众提出什么具体要求,但必须了解听众的基本状况,例如听众的人数、职业、年龄、文化水平、政治倾向、目前最关注的问题等等。在演讲的全过程中,主讲者必须时刻注意听众的反应,并努力与听众进行感情沟通。

演讲要适应听众的需要,但是这并不意味着迎合或迁就听众。演讲者要牢牢把握演讲的主动权,引导听众认同或至少理解自己的观点。

如何当一个好的听众,是美国中学和大学演讲课程中的重要内容。本书对此不展开阐述,只列举一个好的听众应该具备的几个条件:

第一,好的听众应该具有独立思考的习惯。对演讲的内容既不盲目接受,也不盲目排斥,而是加以分析鉴别,汲取其精华,剔除其糟粕。这样才能做到听一次演讲,得到一些收获。

第二,好的听众应该尊重他人听演讲的权利。如果你对演讲的内容很感兴趣,专心致志地听讲,当然不存在侵犯他人听讲权的问题;假如你对演讲内容不感兴趣,你会做出干扰他人听讲的行为吗?好的听众应该知道一个简单的道理:你不感兴趣的东西,别人可能很感兴趣,为什么不让他们听下去呢?

第三,好的听众应该尊重演讲者的劳动和人格。除非演讲的内容非常出格(例如鼓吹恐怖主义、种族歧视或国家分裂),可以采取适当的方式表示抗议外,一般不要打断演讲,不要中途退场,不要在演讲后向演讲者提出故意刁难性质的问题。在演讲的精彩之处和演讲结束时,出于礼貌还应该报以热烈的掌声。

3. 演讲环境

演讲环境包括时代背景和具体场合两个因素。

俗言"什么时代说什么话"。演讲不仅要看对象(听众),还要适合当时的时代背景。20世纪30年代,正当民族矛盾空前尖锐、中华民族生死存亡的关头,上海某些教授不合时宜地向爱国热情高涨的大学生作《文学应当描写永久不变的人性》的演讲,不但当场遭到冷落,而且受到鲁迅先生辛辣的嘲讽。

演讲的具体场所对演讲的影响也很大,街头群众集会和大学报告厅的演讲必须有不同的风格,硝烟弥漫的战场上的紧急动员和村委会大院内竞选演说,必须使用不同的语言。

演讲虽然不像话剧表演要用许多布景和道具,但在条件许可的情况下,演讲的组织者应该按演讲的性质来布置会场,以创造与演讲内容相适应的氛围。

演讲者在准备演讲的时候,对演讲的具体环境应有所了解。

4. 演讲内容

演讲内容包括选题范围、主要观点、具体材料等等。演讲内容是由演讲者、听众和演讲环境决定的。一个演讲者在确定准备讲什么时,必须考虑演讲的其他三个要素:演讲者能够讲什么?听众希望讲什么?时空环境适合讲什么?

有的演讲内容不是由演讲者本人确定的。我国大、中学校中经常组织的演讲比赛,就常常限定演讲的选题范围,例如某年安徽省大学生演讲比赛规定以"我与道德建设"为题;有的演讲比赛不但规定了选题范围,还规定了演讲的主要观点,例如"讲诚信从我做起"这个题目就不仅是一个选题范围,而且还规定了演讲的主要观点。

演讲比赛的组织者在确定演讲内容时也必须考虑演讲的其他三个要素。我们认为,虽然演讲比赛的内容可以有一个限制,但不宜限制得太死。近几年各种类型语文考试,已经普遍采用了话题作文的命题方式,演讲比赛的选题也应借鉴这一做法,规定话题可矣,规定主题则大可不必。如果把演讲的主要观点也加以明确规定,就不仅限制了参赛者独立思考的空间,而且所有参赛者都是同一个观点,难以避免内容的单调重复,这样的演讲比赛往往会影响学生参赛的积极性,甚至影响其他学生听演讲的兴趣,也就达不到使更多学生接受教育的目的。例如,重建诚信机制本来是一个系统工程,关于这个问题存在各种各样的观点,"讲诚信从我做起"只是其中的一种观点,为什么不能持"讲诚信应从制度抓起"、"讲诚信应从娃娃抓起"、"讲诚信应从教育抓起"、"讲诚信应从老师做起"、"讲诚信应从官员做起"、"讲诚信应从学者做起"等等观点呢?当我们设定了"讲诚信从我做起"的主题后,不同意这个观点的人是否来参加比赛呢？如果他们违心地参加,他们就是在做假,这显然有违诚信的原则;如果他们不参加(甚至连听众也不想当),演讲就会搞得冷冷清清。

第二节 狭义演讲的分类

古希腊著名学者亚里士多德在《修辞学》中对演讲进行了初步分类,他认为演讲可以分为三类:第一类是公共场所和政治集会上的演讲,他称之为"审议体修辞";第二类是法庭上的演讲和辩论,他称之为"法庭体修辞";第三类是用于公共庆典或祭神仪式上的演讲,他称之为"藻饰体修辞"。

亚里士多德对演讲的分类至今仍有较高的参考价值,但他的分类中没有学术文化演讲的地位,这无疑是一个小小的遗憾,因为在亚里士多德时代,学术活动十分活跃,市民的思想也比较自由,学术文化演讲已经是一种经常性的社会活动。也许亚里士多德不认为这种活动属于演讲学研究的对象。

参照亚里士多德的分类法,我们认为现代社会经常进行的正式演讲活动有以下五类:

一、政治演讲

政治演讲用于公共场所和政治集会。政治演讲有明确的政治目标,通常具有极强的鼓动性,演讲者通过论述国家政治生活和社会生活中的各种现实问题,对公众产生政治导向作用。

最典型的政治演讲是西方各国的总统竞选演讲、就职演讲和议会演讲。1941年12月8日,美国总统罗斯福请求召开国会紧急会议,并向参众两院联席会议发表了一篇不到10分钟(演讲稿译文不足1000汉字)的著名政治演讲,他以简练、干脆的语言陈述了12月7日前后日本背信弃义突然袭击珍珠港、发动太平洋战争的事实,表示了美国政府一定要赢得绝对胜利的决心,向美国公众发出了战争动员令。罗斯福总统演讲结束后,参众两院仅用33分钟就通过了美日处于战争状态的决议,参议院是82对0票,众议院是388对1票,这在美国历史上是绝无仅有的一次。罗斯福总统这次著名演说后来被定名为《一个遗臭万年的日子》。

在我国,近代政治家也有许多著名的政治性演讲,例如秋瑾女士的《敬告中国二万万女同胞》、孙中山先生就任中华民国临时大总统的就职演说、毛泽东在党的七大闭幕式上所作的题为《愚公移山》的闭幕词、闻一多先生1946年7月15日在李公朴先生追悼会上所作的后来被题为《最后一次讲演》的演说等等。

政治演讲具有极强的鼓动性,它可以为任何政党、集团或个人所利用。政治演讲的煽情作用可能点燃正义的火种,也可能煽起邪恶的烈焰,甚至制造盲目的个人迷信。当年纳粹头子希特勒就是靠出色的演讲起家的。

在一个民主化程度比较高的国度里,政治演讲绝不是政府首脑、议会领袖等政治家的专利,公民可以在各种场合通过演讲发表自己对国家、社会重大问题的见解和主张,以此来直接或间接地参与国家政治生活。

我国社会正处于转型时期,民主与法制成为政治生活的主流,政治演讲也逐渐多起来。例如,由于相关法律规定村委会由村民直接投票选举产生,村委会主任的竞选演讲已经是一种相当普遍的现象,虽然一个行政村的竞选对于国家政治影响不大,但是对于本村村民来说,由谁来当村长是一个直接关系到他们切身利益的政治问题,因此,这种最基层的竞选演讲也是典型的政治演讲。近年来在某些城市中,还出现了竞选人大代表的演讲活动。随着公民民主意识的增强和国家法制的健全,政治演讲将会更广泛地出现在我们的身边,公民发表政治演讲的机会也会越来越多。

二、法庭演讲

法庭演讲是检察官、律师或诉讼当事人向审判员、诉讼参与者和旁听人陈述自己对案件的主张和反驳其他人主张的公开演讲。无论是公诉人、辩护人还是诉讼当事人的演讲水平,在一定程度上会对审判结果产生影响。

历史上有许多著名的法庭辩论。

1933年2月27日,希特勒党徒放火焚烧德国国会大厦,却嫁祸共产党人,当时在德国流亡的保加利亚共产党领袖季米特洛夫也遭逮捕并被起诉。1933年12月16日,在德国莱比锡法庭上,季米特洛夫用精彩的辩护演讲揭露德国法西斯的阴谋和暴行,并据理力争,陈述自己和战友无罪的理由,在辩护演讲强大的逻辑力量面前,法庭不得不宣判他无罪。

1936年邹韬奋、史良等七位爱国民主人士因宣传抗日救国主张被国民党当局逮捕,是为轰动全国的"七君子事件"。国民党以他们与共产党和张学良有公开电信来往,强加给他们一个联合共产党反对政府的罪名。在法庭上,邹韬奋在辩护演讲中义正词严地反驳了国民党当局强加的罪名:"我们电请张学良抗日,起诉书说我们勾结张、杨叛变,我们发了同样的电报给国民政府,为什么不说我们勾结国民政府?共产党给我们写公开信,起诉书说我们勾结共产党。共产党也给蒋委员长发公开信,是不是蒋委员长也勾结共产党?"法官们无言以对,最终只好宣判七君子无罪。

"文革"期间,因揭露林彪、四人帮的罪行和批评毛泽东的错误而"获罪"的张志新烈士,在遭到四人帮爪牙迫害的时候,也曾做过精彩的法庭辩护讲,遗憾的是,在政治生活极端不正常、法庭形同虚设的情况下,张志新的精彩演讲未能使自己幸免于难,她在临难前被惨无人道地割断了喉管,最终被剥夺了讲话的权利。

今天,我国的法制建设已经取得了可喜的成果,法庭演讲不再是虚假的摆设。虽然离完善的法治社会也许还有一段路程,但张志新这样的悲剧可能不再会重演。

三、学术文化演讲

学术文化演讲是指为传播学术文化观点而发表的演讲。下面是香港凤凰卫视中文台"世纪大讲堂"栏目2004年上半年组织的部分学术文化演讲的题目和主讲人:

新经济年代教育路向(香港岭南大学校长陈坤耀教授)

电影的文化定位(北京电影学院导演系郑洞天教授)

"百年中国"六次政治选择(上海师范大学历史系萧功秦教授)

现代婚姻向何处去(中国社科院社会学研究所陈一筠教授)

大学的治理与改革(北京大学光华管理学院张维迎教授)

人文精神的哲学思考(中国社科院哲学研究所周国平教授)

中国政府制度创新(中国人民大学公共管理学院张成福教授)

我们怎样面对AIDS(清华大学当代中国研究中心李楯教授)

中国宪政起步(北京大学法学院贺卫方教授)

从以上演讲题目可以看出,学术文化演讲主讲人通常是知识分子(学者),而不是官员或英雄模范,演讲的题目通常具有较丰富的文化含量。学术文化演讲不同于严格意义上的学术报告,因为演讲的对象是一般听众(大多为求知欲旺盛的青年听众),而学术报告的对象通常是某一领域的专家或准专家。学术文化演讲的特点是:内容科学严密,观点独到新颖,语言通俗生动。在中国近代和当代社会,启蒙思想家梁启超、文化巨人鲁迅、人民教育家陶行知、著名人文学者马寅初、著名物理学家杨振宁(美籍)等,都做过许多精彩的学术文化演讲,这些演讲对培养我国青年的科学精神发生了巨大影响。

虽然以上所列的学术文化演讲的主讲人都是著名学者,但这并不意味着其他人不能做学术文化演讲。正如政治演讲不是少数政治领袖的专利一样,学术文化演讲也不是少数学术权威的专利。一位有水平的中学教师,在充分准备的情况下完全可以对中学生做一场精彩的学术文化演讲;而一位普通大学生也可以在假期对家乡的父老乡亲做一场以"依法维权"为题的普及法律知识的学术文化演讲。

四、礼仪演讲

礼仪演讲就是在各种纪念、庆祝、贺喜、吊丧仪式上的演讲。这种演讲在数量上占有很大的比重。

礼仪演讲因典礼性质的不同可以具有不同的风格。有人说礼仪演讲就像文学中的散文,叙事、抒情、议论无所不可。最常用的礼仪演讲有欢迎词、祝酒词、追悼词等等。

礼仪演讲的特点是语言庄重、感情真挚、篇幅简短。恩格斯《在马克思墓前的讲话》、毛泽东在张思德同志追悼会上所作的《为人民服务》的演讲、周恩来1972年2月21日在欢迎美国总统尼克松的宴会上的祝酒词等,都是礼仪演讲中的名篇。

礼仪演讲的内容可能带有政治性质、学术性质,但表达政治主张或学术观点不是礼仪演讲的直接目的。礼仪演讲切忌套话连篇,空洞无物。

五、其他演讲

随着现代社会生活的多样化,演讲的门类也在不断增加。有的演讲很难归入以上四类演讲中的某一类,我们统称为"其他演讲"。常见的演讲有:竞赛表演性演讲(专门的演讲会上的演讲)、动员报告、先进事迹报告、典型经验介绍等等。其中竞赛性质的演讲是大学生经常参加的演讲活动。组织某一主题的演讲竞赛,在客观上能够达到宣传教育的效果,但从演讲者的角度看,参加演讲的直接目的是为了检验或锻炼自己的演讲才能。

目前在大、中学校中举行的演讲比赛有一种不太好的倾向:过分注重名次而忽视了群众的参与性,过分夸大表演在演讲中的作用而忽视演讲内容的丰富性和多样性。一种极端的做法是演讲词完全由老师代笔,而演讲者只需要标准的普通话加上恰当的动作、表情、语调,就能得到较好的名次。这种演讲比赛实际上成了普通话比赛或表演比赛,是一种舍本逐末、买椟还珠的做法。试想,一次全省性的大学生演讲比赛,如果没有大学生的广泛参加,而仅由各个学校聘请有学问的老师写出高水平的演讲稿,再挑选普通话标准、表演技能好的学生上台与其他学校的选手竞赛,这样的演讲比赛又能使多少人受到教育、得到锻炼呢?

关于演讲的分类还有其他一些方法,例如有人根据发表演讲的具体场合,将演讲分为议会演讲、法庭演讲、群众集会演讲、演讲比赛等;有人根据演讲的风格将演讲分为激昂性演讲、深沉性演讲、严谨性演讲、活泼性演讲等等。

第三节 演讲的意义

民主革命的巾帼英雄秋瑾在留学日本期间,曾经担任中国留学生组织"演说练习会"会长。1904年,秋瑾女士创办《白话报》,该报第一期发刊词题名《演说的好处》,该文说道:"演说一事……我们不能不注意。我国把演说看得很轻,以为口里说说,有什么大不了……为什么演说一事在世界上大有关系的呢?因为开化人的知识,感动人的心思,非演说不可。"秋瑾认为演说能

"唤醒国民",她列举了演说的五大好处:

> 第一样好处,是随便什么地方,都可随时演说。
>
> 第二样好处,不要钱,听的人必多。
>
> 第三样好处,人人听得懂。虽是不识字的妇女、小孩子,都可听的。
>
> 第四样好处,只须三寸不烂的舌头,又不要兴师动众,捐什么钱。
>
> 第五样好处,天下的事情都可以晓得。

秋瑾女士针对当时的中国社会状况而概括的演讲的意义,今天读来仍然让人很受启发。

在民主精神成为世界政治主流的信息时代,演讲作为一种广泛的社会活动,至少具有以下作用:

一、演讲是政治生活的重要形式

在南京中山陵广场前的花坛中,有一尊孙中山先生的青铜雕像,雕像的姿势是孙先生左手叉腰,右手平举,正在进行演讲。为什么孙中山先生的纪念雕像要选择他正在发表演讲的姿势?那是因为演讲是一位政治家最典型的活动方式,也最能展示杰出政治家的个人魅力。

历史上几乎所有的杰出的政治家都留下了精彩的演讲词,演讲是他们发表政治观点、阐述政治主张的主要形式。有的重要演讲甚至影响了人类历史的发展进程。我们以美国黑人民权领袖马丁·路德·金的著名演讲《我有一个梦想》为例。尽管美国早在19世纪60年代就通过了《解放黑奴宣言》,但直到20世纪60年代前,白人对黑人的歧视仍然广泛地存在,并被视为理所当然。美国黑人为争取完全的民主权利进行了长期的暴力抵抗,但是不能改变白人对黑人的歧视心理和观念。是马丁·路德·金领导的非暴力抵抗运动,深深地打动了各阶层白人的心,促成了美国国会通过了民权法案,从法律上正式结束黑人的被歧视地位。而《我有一个梦想》这篇面对25万黑人同胞的精彩演讲,正集中体现了他争取黑人平等权利的决心和非暴力反抗的思想。

演讲不仅是政治领袖们使用的武器,也是普通公民参与政治、行使民主权利的重要方式。1919年的"五四"运动,1931的"一二·九"运动,1976年清明节前后以天安门广场为中心的反抗四人帮的政治运动,青年学生和觉悟了的市民在广场和街头发表了无数次慷慨激昂的演讲,那些动人的场面构成了中国现当代政治生活中最动人的篇章。

中国目前正在进行政治体制改革,民主化程度将会越来越高。公民不仅在许多场合可以参加行政职位和代表资格的竞选,而且有更多机会在公开场合通过演讲对国家政策或社会重大问题发表自己的见解和主张。

二、演讲是文明管理的必要手段

演讲是管理者让被管理者了解管理意图的不可缺少的手段。

演讲的这一作用自古而然,在原始社会末期,部落联盟首领就是通过演讲来传达自己的管理意图的,这在我国古代关于尧、舜、禹的传说中有许多记载。

有一种常见的也是非常重要的演讲叫做"就职演说",不仅西方国家的总统、首相上任时要做例行的就职演说,我国每一届新政府的领导人上任时也要做就职演说;不仅高层领导人上任时要做就职演说,基层的乡镇长、村委会主任、企事业单位的领导上任时也要做就职演说。就职演说的主要内容就是阐述施政纲领。如蔡元培先生1917年1月4日就任北京大学校长之演说,对北大学生明确提出了三点基本要求:"予今长斯校,请更以三事为诸君告。一曰抱定宗旨……二曰砥砺德行……三曰敬师爱友。"就职演说可以说是新任领导人管理活动的开始。

当代管理学倡导人性化管理,管理者要把被管理者放在平等的位置上,强调相互沟通,尊重他们的人格,而不能仅仅靠缺乏人文关怀的行政命令进行强制的、野蛮的管理。因此,管理者需要经常通过演讲让被管理者充分理解自己的管理意图。日本松下公司的总裁松下幸之助、美国微软公司总裁比尔·盖茨等杰出的企业家都是杰出的演讲家。

三、演讲是传播知识、启迪智慧的良好方法

尽管现代社会传播信息的手段越来越多,但演讲作为传播知识的重要方法之一是永远不会过时的。面对面的课堂讲授本身就是广义的演讲,校园中经常举行的学术文化演讲是最受大学生欢迎的活动之一。香港凤凰卫视每周一次的"世纪大讲堂",邀请著名学者到演播现场对观众进行专题演讲,是一个纯粹的学术文化演讲节目,该节目已经成为凤凰卫视最受欢迎的节目之一。

在传播知识和启迪智慧方面,演讲有其他传播手段不可替代的作用。俗语有"听君一席话,胜读十年书",可以说明当面听演讲与自己看书在效果上的差别。

为了提高理论水平,党中央政治局自2002年底起,开始定期举行集体理论学习。学习的方式就是请专家学者对政治局委员们进行演讲。下面是中央政治局前11次集体学习的内容和邀请的专家。

第一次,2002年12月26日,学习宪法。由中国人民大学许崇德教授、武汉大学周叶中教授主讲。

第二次,2003年1月28日,学习世界经济形势和我国经济发展。由中国社会科学院余永定研究员、江小涓研究员主讲。

第三次,2003年3月28日,学习世界就业发展趋势和我国就业政策研究。由中国人民大学曾湘泉教授、中国社会科学院蔡昉研究员主讲。

第四次,2003年4月28日,学习当代科技发展趋势和我国的科技发展,以及运用科学技术加强非典型肺炎防治工作。由中国科学院王恩哥研究员、清华大学薛澜教授、中国疾病预防控制中心曾光研究员主讲。

第五次,2003年5月23日,学习世界新军事变革的发展态势。由军事科学院科研指导部钱海皓研究员和外国军事研究部傅立群研究员主讲。

第六次,2003年7月21日,学习党的思想理论与时俱进的历史考察。由中央党史研究室张启华研究员、张树军研究员主讲。

第七次,2003年8月12日,学习世界文化产业发展状况和我国文化产业发展战略。由中国社会科学院新闻研究所张西明研究员、清华大学新闻与传播学院熊澄宇教授主讲。

第八次,2003年9月29日,学习坚持依法治国、建设社会主义政治文明。由复旦大学国际关系与公共事务学院林尚立教授、中国社会科学院法学研究所李林研究员主讲。

第九次,2003年11月24日,学习15世纪以来世界主要国家发展历史考察。由南京大学钱乘旦教授讲解。

第十次,2004年2月23日,学习世界格局和我国的安全环境。由外交学院秦亚青教授和中国社会科学院张宇燕研究员主讲。

第十一次,2004年3月29日,学习当今世界农业发展状况和我国农业发展。由北京农业大学程序教授和农业部农村经济研究中心柯炳生教授主讲。

中国最高决策层集中的理论学习之所以采用请专家演讲的形式,就是因为对整个社会而言,学术文化演讲是效率最高的传播科学知识的方式。

四、演讲是锻炼口才、提高综合素质的最佳途径

精彩的演讲离不开良好的口才,而口才和其他才能一样不是天赋的,而是通过学习和训练获得的。对青年学生来说,锻炼口才的最佳途径就是参加演讲活动(包括广义的演讲)。有的优秀中学语文老师坚持每一节语文课前由1—3名同学发表三分钟演讲的做法,极大地提高了中学生的语文素质,尤其是口语水平。但是,由于高考并不考核说话能力,这种行之有效的经验没有得到广泛推行,以至于相当多的大学生口头表达能力不尽如人意。对于这些同学来说,如果不能在大学期间通过演讲活动来锻炼口才,毕业时是难以适应社会对人才素质的要求。

演讲还可以展示演讲者的思想深度、风度气质、综合能力甚至人格魅力。秋瑾女士是一个杰出的演讲家,"每大集会……必抠衣登坛,多所陈述。其词淋漓悲壮,荡人心魄。与闻之者,鲜不感动愧赧而继之以泣也"(陈去病《鉴湖女侠秋瑾传》)。许多著名的历史人物留给人们最深刻、最鲜明的形象,就是他正在作演讲时的姿态。可以说,一个人准备演讲的过程,既是他理性地、系统地整理自己思想的过程,也是他陶冶、净化自己的心灵的过程。通过演讲可以提高自己的综合素质,尤其是人文素质。

演讲无论对整个社会、对现场听众还是对演讲者本人都具有重要价值,因此,演讲在现代社会受到人们普遍重视。一位留学美国的中国青年曾在《演讲与口才》杂志上撰文介绍美国大学中演讲课程情况:"在该学院,演讲是一个独立专业。有关该专业的课程约有18门,其中最基础的课程是'演讲基

础'。这门课是在校每个学生(无论哪个专业)都必须学习的两门课程之一(另一门是英语课)。演讲基础课主要是教一些演讲基本知识和技巧……还要教学生如何成为一个合格的听众。"可见演讲在美国与英语一样是所有专业大学生必须学习的两门公共课。实际上,据有关资料,美国的中学就设置演讲课。美国人认为"舌头(口才)、金钱(自己挣的,泛指物质条件)、电脑(科技)"是一个人处身立事的三大武器,而演讲既是锻炼口才的最好途径,也是展示口才的极好机会,因此演讲训练在美国各级学校中受到极大的重视。

在我国,素有中国民主运动摇篮之称的北京大学,也有重视自由演讲的风气。该校不但有专供演讲用的"大讲堂",而且校园内经常自发举行各种自由演讲活动,当年由蔡元培、胡适、李大钊、陈独秀等开创的独立思考精神,正是通过校园演讲而代代相传的。

五、演讲是一把双刃剑

2004年上半年,各地新闻媒体不断报道大学生被骗陷入传销组织的陷阱的消息。下面是其中一条:

三农民骗倒两千名大学生(题)

昨日下午,重庆市公安局首次披露了发生在该市的全国最大规模大学生传销案侦破始末。

三个超级农民在短短三个多月的时间里不仅骗了2000多大学生,还给他们彻彻底底洗了脑,其中,有清华大学等名牌学校的学生。(消息来源:2004年3月31日重庆晚报)

传销是国家明令禁止的非法活动,何以能骗倒那么多的大学生?内中原因相当复杂。但是,所有关于传销的报道中,都有新来成员被"洗脑"的过程,而洗脑的主要方式就是由巧舌如簧的"教导员"对被骗者进行"精彩"演讲。

这一事实说明,演讲对于社会来说是一把双刃剑。作为一种社会活动方式,它可能为各种人用于各种目的。政治演讲的鼓动作用可能点燃正义的火种,也可能煽起邪恶的烈焰,甚至制造盲目愚昧的个人迷信。当年纳粹头子希特勒不就是靠出色的演讲起家的吗?邪教组织法轮功的主要头目李洪志也是一个"功力"不凡的"演讲家"。

一般的演讲读本在阐述演讲的意义时，都没有指出演讲对社会可能具有的负面作用。我们这里指出这一点，目的有二：

当你作为一个演讲的听众的时候，必须保持清醒的头脑，对演讲的内容做出自己的分析判断。即使是去听一个你心目中崇拜的偶像的演讲，也不能盲目地接受他讲的一切。设想一下，假如你某一次不慎误入了传销组织或邪教组织的"洗脑房"，你会很快识破他们的欺骗性吗？你的理性和良知会被他们一两次演讲洗掉吗？

当你具备了一定的演讲才能的时候，请守住自己的道德和良知的底线，不要将演讲作为牟取不当利益的工具，不要利用演讲来达到有害社会、有害他人的不当目的。

第二章 演讲前的准备

第一节 选择一个适当的话题

一位著名演讲家在回忆自己一次毫无准备的演讲情形时说:"被推上台的时候,不知道要讲些什么;演讲的时候,不知道在讲些什么;讲完走下台来的时候,不知道曾讲了些什么。"这段话非常真实地说出了没有任何准备的演讲者的尴尬。事实上,即使是身经百战的演讲大师,在没有任何准备的情况下也难以作出精彩的演讲。因此成功演讲的关键在于正式登台前的准备。而演讲准备的第一步就是选择一个适当的话题。

一、选题的规则

如果允许,请选择自己确有研究而听众又感兴趣的话题。

我们之所以把它说成是"规则",是因为它是演讲成功的必要条件。

在确定演讲题目的时候,有两种倾向应该注意避免。一是自己肚子里有什么货就倒什么货,全然不了解听众需要听什么。这样的演讲孤立地看也许内容充实也有一定水平,但就像面对风华正茂的青年学生大谈中老年保健的奥秘,不可能激起听众的兴趣。二是被动地适应听众的需要,而选择一个自己没有认真研究过的话题。这样的演讲对演讲者来说是勉为其难,不可能有多少深刻而独到的见解,最终也不会得到听众的欢迎。

以上规则有一个假定前提:对演讲题目没有限定。这种情况不仅大量存在于各种非正式的演讲,而且在正式演讲中也并不罕见。2003年2月著名作家沙叶新参加母校东南大学百年校庆,就在东南大学礼堂做了一场《我的道德底线是不说谎》,由于这是他长期思考的问题,而且也是大学生和知识分子较感兴趣的话题,因此演讲引起极大的反响,这篇演讲词被许多家网站转载,在国内广为流传。沙叶新是名人,实际上没有成名的你也可能会遇到类似的情况,例如在大二寒假的时候,你中学的班主任可能会请你给他现在所带班级的高二学生做一次演讲,这时你就必须自己选择话题,班主任显然也会尊重你选择的话题;再如,大学演讲协会经常举办的演讲活动,大学演讲课中的演讲实践,班级开展的自由演讲活动等等,都会遇到自己选题的情况。随着社会的开放程度逐步提高,随着你走上社会以后社会地位和社会影响的改变,你可能会越来越多地遇到选择演讲话题的机会。

有一些演讲的话题不是由演讲者自己选择的,而是由听众自己选定或演讲组织者规定的。例如,中央政治局集体理论学习请专家做演讲,是根据选题来选择演讲者,他们通常是国内对该选题研究水平最高的专家;再如,一些主题演讲比赛,演讲话题是由演讲的发起者规定的,在规定话题的时候也要体现参加者有话可讲而听众(例如大学生)又感兴趣的原则,否则演讲比赛就不能取得预期的效果。

二、选题的步骤

假如最近你有一次登台发表自由演讲的机会,你如何根据选题的规则来选定演讲的话题?

第一步,回忆自己曾对哪些问题做过认真思考。

在这个问题下,你一定可以列出10个以上答案,因为你已经是大二学生,你应该有了独立思考的习惯。请不要把"认真思考"的标准定得太高,认真思考不等于有了成熟观点或明显成果;也不要把"问题"界定得太窄、太严肃,因为生活中的小事可能蕴涵着深刻的人生哲理。例如,你最近可能偶尔听到一个同学在抱怨:"为什么世界上没有人理解我?"这个问句中就有许多值得思考的问题:他为何会发出这样的感慨?他的感觉带有普遍性吗?青年学生中有多少人有类似的感觉?发出这种感慨的人是否在努力地理解别人?怎样才算被人理解?要想被人理解自己应该做什么……再比如,当你看到媒体上报道浙江省一位品学兼优且高考取得高分的女生仅仅是因为身高不足1.5米,就被某著名政法大学拒之门外的消息,你会不会产生一些想法?这种现象是普遍的吗?这种行为是合法的吗?这种身高歧视的直接原因是什么?根本原因又是什么?社会上还存在其他方面的歧视吗?为什么身高只有 1.46 米的阿罗约博士能当选菲律宾总统,而我们的小个女生不能上大学、不能当公务员……

当你把自己曾经思考过的问题在本子上一一列出的时候,实际上是在对过去的学习和思考进行认真总结——你已经在摘取演讲的果实了。

第二步,仔细分析以上问题中哪些是听众感兴趣的。

在解决这个问题之前,你应该先了解一下即将面对的是哪些听众。你现在是大学生,你第一次演讲的听众多半也是大学生,但是,大一学生和大四学生可能有不同的关注点,男生和女生也可能有不同的兴趣,理科学生和文科学生同样有差别,对这些你必须心中有数。在你认真思考过的那些问题中,总有听众感兴趣的话题。请把这些问题勾出来。

如果你认真思考过的问题听众都不感兴趣,那就只好等待下一次演讲机会了;如果你只找出一个听众感兴趣的问题,选题实际上已经完成,因为你已经别无选择;如果这样的问题不止一个,就请你进入选题程序。

第三步,确定你对其中哪个问题思考得更成熟。

对此你肯定能找到确定答案,因为没有任何人比自己更了解自己了。

当这个问题确定下来时,选题程序即告结束。

有的大学生有记日记或写随笔的习惯,如果你平时记下的不仅仅是感情的历程或生活的流水账,而且有对社会、对人生、对生活的思考以及读书读报的心得,以上步骤在翻阅日记本的同时就完成了。

三、选题的实例

我们举出近代著名学者、社会活动家梁启超的三个演讲选题作为以上规则和步骤的佐证。

1900 年,在马关条约签订后、八国联军侵华战争前,梁启超应邀在一群热血沸腾的爱国青年集会上演讲,他选择的题目是《少年中国说》。

1922 年 5 月 21 日,梁启超应邀到北京诗学研究会演讲,面对文学研究爱好者,他选择的题目是《情圣杜甫》。

1922 年 11 月 6 日,梁启超应邀为一所女子师范学校的师生演讲,他选择的题目是《人权和女权》(演讲词见本书附录)。

梁启超是学贯中西的著名学者,他对许多问题都有精深的研究,因此对于他来说,"确有研究"的话题可能很多,因此选题原则主要体现在如何满足听众的兴趣,以上所列的三个题目全是听众最感兴趣的问题。假如他在爱国的热血青年面前讲《情圣杜甫》,在诗学爱好者面前讲《人权和女权》,对女子学校的学生讲《少年中国说》,演讲的效果又会如何呢?这是不难想象的。

第二节 确立一个新颖的主题

确立主题在文章学中叫做立意。演讲是口头文章,也要立意。主题与话题不同,演讲的话题是你打算谈哪方面的问题,而演讲的主题则是对这一问题的具体观点。例如,"如何重建诚信机制"是一个话题,而"讲诚信从我做起"则是对此问题的一种观点,只能算是演讲的主题;再如,"我看伊拉克战争"是一个话题,而"萨达姆政权的垮台是好事"、"多国部队对伊战争是(或不是)一场侵略战争"等等,则是关于伊拉克问题的不同观点。一次成功的演讲不可能只有话题而没有主题,否则你的演讲在逻辑上就存在着"论点不明确"的致命伤。

一、立意的规则

说出你对所谈问题独到的见解或体会。

见解独特的演讲能启迪听众的智慧,给听众留下深刻的印象和久久的回忆;而陈词滥调、人云亦云的演讲只能让人听而生厌。

我们可以站在听众的立场理解演讲立意的基本要求。人家抽出了宝贵的时间来听你的演讲,是为了听你的毫无价值的废话、毫无新意的老话吗?也许你认为自己的普通话说得好、音色优美、表演出众,虽然不能让听众思想上得到启发,但能让他们得到审美的享受。错了!100个来到演讲现场的听众中,冲着表演来的不会超过5个,假如仅仅是为了欣赏表演艺术,人们会选择相声表演或朗诵比赛,而不会走进演讲大厅。所以演讲立意必须求新。

据说俄罗斯莫斯科大学的留学生中曾流传着一则故事:教授在黑板上写了一个问题"请问你对其他国家的居民高蛋白食品匮乏有何独到见解",留学生们没有一个能够回答,原因是看不懂题目。当教授问他们哪儿不懂时,来自不同国家的学生给出了各自不同的回答。西欧来的学生说:不知道"匮乏"一词是什么意思;非洲来的学生说:不知道"高蛋白食品"是什么意思;南美洲来的学生说:不知道"请问"是什么意思;美国来的学生说:不知道"其他国家"是什么意思;而中国来的学生则说:不知道"独到见解"是什么意思。这一故事反映了我国的教育存在的缺陷:过分强调服从,强调统一,强调权威,而不注重培养学生的独立思考的习惯和大胆创新的精神。如果在大、中学校的演讲活动中大力鼓励发表自己独特的见解,对培养学生的独立人格将会产生不可低估的作用。

二、立意的步骤

第一步,努力回忆在所选话题上你曾有过哪些想法。

由于选择的话题是认真思考或研究过的,因此你有过的想法(包括不成熟的想法)肯定不止一种。例如,假如你选择了"校园爱情"这个大学生普遍感兴趣的话题,而自己对此也做过观察、调查和思考,你就一定有一打以上的想法。

再如,假如你选择了"我看马加爵"的话题,你可以回忆在第一次听到马加爵事件的报道时心里有哪些想法,在看到报纸关于马加爵事件的各种评论或平时听到同学们对此事件的评论时,你有过哪些想法。

请把你对所谈问题的各种想法在本子上全部列出来。

第二步,认真分析这些想法哪些与一般观点不完全一样。

这里所说的"一般观点",包括世俗的观点、多数公众的观点、通行教科书上的观点、老师上课时灌输的观点、传媒宣传上占优势的观点等等。这些观点有的可能与你独立思考得出的结论相同,有的可能相反,更多的则是不完全相同。先将相同的观点划去,再将相近的观点划去,你会发现自己独立思考而形成的想法中,有几个与通行观点有明显的差别。这些想法就是你立意的选择范围。例如,关于马加爵,一般的观点认为这一典型案件反映了当代大学生心理素质方面的缺陷,而有人却认为马加爵事件仅仅是一个偶然的个案,因为杀人案在大学生(全国在校大学生有1000多万)中出现的比率远远低于在其他社会群体(例如官员、工人、农民等等)出现的比率。不论这一观点是否为人们普遍接受,它起码是能够引发人们对马加爵事件做更全面的思考。

第三步,仔细思考这些独特想法哪些能够找到充足的理论根据和事实根据。

有的想法可能很新,但暂时找不到充分根据,那是因为你的思考还不够成熟。这样的想法可以在平时交谈时与朋友交流,但不能作为演讲的主题。你的独特想法中绝不会都找不到理论和事实的根据,从这些有根据的想法中选择一个作为你演讲的主题。

三、立意的实例

下面以梁启超《人权和女权》为例来说明立意的规则和步骤。

梁先生作此演讲的时间是 1922 年,当时妇女解放是一个很时髦的话题,而进步阵营比较普遍的观点是:妇女首先要争得政治上的权力,才可能争得其他权利。在这前后,鲁迅先生写了杂文《娜拉走后怎样?》和小说《伤逝》,表达的也是这个观点。而梁启超却独辟蹊径,选择了女权运动"以程序论"应该"学第一,业第二,政第三"的论题。这一论题的科学性姑且不论,但是作为演讲主题的独到性则十分明显。本书附录中收了这篇演讲词的全文,请读者认真读一读,体会演讲立意的诀窍。当你认真读完这篇演讲词时,你就不会认为梁先生是在故意标新立异,更不会武断地说他的观点是在为封建传统势力效劳了。

第三节 准备一份完整的讲稿

就像学生不喜欢只会盯着讲稿照本宣科的老师一样,听众也不喜欢只会照着讲稿朗读的演讲者(不管他的讲稿多么精彩)。既然如此,为什么还要准备一份完整的讲稿呢?道理很简单:因为初次参加演讲,只有事前认真准备讲稿,才能在演讲时胸有成竹地不带讲稿走上讲台。

准备讲稿的过程大致可以分为四步:组织材料,谋篇布局,锤炼语言,将讲稿压缩为简短的备忘纲要。

一、组织材料

主题是演讲的灵魂,材料是演讲的血肉。对演讲材料的基本要求有三条:丰满充足,典型切题,真实可靠。

1. 丰满充足——这是对材料量的方面的要求

材料贫乏的演讲就像"三根筋挑着一个头"的干瘪身材,是不会引人注意讨人喜欢的。以《人权和女权》为例,梁先生就收集了古今中外有关人权和女权的大量历史事实和著名言论作为材料。

2. 典型切题——这是对材料质的方面的要求

由于你选择的是自己认为有充足的理论和事实根据的主题,所以材料丰满充足不难做到,而要做到典型切题却必须对材料进行严格筛选。演讲的时间是有限的,即使是专题性的学术文化演讲(不是指正规的学术报告)也应该控制在半个小时之内,而一般政治演讲、礼仪演讲和演讲比赛上的演讲,则不宜超过10分钟,因此,应当忍痛割爱,将那些不够典型或与主题只有间接关系的材料(即使它们很生动)坚决舍弃。例如,《人权和女权》这篇演讲词中,就没有任何游离于主题之外的蔓枝赘叶。

3. 真实可靠——这与其说是对材料的要求,不如说是对演讲者人格的要求

如果演讲材料中有一处明显虚假,而你却振振有词地说它们是真实的,听众就有权怀疑你所有材料的真实性,因为它说明了你为人的不诚实。举一个具体例子:一位小有名气的青年学者在一次题为《多保留一片绿地》的演讲中引用了以下数据:"我国每年出口到日本的一次性木筷达200万亿双,折合成木材相当于40亿立方米。"初看这是非常切题的典型材料,但是稍有经验的听众会很快发现它不可能是真的:日本只有1亿多人口,如果每年消费200万亿双木筷,则平均每人每年消费的木筷将近200万双,每天消费近6000双,这不是十分荒唐吗?

在准备演讲稿的时候,对所有材料要进行认真的核实,引用名人名言要准确,引用事例要真实,援引的数据要精确。要消灭诸如"每个日本人一天要用6000双木筷",或将毛泽东名言说成是江泽民名言之类的"硬伤",否则你的演讲可能赢得的不是掌声,而是嘘声。

二、谋篇布局

演讲词的正文部分实际上是一篇议论文,因此其谋篇布局的要求也就是议论文的结构要求。

让我们来分析英国哲学家、数学家、逻辑学家、1950年诺贝尔文学奖获得者罗素的一次著名演讲的篇章结构。

罗素不是一个无神论者,而是个怀疑论者,他只是不相信上帝的存在,认为没有任何证据证明上帝存在,而一个无神论者,则相信上帝不存在,认为有证据证明上帝不存在。1927年3月,他应邀到全英非宗教主义协会南伦敦分会的一次大会上做题为《为什么我不是基督教徒》的著名演讲。这个演讲进行了一个多小时,罗素显然进行了充分的准备,有详细的演讲稿。演讲稿除引文部分阐述了自己的主要观点外,正文部分列有13个小标题:①什么是基督教徒;②上帝的存在;③最初起因的论点;④自然法则的论点;⑤事先计划的论点;⑥神明道德的论点;⑦基督的品性;⑧基督训导的缺点;⑨道德问题;⑩感情因素;⑪教会是怎样阻碍进步的;⑫恐惧是宗教的基础;⑬我们要做什么。其中第①部分是对主要论点关键概念的科学界定;第②到⑥系统分析基督教关于"上帝存在"的各种理论,指出没有一种理论可以从逻辑上证明上帝确实存在;第⑦到⑪转入对基督的分析,因为尽管上帝的存在没有充分的根据,但基督(耶稣)是历史上确实存在的,罗素分别从品性、道德、情感等各个方面指出基督教的教义和训导方法也是不值得推崇的。他在充分论证的基础上,很"慎重"地得出"基督教作为有组织的教会,过去是,现在也依然是世界道德进步的主要敌人"的结论。第⑫"恐惧是宗教的基础"分析了违反科学的宗教为何得到许多人信仰的原因,解答了人们可能会产生的"既然宗教阻碍道德的进步,为什么会有那么多人信仰它"的疑问。而最后一部分"我们要做什么"则是对整篇演讲的总结,回答了听众"我们不信基督教,那么我们应该追求什么"的疑问。(本书附录中收有这篇演讲词的节录)

这篇演讲词逻辑严密,结构清晰,感情真挚,既有极强的论证性,又具有强大的人格力量。可以说是长篇演讲中的精品。

需要指出的一点是,由于听演讲不像看论文那样可以反复分析,因此演讲词更要求前后连贯,一气呵成。请认真阅读《就任北京大学校长之演说》、

《人权和女权》等演讲词,体会演讲词在结构方面的这一特点。

三、锤炼语言

演讲语言是一种规范化的口头语。在演讲稿内容和结构基本成型后,必须按照适合于有声语言临场表达的要求,在修辞方面对语言加以认真锤炼。

对演讲语言的基本要求是:得体、生动、节奏感、幽默。

1. **得体——就是语言基本风格与语境相协调**

不同类型、不同内容、不同场合、不同听众的演讲,要求不同的语言风格。语体与语境不相协调,恰如帕瓦罗蒂在故宫广场演唱摇滚歌曲,显得不伦不类,是注定要失败的。

演讲稿的语言容易出的毛病是过分书面化。书面语(尤其是议论文)与口语最明显的差别是前者多用长句,而后者多用短句。演讲稿中不宜使用20个音节以上的长句,一篇1000字的演讲稿(大约可以讲5分钟),15个音节以上的长句不要超过5个。有人说,短句无法准确表达完整的意思,其实不然,以《人权和女权》中下面一段话为例:

> 啊,啊!了不得,了不得!人类心力发动起来,什么东西也挡他不住。"一!二!三!开步走!""走!走!走!"走到十八世纪末年,在法国巴黎城轰的放出一声大炮来:《人权宣言》!好呀好呀!我们一齐来!属地么,要自治;阶级么,要废除;选举么,要普遍;黑奴农奴么,要解放。在十九世纪,全个欧洲、全个美洲,热烘烘闹了一百年,闹的就是这一件事。吹喇叭,放爆竹,吃干杯,成功!凯旋!人权万岁!从前只有皇帝是人,贵族是人,僧侣是人,如今我们也和他们一样,不算人的都算人了,普天之下率土之滨凡叫做人的,都恢复他们资格了。人权万岁!万万岁!

这段话中最长的句子不超过15字,你能说它表达的意思不准确不完整吗?请对照这段话,把你的讲稿中所有长句改成短句。

2. **生动——就是语言要形象化**

虽然演讲稿总体上说是议论文体,但因为将要用于口头表达,因此不能仅仅注重逻辑的严密,而忽视语言的形象化。毛泽东在《反对党八股》这篇演讲词中,

概括了"党八股"的"八大罪状",其中有一条就是"语言无味,像个瘪三"。他说:

> 上海人叫"小瘪三"的那批角色,也很像我们的党八股,干瘪得很,样子十分难看。如果一篇文章,一个演说,颠来倒去,总是那几个名词,一套"学生腔",没有一点生动活泼的语言。这岂不是语言无味,面目可憎,像个瘪三么?

这里谈的是文章、演讲语言生动的重要性,而这篇演讲词本身,就是语言"形象生动"的范例。

要做到语言生动形象,就要多用比喻、拟人、夸张等积极修辞手段。"语言无味,面目可憎,像个瘪三"是比喻,"巴黎城轰的放出一声大炮来"也是比喻,人权运动"一!二!三!开步走"是拟人。查一查你的演讲稿中有没有比喻、拟人和夸张;如果一处都没有,请看看哪些地方可以运用这些修辞方法改动得形象一些。

修辞方法要用得贴切,需要良好的语言基础。亚里士多德认为:"听众一般都喜欢被不平常的东西打动。"他举例说,描述一个好青年在保卫祖国的战争中死去,仅说"他献出了年轻的生命"是不够的,如加上"就像我们的一年四季中失去了春天",就赋予年轻的牺牲者一种不同寻常的值。

3.节奏感——就是演讲词要讲究"音乐美"

汉语以音节为基本语音单位,是世界上最富音乐性的语言。刘大櫆先生说:"一句之中,或多一字,或少一字……则音乐迥异。"(《论文偶记》)演讲词是要用有声语言直接讲给人听的,因此特别要注意语言的节奏感。

演讲语言要有节奏感,就要多使用短句(这也是语体的要求),同时要注意词语音节的匀称整齐、铿锵和谐。请看下面两段话:

> 这就是当初的北京人,那时候的人要爱就爱,要恨就恨,要哭就哭,要喊就喊,他们自由地活着,没有礼教来拘束,没有文明来捆绑,没有虚伪,没有欺诈,没有阴险,没有陷害……他们是非常快活的。
>
> 这种作风,拿了律己,则害了自己;拿了教人,则害了别人;拿了指导革命,则害了革命。
>
> (毛泽东《改造我们的学习》)

这两段话都以整齐的四字结构为主,形成排比,说出来铿锵有致、匀称和谐,富有节奏感。而上述所引用的《人权和女权》那段话,则是三字格和四字格交替使用,错落有致,说起来也感到抑扬顿挫,朗朗上口。

4. 幽默——这是对演讲语言的最高要求

"幽默"是一个美学概念,指"言语或举动有趣而含义较深"。日常语言中"幽默"有时指一种个性,有时指一种妙趣横生的语言风格。一般来说,富有幽默感的人才能说出幽默的语言,因此,要求每个人的演讲都富有幽默感是不现实的。尽管如此,力求在演讲中使听众发出几次欢快的笑声,应该是你写演讲词时努力追求的一个目标。

如果你不能做到妙语连珠,那么在演讲词的适当地方安排两个笑料是必要的。喜剧演员和演讲大师看似随口说出的笑话,绝大多数是事先准备好的,只是因为出现在适当的时候,才使人觉得很自然。演讲中穿插的笑料,必须和演讲主题有关,否则会适得其反,追求幽默,却使人感到滑稽。讲笑话不要事先暗示,例如"我说个笑话你们一定会笑掉大牙"之类,不露声色地讲出来的笑料才能带给人意外的惊喜。有的演讲者在讲到他认为可笑之处时,自己一个人在台上捧腹大笑,而听众并没感到有什么可笑。这样的演讲有时也会引起哄笑,但听众感到好笑的不是演讲的内容,而是演讲者自己傻笑的怪异行为。这是值得我们引以为戒的。

四、将讲稿压缩为简短的备忘纲要

成功的演讲没有一个是念出来的,也没有一个是背出来的,就连上文提到的罗斯福总统著名的政治演讲《一个遗臭万年的日子》,也是把预先写好的讲稿放在一边"讲"出来的。对于一个演讲新手,在熟悉演讲词的内容后,还要进行必要的排练,才能有把握不带讲稿登上讲台。

在排练过程中,你会发现原来按口语化的要求写出来的讲稿仍然有一些地方不适合口语表达,因此还要不断地对讲稿进行修改。这种修改可以通过在讲稿上作出适当的标记来完成,而不必作正式的文字改动。如果你完全按照口语的要求形成文字,结果又会发现它不适合发表或作书面交流。

在最后几次排练时,请你将演讲稿压缩为一份简短的纲要。纲要一定要简明,一个要点用一个短句甚至一个词语就可以了,因为你已经非常熟悉讲稿的内容,提纲只要自己看懂就行了。一篇1000字的演讲词(演讲时间大约

5分钟),纲要不要超过100字,写在一张小卡片上就可以了。半小时的学术演讲,最多使用3张小卡片。带着这种小卡片走上讲台,你会感到心中有底,小小卡片拿在手中或放在桌上,不会引人注意,演讲时可以一直不看它们,万一遗忘了演讲词,随便瞥一眼,演讲就可以自然地进行下去。

如果你的演讲纲要记的太多,卡片写得密密麻麻,就起不到预期的作用,因为如果演讲中忘了内容,是无法很快从一大堆密密麻麻的文字中找到你现在讲到哪里的。

下面是根据《人权和女权》这篇演讲词整理的演讲纲要,供读者整理演讲纲要时参考。

《人权和女权》演讲纲要

1. 解题:"人权和女权"并列,不通?

2. "自然的人"和"人格的人(很少)"。

3. 奴隶不是人(古希腊)——柏拉图"凡人都应该参与政治……"

4. 平民是半个人(中国、罗马、中世纪)。

5. 奴隶、平民自我意识(未觉醒)。

6. 人权意识的觉醒,教育—职业—政治,三大阶段。

7. 人权运动的爆发(法国,《人权宣言》)。

8. 人权不关女性的事?

9. 女权运动的开始(广义人权)。

10. 女权运动的条件。

11. 自动(他动和自动,觉醒)。

12. 人权三阶段(教育权和政治权,做人条件和做人权利)。

13. 西方女权运动不振。原因:教育机会不等。

14. 中国的人权与女权—驳斥"女权尚早论"(不必先造狭轨再造广轨)—不能"没有筑路就想开车"—女子缺少竞争力(教授、秘书、选举)—原因:学力、受教育机会("知识即权力")。

15. 女权运动的顺序:学、业、政("急其所缓,缓其所急")—没有"实力"的参政权是空话(政棍的选票)—多培实力,少说空话。

16. 女子师范是女权基本军队—庄子"水之积不厚,则其负大舟也无力"—知识能力,做人资格—人权万岁。

第三章 登台和开场的艺术

第一节 演讲的登台艺术

一、演讲登台要注意仪表

什么是仪表？仪表即是人的外表，包括长相、体型、身材及服饰等，主要指演讲者的外部特征。

一个人的长相是天生的，但可以修饰。譬如选择适当的发型，做些简易的化妆；根据体型身材选择合适的服装等等。演讲者的服饰是听众审美的一项重要内容，应该简洁大方、庄重朴素、和谐得体、合时合境。西方把它总结为TPO原则。T—time，指时间，着装要注意时代与时令；P—place，指场所、场合；O—object，指目的、目标、对象。它的含义，是要求人们在选择服装、考虑其具体款式时，应当兼顾时间、地点、目的，并应力求使自己的着装及其具体款式与着装的时间、地点、目的协调一致，较为和谐般配。

风度，是指通过人的言谈、举止、仪表所体现出来的个人风格与气度。风度虽然同样是从外部特征表现出来的，却是个人的精神气质、文化修养、心理素质诸因素的外化。人们说"仪表端庄"，这是对行为举止的最基本要求；而"风度翩翩"却是对行为举止更全面、更高的要求。比起仪表来，风度就显得更内在、更高雅，蕴涵更丰富。

演讲者的风度、仪表、神态，应给观众留下最佳的"第一印象"。心理学"首因效应"理论认为：一个人给别人的第一个印象往往是人们对其作出判断的依据。如你见到一个人衣着整齐、合体入时，表情自然，则会认为此人做事细心，有条有理，进而会想，这个人一定有责任心，你就必然会在心里产生最初的中意的感觉，并且还会联想到其人会有这样、那样的能力。

倘若一个人给你的最初形象是衣冠不整，嘴巴里骂骂咧咧，你定然会作出其缺乏道德观念的结论，甚至还会联想到此人的其他缺点。一次，心理学家雪莱在莫萨立斯特大学挑了 68 个自愿参加实验者，这些应试者的外貌、口才及对事物的理解判断能力都挑不出毛病的，但仪表、风度却大不相同。68 人分别征求 4 位素不相识的过路人的意见，以期得到他们的支持。结果表明，风度翩翩者较之仪态平平的对手，自然是稳操胜券了。登台讲演时，更不能不修边幅、肮脏邋遢，而要整洁、大方，有风度，但也不能过分雕饰。服装应该同身份相称，不宜过于奇特，那种自恃高雅，油头粉面，衣冠楚楚，似奶油小生的装束；或一味追赶时髦，仿洋人港客模样，纵然口吐莲花，舌绽春蕾，也多不会使人产生钦敬之感。"峨冠博带话务农"，必显得滑稽可笑，如果"蓬首垢面谈诗书"，那就有失风雅体统了。要针对特定的演讲环境来决定演讲时自身的仪表、衣着和态势。演讲者的外部表象如衣着、态势是被听众直接感受的，它对演讲的效果乃至成败会有直接影响。据一般的社会心理分析，听众往往会将演讲者的仪表、衣着等与自己的仪表、衣着相比较，以自己的仪表、衣着、态势作为评判演说者的标准。所以演讲者就要尽可能将自己的仪表、衣着与听众接近或一致起来。如果是在高雅的宴会上，听众衣冠华贵，演讲者衣衫不整，举止粗俗，就难登大雅之堂了。而在沸腾的工地，繁忙的田野，西装革履的粉面小生登台，就必定在心理上与听众产生距离。

演讲者的风度既体现在有声语言，又体现在态势语言。做好演讲或即兴发言，主要靠好的语言功底，还要辅以美的演讲态势。态势指仪表、姿态、神情、动作诸方面，它包括立与坐、眼神、手势、身体动作、步伐移动等。讲，是有声语言，给人以听觉形象。我们对有声语言的要求，则是吐字清楚、准确，声音清亮圆润、甜美，语气、语调、声音、节奏富于变化，要注意形式美和声音美。它具有时间艺术的某些特点，是听众听觉的接受对象和欣赏对象。演，是无声语言，给人以视觉形象。演讲者的姿态、动作、手势、表情等，它是流动着的形体动作，辅助有声语言，承载着思想和感情，诉诸听众的视觉器官，产生效应。由于它是流动的，因此，它存在于一瞬间，转眼即逝，这就要求它准确、鲜明、自然、协调和优美，要有表现力和说服力。这样，才能在具备"能感受形式美的眼"的听众心里引起美感，并使之得到启示。它具有空间艺术的某些特点，是听众视觉的接受对象和欣赏对象。然而，态势语言虽然有助于增强有声语言的感染力和表现力,弥补着有声语言的不足,但如果它离开了有声语言,它就没有直接、独立地表达思想情感的意义了。俗话说:"花好还要绿叶扶。"如果说有声语言是红花,无声语言则是绿叶。光"讲"不"演",或光"演"不"讲",都不是高水平的演讲,只有动静相兼,将两者有机地融合起来,才能构成完整的演讲形式。唯声、色、姿、情相得益彰,方能称作上乘的演说了。

二、登台艺术

演讲者走上讲台,实际上就是"亮相"。演讲者要情绪饱满,文雅端庄,举止大方,态度自然,愉快谦逊,彬彬有礼,给听众一个良好的第一印象。首先要充满自信,用稳健的步子走到讲台中央。登台的步伐快慢要适宜,表现出端庄的风度,自然地面向听众站好,颔首微笑,以诚恳、郑重、恭敬的态度向观众敬礼,以示对听众的尊重。并以平静、真挚、敏锐、愉快、亲切、谦和的目光遍巡听众,建立与听众的初步情感联系。如听众人数很多,应先注视中部的听众,然后再移目左右环视,以表示对前来听讲的听众的感谢之意。在讲台上,演讲者要注意选择自己站立的位置。如有讲台,千万不要依靠或凭靠着讲台,以免影响自己的表演。确定麦克风的高度正好,以便演讲者能自然站立。调整好嘴与麦克风的距离,注意口部不要离话筒太近或太远,大约8寸左右的距离就行,以便坐在后面的人能听到,同时也没有刺耳的杂音。不要向麦克风吹气或手拍麦克风,正常说话,问问后面的人能否听到。千万不要用手抓麦克风。这样会发出声响,并会使你表现出紧张状态。如果你感到要打喷嚏或咳嗽,只管打,但不要对着麦克风。如果连续咳嗽,要道歉,暂停,喝口水,清一清嗓子。应该带着手绢以备用。

在开口演讲以前,要留一定的时间稳定情绪,不宜一站上讲台就急急忙忙地讲起来,应该等全场完全安静下来,演讲者的情绪也稳定之后,再从容开讲。

开口演讲,要调整好语调,保持低音,要与现场的听众打招呼。怎样称呼,要根据现场的对象而定,如"诸位来宾"、"各位同学"、"青年朋友们"、"工人同志们"等等。演讲者称呼听众时,要郑重其事,咬字清晰,语气亲切,带有感情,使听众感到这是十分敬重他们的意思,从而取得听众的好感和支持。在演讲中间,如转换内容或需要听众特别注意时,也可以插一句称呼。如演讲到感情非常强烈时,可以在称呼前加上"我亲爱的"、"我尊敬的"等等,但不宜过多。

三、克服紧张

演讲前,如果你仍感到紧张,不要紧,这很正常。几乎所有的大师级别的演讲者,在最初当众演讲时都出现这种怯场的表现:美国著名作家、沟通大师戴尔·卡耐基在总结他从事演讲教学生涯的体会时说:"我几乎一生都在致力于协助人们去消除恐惧、培养勇气和信心。"正如他所言,即使是著名的演讲家也有过怯场,他们也会心中发慌、两腿发抖。古罗马雄辩家希塞斯曾说过:"演讲一开始,我就感到自己面色苍白,四肢和整个心灵都在颤抖。"温斯顿·丘吉尔也说过,他开始演讲时,口中似乎塞着一块几寸厚的冰疙瘩,那份难受就不用提了;美国口才大师詹宁斯·伯瑞安初次上台演讲时,两个膝盖颤抖地碰在一起。而美国讽刺作家马克·吐温第一次当众朗诵时,口中像"塞满了棉花"。印度前总理英迪拉·扩地初次发表演讲时,简直"不是在讲话,而是在尖叫"。

要想克服演讲中的紧张情绪,你首先要培养以下几种心态:

1. 居高临下的心态

"欲穷千里目,更上一层楼",说的是只有站得高才能看得远。从演讲的角度看,如果你有了居高临下的心态,就会产生一种优越感,有了这种优越感,在演讲过程中就会消除紧张心理。

一般来说,父母在子女面前,老师在学生面前,领导在下属面前,能够挥洒自如、侃侃而谈,就是因为前者"站"的位置较高,不是平视,更不是仰视,而是俯视。他不自觉地把自己放在主导者的位置上。因此,对于初学演讲的人,要克服紧张情绪,就得逐步养成这种居高临下的心态。在这个问题上不妨学学阿Q,来个"精神胜利法"。正如卡耐基指出的那样:"你要假设听众都欠你的钱,正要求你宽限几天;你是个神气的债主,根本不用怕他们。"

2. 心中无我的心态

培养自己的"无我"心态对克服紧张的情绪大有益处。"无我"心态就是不要把自己太当回事,要心中无我。说得更具体一点,就是克服怕出丑的心态。怕丢面子是人类共有的心态,中国人尤其如此。在演讲中把面子看得太重,往往面子丢得更大。在演讲之初不妨开一开自己的玩笑,自我解嘲一下。

3.淡化效果的心态

很多人都希望把事情做得完美一些,他们在演讲中过分看重演讲效果,而结果却常常与期望值相反。

如果你还是感到紧张,下面几种方法有助于你放松:

(1)深呼吸。做深呼吸的目的是供给你充分的氧气,帮助你在演讲中更好地控制自己的声音。这里所讲的"呼吸"当然指的是腹呼吸而不是肺呼吸。歌唱家和演员们都知道腹呼吸在控制声音方面的重要性。

(2)肌力均衡运动。肌力均衡运动是指有意识地让身体某一部分肌肉有规律地紧张和放松。比如你可以先握紧拳头,然后松开;你也可以固定脚掌,作压腿,然后放松。作肌力均衡运动的目的在于让你某部分肌肉紧张一段时间,然后你便不仅能更好地放松那部分肌肉,而且能更好地放松整个身心。

(3)转移注意力。演讲前要积极听取主办人和听众意见,这样你便可以暂时转移注意力,更好地放松身体和思想。

第二节 演讲的开场艺术

演讲一开场,就要有一段开场白。所谓开场白,就是演讲者在演讲开头时的引言。犹如文章开头最难写,同样道理,作演讲开场白最不易把握,要想三言两语抓住听众的心,并非易事。如果在演讲的开始,听众对你的话就不感兴趣,注意力一旦被分散了,那后面再精彩的言论也将黯然失色。因此只有匠心独运的开场白,以其新颖、奇趣、智慧之美,才能给听众留下深刻印象,才能立即控制场上气氛,在瞬间集中听众注意力,从而为接下来的演讲内容顺利地搭梯架桥。好的开场白,有如春色初展,鲜花寒露,叫人钟情。开场白是演讲的一个非常重要的环节,对整篇演讲的成败有关键性的意义。良好的开端是成功的一半。一次成功的演讲,总有一个好的开场白。有经验的演讲者总是要根据不同的演讲内容、对象、环境和气氛,用巧妙的方法,不同的角度,新颖的阐说,精辟感人的语言,费尽心机地构筑一个动人的出奇制胜的开场白,去感染听众,逮住听众,让听众跟着你转,赢得听众的好感,与听众建立起良好的合作、共鸣关系,引起听众的浓厚兴趣和密切注意,使演讲自然而然、毫无生硬之感地随着开场白进入正题,创造演讲成功的条件。开场白应该提纲挈领地点明演讲的宗旨,创造适合整个演讲的气氛,为全篇演讲打基础。演讲者能运用令人动情、发人深省的开场白,就可在不知不觉中把听众带进特定气氛的主题,形成极理想的演讲场面。

一、引用格言警句、小诗短文,唤起听众情绪

格言警句、小诗短文,语言优美、思想深邃,高雅精炼,富于哲理。用这种方法能够激发听众的兴趣,吸引听众的注意力,有利于听众对演讲者产生出语不凡的感受,增加对演讲者的信任。这种方式颇有启人心扉、振奋精神、激励斗志之妙处。使用恰当,能取得事半功倍的效果。

例如,一篇演讲题为《让生命在追求中闪光》的开场白是:

> 美国黑人教育家本杰明·梅斯有句耐人寻味的名言:"生活的悲剧不在于没有达到目标,而在于没有想要达到的目标。"这话是极有道理的。

这段引用开场的妙处,首先是被引用的材料及其精神具有相当强的概括力、说服力和感染力。其次,被引用的材料出自权威、名人或听众十分熟悉的人物,演讲者利用权威效应或亲友效应唤起听众的注意。

某些情况下,演讲者甚至不必交代被引用材料的出处。如曾获湖南省大学生演讲比赛三等奖的题为《不忘国耻,振兴中华》的演讲,开场白就没有交代被引用材料的出处:

> 记得有这样一句名言:"一个人的创伤只会痛苦一时,一个民族的耻辱却足以铭记千年。"

又如:有位名人说过:人要成才,身边必须站着两个人。一个竞争者,一个崇拜者。竞争者手里举着鞭子,而崇拜者手里擎着明灯。

再如,天津中医学院的学生蔡向红的演讲《学海迪,珍惜青春》的开场白:"同学们,你们听过这样一首诗吗?有人站着,是躺着的僵尸;你虽躺着,却是一棵入云的松;你不能走,却开拓出一条闪光的路;你飞得起来,因为你是长

着一双理想翅膀的鹰。那手轮车轻轻的咿呀声,是一支深沉而激扬的歌,用两根琴弦般的辙轨,弹出一曲光辉灿烂的人生。听着这动人的诗句,大家一定会立刻想到我们时代的楷模、青年的先锋——张海迪吧!"张海迪的事迹广为人知,不易讲好。演讲者用一首诗开场,就把张海迪的精神形象化了,以此吸引听众,自然入题,可谓巧妙。

再如《因为我是青年》是这样开头的:"因为我是青年,我们有权作为青年发言。也许有着这样那样的走调,奋发,毕竟是歌声的主弦。生活,使得我提前成熟,年青,不再是幼稚的概念。"

另一位演讲者的题目《生活与斗争》,开场白是:"生活不是平坦的道路,生活就是斗争,是同惊涛骇浪搏斗,而不是悠闲的旅行。走向生活,就是走向斗争。懂得了生活就是斗争,就不会因一点小小的挫折而痛苦,因一点小小的委屈而伤怀,因一点障碍而徘徊观望,因一点胜利而浮夸骄傲。就会勇往直前,一无所惧。走向生活,是去做生活的主人,而不是去做宾客。"

引用名言警句、小诗短文开头,是一种简便的方法,但是必须把握好两点:一是引用的材料必须切题,不能游离于主题之外;二是引用的材料要新颖、准确、精炼、深刻、优美。这样,无疑是很能抓住听众的,使听众马上被你的话题所吸引。

二、选用轶闻趣谈、笑话故事,调动听众兴趣

轶闻、趣谈、笑话、故事,妙趣横生,笑意难尽,不仅能使人集中注意力,还能使人振奋精神,而且其中具有的逻辑性、哲理性,更能教育人、启迪人、陶冶人,它是深受群众欢迎的。幽默既能令人发笑,也能发人深省。采用这种方法开头,往往会取得良好的效果。

比如史建筑的演讲《播撒生命的绿色》是这样开头的:

> 法国作家拉封丹写过一则寓言,讲的是南风和北风比赛,看谁能把行人身上的大衣脱掉。北风一开始就拼命刮,企图一下子把行人的大衣掀掉,哪知道,风越刮,天越冷,行人把大衣裹得越紧。南风则不同,它徐徐吹动,顿时风和日丽,行人热得受不了,最后就脱下了大衣。结果是逞强好胜的北风却输给了温文尔雅的南风。
>
> 这则寓言给了我太多的启示:我们的事业是爱的事业,我们的

教育就应该像南风那样慢慢吹开学生的心扉,就应该像春雨那样"随风潜入夜,润物细无声"。

这篇演讲从拉封丹的寓言开头,引人入胜,从寓言中自然引出教师的教育就应该像是温暖的南风那样慢慢吹开学生的心扉,既富于哲理又形象切题,一下子就将听众带入演讲主题。

1962年,82岁高龄的麦克阿瑟回到母校——西点军校。一草一木,令他眷恋不已,浮想联翩,仿佛又回到了青春时光。在授勋仪式上,他即席发表演讲,他这样开的头:

今天早上,我走出旅馆的时候,看门人问道:"将军,你上哪儿去?"一听说我到西点时,他说:"那可是个好地方,你从前去过吗?"

这个故事情节极为简单,叙述也朴实无华,但饱含的感情却是深沉的、丰富的。既说明了西点军校在人们心中非同寻常的地位,从而唤起听众强烈的自豪感,也表达了麦克阿瑟深深的眷恋之情。接着,麦克阿瑟不露痕迹地过渡到"责任—荣誉—国家"这个主题上来,水到渠成,自然妥帖。

又如李燕杰《爱情与美》的开头:"我不是研究爱情的,为什么会想到要讲这样一个题目呢?前年四月,北京一家公司的团委书记要我去做报告,我因教学任务紧张推托不去。这个团委书记恳切地说:'李老师,你一定要去,我们这次是请你去救命的。'我很纳闷。于是他掏出一卷纸,上面写着他公司所属工人里一批自杀者的名单,其中大多数人因为恋爱问题处理不好而轻生厌世,轻率地走上绝路。这样,我便想到要与青年朋友谈谈《爱情与美》的问题。"这样的开头,可以引起听众对讲题的注意和兴趣,又清楚地交代了选题的缘由,十分得体。

再如朱桦《从?到!》的开头:"当代大学生是什么?是一个谜……是时代的'问号',社会的'魔方'……当中国足球队奇迹般地战胜科威特队时,我校群情激奋。有一个同学激动得一口气砸碎了三个热水瓶,可是他砸的却是别人的。这是爱国热情还是自私自利?有几位同学在赌钱,可是他们并没有把赌来的钱用于吃喝玩乐,而是寄往灾区去救济灾民。这是善还是恶?"

一位青年演讲者应邀到华中师范大学为应届毕业生作青年成才问题的演讲。为引起同龄人的共鸣,他设计了这样的开场白:"同学们,到这个讲坛上演讲的,应该是丁玲、唐弢、李燕杰、邵守义那样的大人物,我这个'嘴上无毛办事不牢'的青年人站在这儿,很不般配呀;不过,我很欣赏契诃夫有一段名言:'世界上有大狗也有小狗,小狗不应该因为大狗的存在而慌乱不安,所有的狗都叫!'小狗也要大声叫!就让上帝给的嗓门叫好了。今天,我这个自信的小狗,就求大胆地叫几声。"

运用幽默诙谐的逸闻趣谈、笑话故事作为开场白,能引人发笑,调动听众的情绪、兴趣,让听众在笑声中思考,从而为演讲镶进一颗璀璨的珠玉。但选择故事要遵循这样几个原则:要短小,不然成了故事会;要有意味,促人深思;要与演讲内容有关,一定要注意内容健康、情趣高雅。

三、提出问题,造成悬念,引发听众思考

人们都有好奇的天性,一旦有了疑虑,非得探明究竟不可。为了激发起听众的强烈兴趣,可以使用悬念手法。在开场白中制造悬念,往往会收到奇效,不仅有助于激发听众情感,集中听众注意力,促使听众开动脑筋,积极地思考问题,渴望得到答案,而且有助于迅速进入论题。

广西南宁师范学院李冰毅的演讲《田野在呼唤》一开始就提出了这样的疑问:

> 田野在呼唤什么?欧美的一些国家,那里的人们由于城市遭到污染,而希望到乡村去居住,到田野去换换新鲜空气。我们的田野,也在呼唤我们。那么,它究竟在呼唤我们去做些什么呢?

演讲者一开始就发出这样的疑问,接下来便是描述我们贫困农村的落后面貌,进而回答我们田野在呼唤:"给我知识!给我技术!给我人才!"谁能满足这种呼唤?谁应该满足这种呼唤?我们——师范院校的学生,未来的人民教师!我们——21世纪的青年,大有作为的新一辈!在田野的强烈呼唤面前,我们能无动于衷吗?能不急农民兄弟之所急,忧祖国母亲之所忧吗?不能!绝不能!

再如姚能海的《教育与民族振兴》是这样开头的:"世界上有这样一个国家,它曾参与挑起一场罪恶的战争并又渗遭失败。在战后的那些凄凉悲惨的日子里,铺天盖地笼罩着它的是寂寞和黑夜。那时它的人均国民收入只有

20美元,它资源贫乏而又人口密集,似乎它的唯一出路只有拿起讨饭碗与打狗棍了。但就是这样一个当年被舆论一致加以嘲弄的民族,竟在大洋中的那一小群岛屿上创造了举世瞩目的经济奇迹……日本民族振兴的秘诀在哪里?"

在这里,演讲者向听众举了一个落后民族振兴的事例又暂不公布这到底是哪一个民族,以激发听众进一步探知的兴趣。等到告知这个民族是日本之后,又一个悬念产生了:日本民族振兴的原因何在?悬念迭生,激发兴趣。

又如云南大学王来柱的演讲《人生支柱是什么》是这样开头的:"有这样一个问题在我脑海里萦回:是什么力量促使爱因斯坦在名扬天下之后仍然继续攀登科学高峰呢?是什么力量使张海迪在死神缠绕之时仍然锐意奋进呢?也就是说,人生的支柱应该是什么呢?这大概是当代青年特别是在我们大学生中讨论最多的问题之一,也是我们今天演讲的题目。"这个开场白单刀直入,用一连串的提问提出了发人深省的问题,非常自然地入了题,也突出了演讲的主题,所以能够抓住听众。

又如蔡顺华对湖北襄樊市财贸系统的职工的演讲是这样开场的:"我们财贸系统的同志,被人们戏称为'财神爷'。在座的各位,都是理财的行家,做生意的能手。现在,请允许我向大家请教一个问题:(略停)美国十大金融财团的首富摩根,当年从欧洲到美洲时,穷得发慌,只得卖鸡蛋为生。他弄了三篓鸡蛋,可卖了三天一个也没卖出去。第四天,他让妻子去卖,结果不到半天全卖完了。请问,这是什么原因呢?"

制造悬念不是故弄玄虚,既不能频频使用,也不能悬而不解。在适当的时候应解开悬念,使听众的好奇心得到满足,而且也使前后内容互相照应,结构浑然一体。比如,有位教师举办讲座,这时会场秩序比较混乱,学生对讲座不感兴趣,老师转身在黑板上写了一首诗:"月黑雁飞高,单于夜遁逃。欲将轻骑逐,大雪满弓刀。"写完后他说:"这是一首有名的唐诗,广为流传,又选进了中学课本。大家都说写得好,我却认为它有点问题。问题在哪里呢?等会儿我们再谈。今天,我要讲的题目是《读书与质疑》。"这时全场鸦雀无声,学生的胃口被吊了起来。演讲即将结束,老师说:"这首诗问题在哪里呢?不合常理。既是月黑之夜,怎么看得见雁飞?既是严寒季节,北方哪有大雁?"这样首尾呼应,能加深听众印象,强化演讲内容,令人回味无穷。

四、开门见山,一语中的,令人痛快淋漓

演讲一开始就单刀直入地点明演讲的主题,不需要任何铺垫渲染,一语中的,毫无累赘之言,使听众一听便知道演讲的中心思想是什么,也有利于听众对演讲者产生干脆、痛快的好感,从而增强演讲效果。开门见山的开场法,是平实、冷静、朴素、直接的,被人们普遍使用,特别是一些较庄重、严肃的演讲或叙述性的演讲,往往采用此法开头。

姚茂斌《中国热爱和平,渴望发展》这样开场:"女士们、先生们:刚才的讨论和提问,我发现有的女士和先生的主要观点是:中国的发展已对亚洲各国构成了威胁。我来自中国国务院法制局,对中国的政策有一定了解。我想在这里谈一点个人看法,即:中国的发展不仅不会威胁他国,而是有利于世界的和平、稳定与发展。"演讲者一开场便针对他人的错误观点,直截了当地表明自己的态度,阐明自己的观点,可谓义正词严,掷地有声。

再如拿破仑《在米兰的演说》这样开头:"士兵们,你们像山洪一样从亚平宁高原上迅速地猛冲下来。你们战胜并消灭了一切阻挡你们前进的敌人。从奥地利暴政下解放出来的皮埃蒙特,表现了与法国和平友好相处的天然感情。米兰是你们的,在全伦巴迪亚上空,到处都飘扬着共和国的旗帜。"山洪般的滚滚奔流的气势,带着拿破仑作为胜利者的骄傲,像"从亚平宁高原上迅速地猛冲下"的士兵们一样,突现在你眼前。短短几句开场白紧紧抓住了听众的思想和感情,一语中的,直接进入了主题。

恩格斯的著名演讲《在马克思墓前的讲话》的开场白可称这种方法的范例:

> 三月十四日下午两点三刻,当代最伟大的思想家停止思想了。让他一个人留在房间里总共不过两分钟,等我们再进去的时候,便发现他在安乐椅上静静地睡着了——但已经是永远的睡着了。这个人的逝世,对于欧美战斗着的无产阶级,对于历史科学,都是不可估量的损失。这位巨人逝世以后所形成的空白,在不久的将来就会使人感觉到。

新疆大学政治系的苏杰《我的思考和奋起》的开场白:

一个人的思想如果一辈子都不曾混乱过,那么,他从来就不曾认真思考过。

记得1979年刚进校不久,我就给一位学友写信说:考入政治系,一头扎进马克思的怀抱,忽然觉得是那么匆忙,幼稚,现在我的境地就像是一个圆点,四处延伸着的是大小不等的问号……

用富有哲理性的语言开门见山地揭示了演讲的主题,引人思考。而且语言幽默、形象,把内心的独白抛给听众,有扣人心弦的力量。用"开门见山"的方法开头能收到奇功异效,但定要注意言简意赅,直截了当。语言要准确生动,方法要巧妙灵活。

五、缘情应变,即兴发挥,融入特定情境

一上台就开始演讲,会给人生硬突兀的感觉,让听众难以接受。不妨以眼前人、事、景为话题,引申开去,把听众不知不觉地引入演讲之中。如某位同学的班长就职演说是这样开场的:"如果上任前我对当好班长还有所顾忌的话,那么现在我是信心十足了!为什么?因为我从大家热烈的掌声中,从一双双明亮的眼睛中,看到了两个字:'信赖。'还有什么比信赖更使人鼓舞的?没有。我需要它!我们班集体需要它!"

在教师节庆祝大会上,如果天气阴沉沉的,你可以这样开头:"今天天气不太好,阴沉昏暗,但我们却在这里看到了一片光明。"接着转入正题,讴歌教师的伟大灵魂和奉献精神,他们燃烧了自己,照亮了别人。

有时候,演讲者在演讲前常常了解到一些新情况或者遇到一些事先预想不到的情况。在这种形势下,演讲者就得调整自己的开场白,即兴发挥,灵活开场。

如1863年,美国葛底斯堡国家烈士公墓竣工。落成典礼那天,国务卿埃弗雷特站在主席台上,只见人群、麦田、牧场、果园、连绵的丘陵和高远的山峰历历在目,他心潮起伏,感慨万千,立即改变了原先想好的开头,从此情此景谈起:

站在明净的长天之下,从这片经过人们终年耕耘而今已安静憩息的辽阔田野放眼望去,那雄伟的阿勒格尼山隐隐约约地耸立在我们的前方,兄弟们的坟墓就在我们脚下,我真不敢用我这微不足道的声音打破上帝和大自然所安排的这意味无穷的平静。但是我必须完成你们交给我的责任,我祈求你们,祈求你们的宽容和同情……

这段开场白语言优美,节奏舒缓,感情深沉,人、景、物、情是那么完美而又自然地融合在一起。据记载,当埃弗雷特刚刚讲完这段话时,不少听众已泪水盈眶。

再如1938年,陈毅率领新四军在浙江开化县华埠镇休整,当时一抗日组织召开欢迎大会,主持人作介绍称陈毅为"将军"。陈毅登上讲台接过话头大声说:"我叫陈毅,耳东陈,毅力的毅。刚才主持先生称我为将军,实在是不敢当,我现在还不是将军。当然叫我将军也可以。我是受全国老百姓的委托去'将'日本鬼子'军'的。这一'将',直到把他们'将'死为止。"这个开场白十分漂亮。演讲者缘情应变,尽情挥洒,讲得自然风趣、幽默传神,活跃了会场,紧紧抓住了听众。

还有一次,某单位召开关于安全生产的职工大会,轮到最后一个车间主任做表态发言时,职工有的看表,有的交头接耳,会场秩序有些不安定。这位主任见此情景,开口就说了一句:"劳驾诸位——请对一下表。"说着他也伸出胳膊,注视着自己的手表,情态极为认真。在场的所有职工几乎都愣了一下,然后真的就去看自己的手表。"现在是9点12分,不准的请拨正,我的发言只需要15分钟。到9点27分我要讲不完,请前排的同志把我从窗口扔出去"。会场内先是爆发一阵欢笑,笑得都很开心,接着便鸦雀无声,开始听他的15分钟发言。

即兴发挥不是故意绕圈子,不能离题万里、漫无边际地东拉西扯。否则会冲淡主题,也使听众感到倦怠和不耐烦。演讲者必须心中有数,还应注意点染的内容必须与主题相互辉映,浑然一体。

六、独出心裁,出其不意,以巧开篇取胜

这种开场白就是以独特、新颖、鲜明、生动的特点而一语惊人。

一位大学生在《热爱内蒙古,把青春献给内蒙古》的主题演讲会中出语不凡,先发制人,紧紧抓住听众的心。他手里拿着一张纸条高高地举着说:"在我即将登台演讲的时候接到这样一张纸条:'你连这儿的姑娘都不爱,还谈什么热爱内蒙古?'"条子念完,场下一片哗然,紧接着便响起了一阵富有刺激和挑战意味的掌声。掌声过后听众便等待着他的下文,又是一阵沉默。待这种沉默达到令人难以忍受的时候,他突然高声讲道:"好吧,现在我来回答这个问题。告诉你吧,我爱的是全自治区的姑娘!难道还有比这更能说明我对内蒙古的热爱吗?"顿时场下掌声经久不息。是的,面对这样一位"爱的是全自治区的姑娘"的小伙子,谁又不想听听他那番对自治区火热的"爱情宣传"呢?

在《假如我是校长》的主题演讲会上,有一位同学首先提出一个问题:"请问在座的老师和同学,有哪一位带着马列著作和毛选的?如果有带着的,请借我用一用。"这一问,问得听众大眼瞪小眼,丈二和尚摸不着头脑,要这些书干吗?一下子勾起了听众强烈的好奇心,拨动了听众的心弦,听众急切地想继续听下去。他略微停顿一下,不慌不忙地接着说道:"美国总统在走马上任之时,必须将手按在《圣经》上宣誓,为了他的祖国和人民,他将不遗余力,鞠躬尽瘁,死而后已。今天本校长走马上任之际,我要手捧马列著作和毛泽东选集向全体师生宣誓:为了本校的利益和前途,我将不遗余力,鞠躬尽瘁!因为马列著作和毛选是我们中国的《圣经》。"话毕,全场寂静,哗然,掌声大作。待掌声平息,他接着说:"俗话说,新官上任三把火,本校长也不例外,也要放它三把火!第一把火……"面对这样一位"新上任的校长",难道你不想听听他的三把火是怎么个烧法吗?

这两位演讲者的开场白妙就妙在:独出心裁,出其不意,以巧取胜,情理之中,意料之外,言简意赅,妙语惊人。

七、奇论妙语,石破天惊,吸引听众注意

听众对平庸普通的论调都不屑一顾,置若罔闻;倘若发人未见,用别人意想不到的见解引出话题,造成"此言一出,举座皆惊"的艺术效果,会立即震撼听众,使他们急不可耐地听下去,这样就能达到吸引听众的目的。

比如有位班主任老师在毕业欢送会上给同学们致词。他一开口就让学生疑窦丛生——"我原来想祝福大家一帆风顺,但仔细一想,这样说不恰当"。这句话把同学们弄得丈二和尚摸不着头脑,大家屏声静气地听下去——"说人生一帆风顺就如同祝某人万寿无疆一样,是一个美丽而又空洞的谎言。人生漫漫,必然会遇到许多艰难困苦,比如……",最后得出结论:"一帆风不顺的人生才是真实的人生,在逆风险浪中拼搏的人生才是最辉煌的人生。祝大家奋力拼搏,在坎坷的征程中,用坚实有力的步伐走向美好的未来!"10 多年过去了,班主任的话语犹在耳边,给大家留下了永难磨灭的印象。"一帆风顺"是常见的吉祥祝语,而老师偏偏反弹琵琶,从另一角度悟出了人生哲理。第一句话无异于平地惊雷,又宛若异峰突起,怎能不震撼人心?

需要注意的是,运用这种方式应掌握分寸,弄不好会变为哗众取宠、故作耸人听闻之语。应结合听众心理、理解层次出奇制胜。再有,不能为了追求怪异而大发谬论、怪论,也不能生硬牵扯、胡乱升华。否则,极易引起听众的反感和厌倦。须知,无论多么新鲜的认识始终是建立在正确的主旨之上的。

八、先报家门,谦虚自贬,贴近听众心扉

演讲人一开场即来个自我介绍,或个人经历,或性格爱好,或表明立场观点,这样开头显得诚挚坦率,使得气氛融洽,很快抓住听众。比如抗战期间,著名作家张恨水在成都"中央大学"演讲的开场白是:"今天,我这个'鸳鸯蝴蝶派'作家到大学区演讲,感到很荣幸!我取名'恨水',不是什么情场失意,而是因为我喜欢南唐后主李煜的一首词《乌夜啼》。'林花谢了春红,太匆匆,无奈朝来寒雨晚来风。胭脂泪,相留醉,几时重。自是人生长恨水长东。'(朗诵该词)这首词里面有'恨水'二字,我就用它做笔名了。"真是快人快语,把自己的文学流派、性格爱好统统"自报家门",毫无隐瞒。这样开场显得真诚坦率,听众理解敬佩。

一位公共汽车售票员在《我的理想》演讲中开场白:"我是公共汽车上的售票员,工作就是售票……但是,我的工作又不仅仅限于'售票'两个字的范围。亲爱的朋友,当你踏上十米车厢的时候,如果有了困难,我们会想办法为你解决。这时候,我们是你的服务员;假如你生病,上了我们的车,我们会送你到医院治疗,这时候,我们是你的护理员;假如你的生命财物受到威胁时,你放心,除了维护正义的乘客,还有我们呢,这时候,我们是你的保卫员……"

一般说来,不论是名人还是一般人,演讲时如果拉架子就很难沟通和听众的情感。会场会显得拘谨、刻板。如演讲者,特别是名人来几句自谦的话,就能打破拘谨,使听者倍感亲切。鲁迅先生1924年在北师大附中校友会发表了《未有天才之前》的演讲,开头两句是:"我自觉得我的讲话不能使诸君有益或有趣。因为我实在不知道什么事,但推托拖延太长久了。所以终于不能不到这里来说几句。"名人几句自谦的话,听者倍感亲切,会场轻松活跃,增强了演讲效果。胡适在一次演讲时这样开头:"我今天不是来向诸君作报告的,我是来'胡说'的,因为我姓胡。"话音刚落,听众大笑。这个开场白既巧妙地介绍了自己,又体现了演讲者谦逊的修养,而且活跃了场上气氛,沟通了演讲者与听众的心理,一石三鸟,堪称一绝。又一次,胡适先生应佛学会邀请去作《哲学与人生》的演讲,他是这样开头的:

  前次承贵会邀我演讲关于佛学的问题,我因为对于佛学没有充分的研究,以浅薄的学识来演讲这一类的问题,未免不配;所以现在讲"哲学与人生",希望对于佛学也许可以贡献点参考。不过我所讲的有许多地方和佛家意见不合,佛学会的诸君态度很公开,大约能够容纳我的意见的!

这段开场既表明了自己谦虚的态度,又点明了自己所要讲的内容。

1990年春节联欢晚会上,台湾著名电视节目主持人凌峰说了一段精彩的演讲开场白:"在下凌峰,我和文章不一样,虽然我们都得过'金钟'奖和最佳男歌星称号。但是我是以长得难看而出名的。一般来说,女观众对我的印象不太良好……她们认为我是'人比黄花瘦,脸比炭球黑'。"这一番话嬉而不谑,妙趣横生,观众捧腹大笑。这段开场白给人们留下了非常坦诚、风趣幽默的良好印象。不久,在"金话筒之夜"文艺晚会上,只见他满脸含笑,对观众说:"很高兴又见到了你们,很不幸又见到了我。"观众报以热烈的掌声。至此,凌峰的名字就传遍了祖国大地。

当然自我贬损,并不会被贬。相反,还能表现出演讲者坦率幽默、机智随和,恰恰能博得欢迎的掌声,效果很好。

九、夸赞当地,颂扬观众,收取奇功异效

人们一般都有爱听赞扬性语言的心理。说几句让听众感到舒服的话,能收到奇功异效。可尽快缩短与听众的感情距离。

蔡顺华回家乡宜城作《在改革大潮中创造有价值的人生》演讲,开场白是:"曾有人问我:你最喜欢哪首民歌?我脱口答道:《回娘家》;是的,宜城是我的娘家,是我母亲的家。我热爱宜城,赞美宜城。也许首先是因为我们宜城人外表美。古代宜城有个大文学家叫宋玉的写道:天下之美者在楚国,楚国之美者在臣里,臣里之美者在臣东邻之女。臣东邻之女。增之一分则太高。减之一份则太低。施朱则太赤,着粉则太白。宋玉说天下最美的人在楚国,楚国最美的人在宜城,宜城最美的人是我家东边隔壁的那位姑娘。我家东边隔壁的那位姑娘呀,增加一分就太高了,也就是说她不能穿高跟鞋;减少一分又太矮了;抹点胭脂太红了,擦点粉又太白了。各位老乡,你们说我们宜城人美不美呀?"(热烈鼓掌)

巧妙的引用、深情的赞美,一下子抓住了听众的心。接着他就讲宜城人心灵如何美,家乡如何可爱,一步步切入"爱家乡才能爱祖国,爱祖国就要投身改革大潮,创造有价值人生"的主题,收到了良好的效果。

当然,开场白不仅有上面几种方式。还有:从讲题目、讲主题开始,自然开场;讲惊人的意外的事例,扣人心弦;采用抒情、描写的方式,吸引听众;引述流行话题开头,令听众有亲切感;用拿道具、做动作开场,使听众产生好奇感等等。

开场白必须克服以下几点:①自我吹嘘;②谦辞过多;③投机取巧;④头重脚轻;⑤平淡无奇;⑥兜圈太大;⑦气势压人。

第四章　演讲的展开和深入

演讲的展开和深入是演讲的重头戏,最能体现演讲的技巧。演讲技巧是众多演讲者的智慧在演讲实践中的创造和发挥,是演讲成功经验的总结。学习这些经验,无疑能给我们从事演讲工作以重大启示,从而把握一条走向成功之路的捷径。

第一节　以道理说服人

在开场白之后,演讲者就须立即展开演讲主题,对演讲的内容加以阐述和论证。演讲的展开论述,这是演讲的主体部分,直接决定着演讲的成功与否。一般来说,演讲的展开论述,应按讲稿或提纲的内容和逻辑顺序去演讲。演讲者要力求演讲内容的丰富、生动、全面、准确;同时,随着内容的变化,演讲也要显出波澜起伏、跌宕多姿;时而以理服人,时而以情动人,时而以兴趣振奋人,时而用数据教育人,时而用故事吸引人,时而以妙语激励人,自始至终保持听众心弦不同幅度的振动,从而达到较好的教育效果和艺术效果。

在演讲过程中,要有思想的波澜、感情的起伏、强烈的反响,最好能多出现几次高潮,多造成几次全场的激动和兴奋。演讲者要脱稿演讲,才能和听众交流感情。演讲以短小精悍取胜,立意要新颖,内容要集中,结构要紧凑,感情要逼真。

在演讲主题展开后,演讲者要以认真负责的态度和崇高的思想境界来"入戏"。演讲者登上讲台,就像演员走上舞台,要使自己进入"角色",把自己的思想感情集中于演讲内容之中,满怀对听众诚挚的爱去倾吐。演讲内容中有人物,有事件,有情感,演讲者要像"入戏"的演员那样,把"自己"的理解、感受如实地表达出来。不但要用逻辑的力量,更要用感情的力量去调动听众、感化听众和征服听众。

演讲的目的是要通过摆事实、讲道理,以理说服听众、感染听众,动员听众投入到现实生活和斗争中去。要达此目的,就必须用充分可靠的论据去论证演讲的主题。做到观点正确全面,事实充分有力,论证逻辑性强。演讲的论据应准确无误,但又要新颖独特。只有这样,演讲才能吸引听众的注意力和激发听众的兴趣。为了使演讲以理服人,有以下几点要求:

一、围绕主题说理

演讲的主题是整篇演讲的中心思想,是灵魂,是核心。因此,在进入正文以后就要紧紧扣住主题。逐层展开,全面论述。无论是阐发精辟的道理,还是讲述动人的故事;无论是知识的传授,还是激情的迸发,都不能脱离主题而言他。

中南林学院齐洁的演讲《重任》是这样行文的:

> 在我国960万平方公里的广阔疆土上,森林覆盖率却只有12.7%,森林面积仅18亿亩。每人平均不足两亩,占世界的4%。木材蓄积量占世界的3%,而人口却占世界的四分之一。在木材消费上,我国每人平均为0.05立方米,而世界每人平均为0.65立方米,是我们的13倍。全国沙化面积近30年扩大了9,000万亩,水土流失面积150万平方公里,占全国耕地总面积的16%;每年约有50亿吨的泥沙流入大海。其中含氮、磷、钾肥5,000万吨,约等于全国一年的化肥施用量。仅黄河每年下泻的泥沙总量就达16亿吨。有位美国专家曾惊叹:"黄河流的不是泥沙,而是中华民族的血液!"
>
> 多么惊人的数字,多么痛心的现状啊!林业兴衰,直接影响着国计民生。人们说:"林业拖了四化的后腿,林业上不去,我们有愧于万代子孙。"我们是林业大学的学生,我们知道这些话的分量。振兴中华,林业的重担,历史地落到了我们肩上。
>
> 怎么办?挑!勇敢地挑起这历史的重担!当国家困难的时候,为国分忧;当祖国和人民需要的时候,愉快地贡献一切。这就是我们当代大学生献身四化、振兴中华的雄心壮志。
>
> 有两句话生动地表达了同学们振兴林业的决心和愿望:"血汗成乳润泥土,肝胆化金铺河川;定叫黄河流碧水,誓让赤地变青山。"

齐洁这篇演讲的正文,紧扣主题,准确恰当地引用了一系列数据和事例。充分说明了当前祖国林业的落后现状对四化建设、国计民生的影响,从而突出了现代林业大学生肩负重担及决心振兴中华林业这一主题。

二、观点正确全面

演讲要以理服人,就必须使所持观点正确全面,避免片面肤浅,使观点具有很强的说服力。如黄兴的演讲《革命青年的责任》:

> 今天,孙先生所说的,是革命的宗旨及其条理;章先生所说的,是革命实行时代的政策;各位来宾所说的,是激发我们革命的感情。大抵诸君听见,没有不表同情的。但是兄弟所望于诸君的,却还要再进一步。"表同情"三个字,不过是旁观的说话。凡是革命的事业,世界人人都表同情的。惟有自己的国民却不是要他表同情,是要他负这革命的责任!(拍掌大喝彩)诸君现在都是学生,就拿学生的责任来说。1817年的时候,奥国宰相梅特涅利用俄皇的势力结神圣同盟会,压制革命党,得普王的赞成,到了十月,开宗教革命三百年祭同利停塞战胜纪念祭,耶路大学学生齐去市外运动,各州响应,革命党从此大盛。这样说来,欧洲大革命的事业是学生担任去做的。(拍掌大喝彩)日本的革命,人人都推西南一役。那西乡隆盛所倡率的义师,就是鹿儿岛私立学校的学生。这样说来,日本革命的事业也是学生担任去做的。(拍掌大喝彩)诸君莫要说今日做学生的时候,是专预备建设的功夫,须得要尽那革命的责任。(拍掌大喝彩)今天这会,就是我们大家拿着赤心相见,誓要尽这做学生的本分的。(拍掌大喝彩)

在400多字的短小篇幅里,演讲者却层次清晰地展示出一个理由充足、逻辑严密的论证过程。对于革命事业不仅要"表同情",而且要尽责任。尤其是青年学生,尽责任是本分。欧洲大革命和日本革命的事实证明,青年学生是革命事业的主力,是积极承担革命责任的。所以中国留学生也必须"尽那革命的责任",这次会议的目的就是要大家"赤心相见,誓要尽这做学生的本分"。这顺理成章、水到渠成的结论,对与会的中国青年留学生的革命热情与信心,无疑是一个极大的鼓舞。

又如景克宁先生的演讲《诗与诗人》:

> 有人说:愤怒出诗人,这是对的。因为真正的诗人不能与暴虐、压迫、奴役、邪恶、黑暗并存。
>
> 有人说:爱情出诗人,这是对的。因为真正的诗人爱真、爱美、爱善、爱人民、爱自然、爱明天。
>
> 在世界上,中国是诗的故乡。在古代,我们有高唱着"长太息以掩涕兮,哀民生之多艰——路漫漫其修远兮,吾将上下而求索"的屈原;我们有高唱着"安能摧眉折腰事权贵,使我不得开心颜——笔落惊风雨,诗成泣鬼神"的李白;我们有高唱着"安得广厦千万间,大庇天下寒士俱欢颜——朱门酒肉臭,路有冻死骨"的杜甫;我们有高唱着"野火烧不尽,春风吹又生"的白居易;我们有高唱着"青山遮不住,毕竟东流去"的辛弃疾。在现代,我们有高唱着"横眉冷对千夫指,俯首甘为孺子牛——忍看朋辈成新鬼,怒向刀丛觅小诗"的鲁迅;有高唱着"地球啊,我的母亲——明与暗,像刀切断了一样的分明。这正是生命与死亡的斗争"的郭沫若;有高唱着"大雪压青松,青松挺且直。要知松高洁,待到雪化时"的元帅诗人陈毅;有高唱着"抛除一切宗教迷信,冲出一切精神牢房"的艾青。以上是我们中国诗的太空上的巨星。
>
> ……
>
> 这些中国和世界诗坛的巨星,对恶——他们是愤怒的诗人;对美——他们是爱情的诗人。他们充满了爱与恨的诗,超越了时间、空间的界限,超越了民族、国家的界限,被世界人民世世代代地歌唱着。像黄钟大吕,响彻人间;如雷鸣电闪,振聋发聩;似日月高悬,照耀天地!

景克宁先生以充沛的激情、丰富的想象和联想、流畅而生动的语言,唱出一曲诗的赞歌。他强调了"愤怒出诗人"、"爱情出诗人"的艺术观点,他讴歌了古今中外那些对恶充满恨、对美充满爱的伟大诗人和他们的充满爱与恨的诗。他阐明了"诗,应该是真、善、美的特使,假、恶、丑的仇敌"的文学思想,他深刻指出,"爱人民之所爱,恨人民之所恨"才是"诗与诗人的灵魂、荣誉、庄严和光环"。

三、事实充分有力

演讲者要想使听众接受自己的观点,必须保证演讲本身的内容精彩丰富,材料翔实有力。因为事实胜于雄辩。所以在演讲中,要借助于事实来支撑所持的观点,用事实说服听众,使演讲获得成功。

陶峻的《现代中国人民的自信力》这篇演讲,因其内容充实精彩,博得了大家的赞赏:

> 我们先看历史吧,虽然我们今天许多方面都落后了,但在历史上,我们民族曾有着一个作为世界文明顶峰的伟大时代。威尔斯在《世界文明史纲》中就有这样的记载:"从7世纪到9世纪,中国是世界上最安定的文化之国。"
>
> 当时在人口稀少的欧罗巴和西方亚细亚,极其疲惫的人民住在茅屋土堡的世界,而中国无数居民都过着极有秩序而安定的日子,当西方人正禁锢于神学的固执和褊狭之中时,中国人却已得到了研究上的自由。
>
> 方志敏烈士在《可爱的中国》一书中也曾作过这样生动的比喻:"朋友,中国是生育我的母亲……以言气候,中国处于温带,好像我们母亲体温不高不低,最适宜孩儿们的偎依;以言国土,中国土地广大,纵横万数千里,中国土地的生产力是无限的,地底蕴藏着未发的宝藏也是无限的,这又岂不象征着我们伟大的母亲,保存着无穷的乳汁和无穷的力量吗?"
>
> 我们伟大的祖国不仅历史悠久,资源丰富。而且人民智慧……我仅举翻译家傅雷先生的一段论述,他指出:西方人被基督教统治了1400年,他们信仰神,崇拜神,他们是在一种狂热的宗教信仰和自由扩张的矛盾心理中度日的,这种心态近乎怪异。而我们中国人呢,性情则多是中正、平和、淡泊、朴实,较轻视物质的享受,而把追求智慧、觉悟,作为人生的最高目的。
>
> 同志们,每当我读到这里时。我就感到了一种无比的自豪!

陶峻的演讲,内容全面、生动、形象。既有对古老历史的回顾,又有对现实的感受,广征博引,材料翔实有力,达到了吸引听众、打动听众的目的。

又如李燕杰先生的演讲《爱国之心》:

祖国是神圣的。

爱国主义就是对于祖国的热爱,就是"千百年来巩固起来的对自己祖国的一种最深厚的感情"。这种热爱和感情根深蒂固地埋植在人民的心里,成为道义上的一种巨大力量。翻开世界史,有哪个国家的人民不主张爱国?又有哪个国家的人民不把爱国精神看作是一种伟大而崇高的心灵美呢?

现在我想从国外说起。

肖邦是一个大音乐家,这是大家所熟悉的。在他就读音乐学院的时候,已经是很有名气的音乐家了。他19岁那年,从音乐学院毕业。毕业后他到维也纳举行过两次演奏会,第二年春季又在华沙演奏,都获得了极大的成功。老师和同学都劝他到国外深造。当时的波兰正遭受沙俄统治者的践踏与侵略,他虽然热爱祖国,想留在祖国,但现实环境会窒息他的艺术才能,所以他接受了师友们的建议,于1830年出国。在出国前的告别宴会上,朋友送给他一个银瓶,其中装满了波兰土地上的泥土。他出国不久,听说国内发生了反对沙俄统治的武装起义,他想马上回国。但在回国的路上听说起义被沙俄政府镇压了。他只好取消回国的念头。就这样,他在国外颠沛流离19年。这瓶祖国的泥土,也一直伴随着他。

1849年,他在巴黎一病不起,在生命垂危的时候,妹妹柳德维卡来探望他。他说:"我在人世不会太久了,在我去世以后,波兰反动政府是不允许我的遗体运回华沙的。但我希望至少能把我的心脏带回祖国去……"

肖邦终于与世长辞了,在安葬遗体的时候,朋友们遵照肖邦的遗愿,在墓穴里首先撒下伴随他多年的银瓶中的祖国的泥土,并把他的心脏带回到波兰,保存在圣十字架教堂里。

在肖邦看来,祖国的泥土比金子还要宝贵。而肖邦这颗爱国的心脏,远胜过纯金。从祖国的一瓶泥土,到肖邦这颗心脏,这里包容着一个爱国音乐家对祖国的忠诚与热爱！

另外，我还可以说说德国大音乐家贝多芬的故事：

贝多芬是资本主义上升时期欧洲资产阶级音乐艺术最杰出的代表。脍炙人口的《热情奏鸣曲》、《命运交响曲》、《合唱交响曲》等，都是他的传世佳作。他一生写了256部作品，用音乐语言倾诉了欧洲人民在封建专制桎梏下的苦难境遇，讴歌了广大民众反抗专制统治和外来侵略的英勇斗争，抒发了他们对自由生活的渴望。

1809年10月，法国拿破仑的军队进攻维也纳。维也纳沦陷后，趋炎附势的奥国贵族争向敌人献媚。这时，贝多芬住在奥国贵族李希诺夫斯基家里。一天，李希诺夫斯基把贝多芬叫去，要贝多芬给住在他家里的法国军官弹钢琴曲。贝多芬认为这样做有辱尊严，便关了房门，坚决不去。李希诺夫斯基怕得罪法国人，让人强迫贝多芬演奏。贝多芬愤怒至极，便顺手拿起一只凳子向李希诺夫斯基砸去。当天晚上，贝多芬便冒着倾盆大雨毅然离开了李希诺夫斯基的家。后来，他在给李希诺夫斯基的信中写道：

公爵，你所以成为公爵，只不过由于你偶尔的出身；我所以成为贝多芬，却完全靠我自己。公爵在过去有的是，现在有的是，将来也有的是；而贝多芬却只有一个。

历史是公正的，也是无情的，公爵在人类历史上没有留下任何痕迹，可是贝多芬却以他那爱国主义的美好心灵和那一系列不朽的乐章，在亿万人民的心目中，耸立起一座非人工的纪念碑。

下面，再看看咱们中国，先说说第一个大诗人——屈原的故事。

屈原，是我国文学史上一位爱国诗人。他20多岁就在官廷供职，任楚怀王的左徒。他年轻位高，又深得怀王的信任，所以很想替楚国做一番事业。当时，正是七雄割据的战国时代，在这七国中，以秦、楚、齐三国最强。而三强中，又以秦的力量最大。屈原为了替楚国争雄，进而统一天下，他提出在内实行政治改革，励精图强；在外联合齐国，抗击秦国。但是遇到了怀王宠姬郑袖和大臣靳尚、子兰的反对，结果楚怀王听信谗言，免去了屈原的职务。后来，楚怀王被秦国骗去，当了三年秦国的俘虏，死在那里。正在汉北流浪的屈原，南望郢都，北望高山，伤心楚国政治的腐败和国运的衰危。在一首诗里他写道，在那广漠的山野中，自己好像是一只从南边飞来的孤独的鸟。内心始终充满着忧国忧民的悲愤之情。怀王死后，顷襄王继位。屈原被召回宫廷，但不久又遭到亲秦势力的打击，再次被放逐到江南去。在那偏僻的地方，他时常孤独地出没在江边河畔，望着楚国的天野，写下了流芳百世的不朽名作《离骚》。这首诗中有一段写他上天述志，但天门不开，他只好去问巫咸。巫咸告诉他楚国不可久留，不如到国外去。于是他乘龙驾车，在天空中飞翔了一会，忽然在阳光中看到自己的故国，他的仆人悲伤起来，马也不肯走了。深沉的忧国怀乡之情，使他不忍离开祖国。怎么办呢？他写道："既莫足与为美政兮，吾将从彭咸之所居！"彭咸，似指殷代的彭咸。说他不能实现政治理想，就去仿效殷代的彭咸。表示他将用生命来殉他的祖国。

对屈原的以身殉国，有人曾经伪托屈原的名义写了一首题为《渔夫》的诗。这首诗写他"颜色憔悴，形容枯槁"，在泽畔边走边吟诗时与渔夫的一段对话。渔夫看见他问道："你不是三闾大夫吗？为什么到了这步田地？"屈原说："举世皆浊我独清，众人皆醉我独醒，所以我被放逐了。"渔夫又说："圣人不拘泥，处世接物能够随和。举世皆浊，你为什么不去随波逐流？大家都醉了，你为什么不多喝酒？你何苦太操心，不合群，教人把你放逐？"屈原回答道："我听人说过，洗了头要把帽子弹弹，洗了澡要把衣衫抖抖。哪能够以干净的身子，沾染外界的污垢？我宁肯跳进江心，葬身鱼腹，怎么能在皎皎的洁白之上，蒙受尘世的垃圾？"可见他不肯随波逐流、抛弃他的政治理想与爱国热忱，宁愿玉碎而不愿瓦全。

楚国郢都被秦围攻破之后，他悲愤无比，终于带着一颗忧国忧民之心以及无力振兴国家的感伤，投入长沙附近的汨罗江自尽了。这一天正好是旧历五月初五。人民为了纪念他，有些地方便举行了划龙船、吃粽子的活动。两千多年过去了、直到今天，每当到了五月端午，中国人民还保留着吃粽子的习惯。如此长久的时间，人们世世代代都缅怀、纪念屈原，就因为屈原有一颗炽热的爱国之心。

南宋末年的民族英雄文天祥在战地被俘，他在被押往元蒙都城的路上，写下了这样慷慨悲壮的诗句：

满地芦花和我老，

旧家燕子傍谁飞

从今别却江南日，

　　　　　　化作啼鹃带血归！

这首诗的意思是说，当我这次告别江南父老以后，很可能是一去不复返了。即使自己以身殉国，也要变成啼哭出血的杜鹃，飞回故国！文天祥对祖国是不惜与之生死相共的！

　　历史上，真正成就大事业的人都是把祖国的命运与自己的命运紧密联系在一起的。在他们的胸怀里，始终跳动着一颗追求至真、至善、至美的爱国之心。

　　近几年来，我一直在青年群众中生活，深深地感受到他们身上同样跳动着一颗颗赤诚的爱国之心。

　　下面，我讲一个真实的故事：

　　我有一个学生，名叫金安平，只有19岁。当时有人感到郁闷，认为我们国家这也不好，那也不行，甚至觉得祖国也并不可爱的时候，小金在想什么呢？

　　　　　　不管母亲多么贫穷困苦，
　　　　　　儿女对她的爱也绝不会含糊。
　　　　　　我只喊一声"祖国万岁！"
　　　　　　更强烈的爱在那感情的深处。

四句诗，斩钉截铁！她时刻想着我们的祖国，在默默地发愤攻读，使我感受到青年们的心灵之美。现在的大多数青年都很关心祖国的命运，这是青年一代热爱祖国的心灵美的反映。一次我到一所中学做报告，当我讲到我们国家经济有困难、有巨额的财政赤字，紧接着我就朗诵了小金这首诗。当时我就发现许多女生的眼角挂着泪花。没过三天，就接到这个学校发来的18封信。其中一个女孩子在信中说："李老师，当你谈到咱们国家经济困难，有巨额的赤字的时候，别人因为你那幽默的语言而喧笑，我却沉默了。我默默地背诵着你所读的小金姐姐的四句诗……你所说的巨额赤字，就如同烙铁一般烫在我小小的心灵上，我恨我自己、为什么不快快成长，好为我们的党、我们的祖国——母亲分担一点忧愁啊！"

　　读到这里，我热泪盈眶。她姓陈，是军人的女儿，年仅16岁。我记得杜勒斯临死前曾说过，他要用管乐吹垮共产党的第三代，改变我们前进的路标。我说，杜勒斯先生，你的预言落空了！从小金和小陈的身上，我们看到了民族的希望,青年一代绝不是垮掉的一代!

每当讲到这里,有人就嘱咐我:"你别老讲青年,还有老年呢!"我说,老年人不用多说,他们的爱国之心,有些时候别人看不清楚,但是它隐藏在心底。

现在我举个例子。有位解放初期归国的女华侨。她在临回国之前,曾解囊帮助了一个濒于破产的男华侨,然后带着未满周岁的儿子回国了。长话短说,她的儿子现已是某学院77级大学生。最近受过她周济的那个华侨(后来在国外发大财)回来了。他回国的目的有两个:一是观光,二是报恩。经过多方查找,终于找到了他的恩人。

这个男华侨来到这个女归侨家,只见陈设非常简陋。原来,这个女归侨回国后当了中学教师,现在已经退休了。她的物质生活条件比起这个在国外发了财的男华侨,当然差得远喽。

男华侨说:"我这次回来,就是来报你的恩的。我准备接你出国,过一个幸福的晚年。"女归侨摇摇头说:"谢谢你,我虽然已经退休,但祖国还有许多事情需要我做。"男华侨沉思了一下说:"你如果实在不愿去,我可以带你儿子出国念书,一切费用由我负责。"这时,女华侨的儿子正在一旁做功课。同学们猜猜看,他是去还是不去?(台下几个青年回答:"不去。")

出乎意料,女归侨的儿子说:"叔叔,什么时候走哇?"一听这话,妈妈的心,就像被针扎了似的疼啊!

送走了男华侨,夜已经深了。妈妈问儿子:"解放初期,国家那么困难,妈妈为什么放弃舒适的物质生活,回国来工作,你懂吗?"儿子回答:"不懂。""三年困难时期,有些人出国了,妈妈为什么不离开祖国,你懂吗?"儿子又回答:"不懂。"

怎么能让儿子理解母亲的一片爱国深情呢?母亲反复考虑,最后,连着给儿子提出了三个问题。她问:"1966 年 6 月初,'文化大革命'中我被关进'牛棚'的时候,我是不是你妈妈。""是我妈妈。"儿子回答,开始勾起了痛苦的回忆。母亲又问:"当别人游斗我,说我是'牛鬼蛇神',要你跟我划清界限的时候,你那时和我的感情改变了没有?我是不是你妈妈?""妈妈,我什么时候也不会改变对你的感情,你是我的好妈妈。"儿子激动地说,眼里涌出了泪花。这时,母亲又紧逼一句:"当我被拉出去游斗,一些人朝我身上吐唾沫的时候,我还是不是你妈妈?"儿子一下扑向母亲的怀里,呼唤着:"妈妈,你是我的亲妈妈。"这时,妈妈满怀深情地说:"祖国和党就是我们的亲生的母亲。当国家在经济上遇到困难的时候,是留下来把她建设得更加美好,还是抛弃她,一走了之,去寻找个人的欢乐呢?"话音未落,儿子就哭了,说:"妈妈,你不用说了,我懂了,我全理解了!"每当讲到这些故事,我是从心底里对这位教师的爱国热忱感到敬佩的。我们不要光看到社会上个别乌七八糟的现象,我们民族是个含蓄的民族,内心蕴藏着巨大的力量。我不是说中国人都不应该出国,不应该留学,而是我们不要忘记自己是中国人!

……

爱国的人受到人民的爱戴,卖国的人受到人民的唾弃。这就是一个国家,一个民族的正气所在。

青年朋友们,爱我们的国家吧,爱我们的民族吧,同心协力,把我们民族的正气,把我们中华民族奋发图强的爱国主义精神极大地发扬起来!最后用几句名人名言作为结束语:

谁不属于自己的祖国,他就不属于人类。

爱国主义的力量是多么伟大呀!在它面前,人的爱生之念、畏苦之情,算得了什么呢?

我无论做什么,始终在想着,只要我的精力允许我的话,我就要首先为我的祖国服务。

真正的爱国主义不应该表现在漂亮的话上,而应表现在为祖国谋福利、为人民谋福利的行动上。

这篇演讲中引用的事实材料极为丰富,各种材料以其鲜明的故事性、知识性、哲理性和抒情性,深深地打动听众、读者的心灵。尽管演讲者运用的事实材料人们并不陌生,但照样产生巨大的魅力。为什么?是因为李燕杰用一深刻而有现实意义的主题将这些年代不同、国度不同、人物不同的大大小小的典型事例给贯穿起来,从而形成了一个有机的整体,人们伴随演讲者的夹叙夹议,在听故事、拉家常、谈体会的愉悦中,长了知识,受到感染,得到启迪,从而升华为理性的观念。李燕杰这种对于材料的组织运用,是演讲中颇值称道的寓理于事、寓教于乐。

四、巧用数字举证

在演讲中,数字往往是不可缺少的,运用和表示的方法也很多,它遍布于历史、政治、经济、科学、教育、文化和整个日常生活中。真实、可靠的数据可使听众产生一种实在感、可信感,在听众的心灵上掀起感情的波澜。演讲者若注意运用数据,必定会使演讲增色生辉,获得成功。

戴高乐将军在第一次总统任期内,身缠重病但仍奔忙于国事。对此,一位政府发言人在一次演讲中作了如下的叙述:

> 他带着病危的身体,每天工作十三四个小时。在他的第一个7年中,他通过电台和电视向全国讲话30次,他和法国所有的法定社团及市长谈过话。他访问了2500个市镇,作了18次旅行,接见过数千人次,举行了800次会议,至少与1500万法国人见过面。

人们听了这段演讲后,对于戴高乐将军那种忘我操劳的治国精神和深入民众的工作作风深表钦佩和敬仰。

河南名医周荣礼参加"志在四方"报告团发表演讲时,为了阐发"献身是幸福"、"贡献是人生的价值所在"这一人生观,举了自己的亲身事例和切身体会:

> 20多年中,我为20多万人治过病,做过1万多例手术,一天最多做过13例手术。在抢救病人的关键时刻,我7次献出了自己的鲜血。

有了这些数据,他讲的人生大道理就使人感到真实可信、有据可查。美国费城的鲍罗吉本斯《犯罪行为》的演讲十分惊人:

> 世上最坏的罪犯是美国人,这些话初听虽然有些可怕,但确系事实。克里夫兰、俄亥俄城的杀人犯要比伦敦多6倍;以人口比例计算,窃案比伦敦多170倍。以克里夫兰城一地来说,每年被抢或被窃的人,比英国、苏格兰、威尔士三处的总和还多。纽约一地的凶杀案,比法国或德国、英国、意大利还要多。

纽约一地每年的凶杀案,多于西欧三国之总和,不得不令人咋舌和惊叹!

有一篇演讲词说道:"在兽性发狂的一个多月中,日本侵略者在南京屠杀了30万个中国人!30万个人排起来,可以从杭州连到南京!30万个人的肉体,能堆成两座37层高的金陵饭店!30万个人的血有1200吨!"

通过换算,"30万个人"既具体又鲜明,既生动又形象,数据的辅助作用可见一斑。

五、论证逻辑性强

演讲是说理的艺术、逻辑的艺术。要说理,就必须借助分析、判断、推理、归纳、反证等逻辑手段。要求演讲者使用概念要准确,运用判断要恰当,进行推理要符合逻辑。判断一篇演讲是否具有说服力,主要看其是否具有严密有力的逻辑性。逻辑既是思维的工具,又是理论的武器。通过对历史和现实的分析,得出结论,或者是推倒现存的判断,或者是肯定既成的事实。

如周恩来《在延安各界举行的"双十二"纪念会上的演讲》,运用三段论的逻辑推理方式,逐层论述,步步为营。

论题:蒋介石的本质一向是反动的。

第一,抗战中出现两条路线:

(1)中共积极抗战;蒋先联合德、意,企图妥协,后勾结敌伪,消极抗战。

(2)中共实行民主,发动人民抗战;蒋厉行独裁,削弱非嫡系部队和剿共。

第二,目前蒋介石继续"双十二事变"前的两条路线:

(1)蒋战后收编伪军准备内战。

(2因受人民所逼暂时接受停战协议。

(3)出尔反尔,在整军会议和二中全会上推翻协议。

(4)正在召开的"国大"又在欺骗人民。

围绕着论题中心,演说分为两步:第一步,指出蒋"双十二事变"前的政策,然后从两条抗战路线的两个方面论证;第二步,指出蒋抗战胜利后的行动,又分别从四个方面进行论证。这样,蒋介石的反动本质就昭然若揭了。可见,演说的逻辑力量是无穷的。这是演说艺术中最精彩之处。

郑智勇在题为《中华腾飞,指日可待》的演讲中最后讲道:

> 更重要的是,我们现在有了坚强的领导核心。中国共产党是中华民族的中流砥柱。半个多世纪以来,有多少志士仁人,为了国家

统一,民族强盛,呕心沥血,赴汤蹈火。他们多么渴望中华腾飞呀!可是他们的努力都没有成功。只有中国共产党才能完成这历史的重任,而且她以无可辩驳的事实证明了这一点。中华民族终于昂首挺立在世界的东方。更难能可贵的是,我们的党虽然在和平建设中走过一段弯路,但是她勇于承认错误,改正错误。世界上还没有过能像中国共产党这样襟怀坦当、光明磊落的党!现在我们的党把主要精力放在经济建设上,领导人民奋发图强,"翻两番"目标一定能够实现。中华腾飞,指日可待。朋友们,让我们捧着奋斗的硕果去迎接这个伟大时代的到来吧!

这段演讲从整体来说,是一个省略了大前提的充分条件假言推理,即:如果我们有坚强的领导核心,中华的腾飞就指日可待;现在我们有共产党这一坚强的领导核心,所以,中华的腾飞指日可待。这段演讲概念准,判断恰当,推理符合逻辑,令人信服。

又比如,郎咸平教授就"高校自主招生话题"所作的即兴演讲:

我觉得这很可笑!不但可笑,还可悲!为什么?"自主招生"要笔试、面试或者校长教授推荐。如果以成绩来定胜负的话,它和高考是一样的,那有什么必要改?如果说光靠成绩不行,还要加分,那你就继续推行奥林匹克之类的加分竞赛项目。对这种东西,我一再告诉各位父母,千万不要扼杀孩子的创造力,这是全世界最糟糕的一门考试,还不如让孩子们参加"超女"什么的,最起码还能唱歌跳舞。考试和奥数加分都不够,还可以请教授出马。教授一高兴就拍板!感觉你很有天分就录取了,凭感觉的,这个更不靠谱!还有介绍信,还有个人的特殊表现,参加过什么社会活动等。如果你要考虑这些,那我跟你讲,你已经完全违反了教育系统最基本的公正原则。教育系统的公正表现在两个方面:一个是公正的选拔体系,一个是公正的基础教育。

这篇演讲之所以引来一片叫好声,在于郎教授见解犀利。郎教授从"成绩"、"奥数加分"和推荐等三个方面分析了原因,指出所有这些做法都违背了"选拔体系公正"和"基础教育公正"这两大原则,因此这样的"自主招生"改革,是改不出什么好果子来的。这里面也暗含一个三段论的,即自主招生改革应该是以"选拔体系公正"和"基础教育公正"为前提的,而现在的自主招生的种种做法是违背了这个前提原则的,因此它是可笑而又可悲的。整个演讲充满了强劲的逻辑力量。

第二节 以情感打动人

"情"是艺术之魂。艺术的感染力就在于真挚热烈的情感。演讲中,真挚的情感所产生的渗透力是惊人的。它是一种内在的、征服人心的力量。用情不深,就不可能产生惊心动魄的效果。

感情问题,说到底是一个态度问题、立场问题。这就是你对听众有没有平等而又诚恳的态度,对事物是否有旗帜鲜明的立场。要做到言之有情,就要求演讲者有真挚的情感、诚恳的态度、明确的立场。不掩饰,不做作,不回避。对真的、善的、美的能大胆地宣传和讴歌,对假的、恶的、丑的能无情地否定和鞭挞;对光明的事物爱之能深,对黑暗的东西批之能透。要用你的心血,真实地表达喜怒哀乐。这样,听众会受到你的感染,与你达成感情上的共鸣。这样,"春风化雨,润物无声"的效果就达到了。

演讲的目的无非是要听众动心,使听众感奋,而要达到这个目的,演讲者本人必须先动情。李燕杰说得好:"在演讲和一切艺术活动中,唯真情,才能使人怒;唯真情,才能使人怜;唯真情,才能使人笑;唯真情,才能使听众信服。"澳大利亚前总理罗伯特·孟席斯在评价丘吉尔战时的演讲之所以那样具有煽动性时说:"他学到了这么一条伟大的真理,要感动别人,演说家、领袖自己首先要受感动;在他的头脑里,一切都应当是活生生的。"列宁夫人克鲁普斯卡娅在回忆列宁时,也曾指出:"伊里奇教导我们说,一个鼓动家,就是要善于对群众讲话。善于用自己的热情之火激励群众。"这里强调的就是以感情打动人。

演讲的"情"不是指一般的情,而是"激情"。因为激情是感人的酵母剂,激情是烈火,激情是生命!激情能使演讲产生巨大的鼓动、鼓励和鼓舞作用。

演讲的激情有以下五个特点:

一、情感的真挚激昂

演讲者的抒情是真情实感的自然表露,它能激起听众感情的巨澜,形成对理智的强大冲击;它能够渲染气氛,造成合适的环境,使听众和自己一起同爱同恨。丘吉尔担任首相第一次号召人民反对法西斯的一段演说词是:

……正如我曾对参加现届政府的成员所说的那样,我要向下院说:我没有什么可以奉献,有的只是热血、辛劳、眼泪和汗水。摆在我们面前的,是一场极为痛苦的严峻的考验。在我们面前有许多漫长的斗争和苦难的岁月。你们问:我们的政策是什么?我要说我们的政策就是用我们的全部能力,用上帝所给予我们的全部力量,在海上、陆地和空中进行战争,同一个在人类黑暗悲惨的罪恶史上所从未有过的穷凶极恶的暴政进行战争。这就是我们的政策。你们问:我们的目标是什么?我可以用一个词来回答:胜利。不惜一切代价,去赢得胜利。无论多么可怕,也要赢得胜利;无论道路多么遥远和艰难,也要赢得胜利。因为没有胜利就不能生存。大家必须认识到这一点:没有胜利,就没有英帝国的存在,就没有英帝国所代表的一切,就没有促使人类朝着自己目标奋勇前进这一世代相因的强烈欲望和动力。

这段演说辞中的两个设问句像两道划破长空的闪电,它带着如暴风雨般猛烈的排比句、递进句向听众袭来,将丘吉尔决心领导英国人民同法西斯血战到底直至取得最后胜利的坚定斗志、不可动摇的信心和愤怒的情感,推向高潮。此时此刻,听众怎能抑制住自己的战斗激情?!演讲结束,整个大厅像是经过了巨雷轰击,一片沉默。不一会儿,当听众苏醒过来,突然发出罕见的激动人心的欢呼声,丘吉尔本人也禁不住热泪盈眶。

我国著名的画家范曾对在日本留学的中国学生演讲说:

我每次出国都有一种最深切的体会,无论外面是怎样的花花世界,锦绣乾坤,任它五色迷目,五音乱耳,都不能动摇我对祖国的忠诚,相反,更增加了我对祖国河山的爱恋和怀念。中华大地,无山不美,无水不秀。我从外国的山河里演化不出生动的形象,诱发不出深刻的意境,无法寄托我的情思。

这种真挚感情的自然流露能不引发听众的情感吗?能不使当时的留学生感动得流下眼泪吗?画家范曾的拳拳赤子之心与留学生对祖国的怀念之情达到了共鸣。

谁都不会忘记电影《高山下的花环》中雷军长在全师干部会议上"甩帽"发表的一篇演讲:

> 我雷某今晚要骂娘?!知道吗?我的大炮就要万炮轰鸣,我的装甲车就要隆隆开进!我的千军万马就要去杀敌!就要去拼命!就要去流血!!可刚才,有那么个神通广大的贵夫人,她竟有本事从千里之外把电话要到我这前沿指挥所!此刻,我的指挥所的电话,分分秒秒,千金难买!可那贵夫人来电话干啥?她来电话是让我给她的儿子开后门,让我关照关照她儿子。奶奶娘,什么贵夫人。一个贱骨头!……我雷某不管她是天老爷的夫人,还是地老爷的太太,走后门,谁敢把后门走到我这流血的战场上,没二话,我雷某要让她儿子第一个扛上炸药包,去炸碉堡!去炸碉堡!!

这篇演讲激起了群众排山倒海似的掌声,令人激动不已。

再如陈天华的演讲《警世钟》:

> 杀呀!杀呀!杀呀!于今的人,都说中国此时贫弱极了,枪炮也少得很,怎么能和外国开战呢?这话我也晓得,但是各国不来瓜分我中国,断不能无故自己挑衅,学那义和团的举动。至今各国不由我分说,硬要瓜分我了,横也是瓜分,竖也是瓜分,与其不知不觉地被他瓜分了,不如杀他几个,就是瓜分了也值得些儿。俗语说的:"赶狗逼到墙,总要回转头来咬他几口。"难道四万万人,连狗都不如吗?洋兵不来便罢,洋兵若来,奉劝各人把胆子放大,全不要怕他。读书的放了笔,耕田的放了犁耙,做生意的放了职事,做手艺的放了器具,齐把刀子磨快,子药上足,同饮一杯血酒,呼的呼,喊的喊,万众直前,杀那洋鬼子,杀投降那洋鬼子的二毛子。满人若是帮助洋人杀我们,便先把满人杀尽;那些贼官若是帮助洋人杀我们,便先把贼官杀尽。"手执钢刀九十九,杀尽仇人方罢手!"我所最亲爱的同

胞,我所最亲爱的同胞,向前去,杀！向前去,杀！向前去,杀！杀！杀！杀我累世的国仇,杀我新来的大敌,杀我媚外的汉奸。杀！杀！杀！

这篇演讲通篇充满了对外国侵略者的仇恨,对腐朽反动的清朝统治者的憎恶,对汉奸二毛子的鄙视。号召国人无论何种职业,同仇敌忾,尽雪国耻。让人痛快淋漓,热血沸腾。

二、情感的丰富多变

演讲者的情感,不仅要有深度,而且要有广度,即情感丰富多彩和富于变化。根据演讲内容的需要,可以表达喜悦、愤怒、悲哀、深沉等各种情感。抒发情感时,要运用自如,控制适当,恰到好处:忽而如滔滔江河奔腾而下,忽而如涓涓溪水平缓直流,忽而像暴风骤雨,忽而像春风细雨,时而令人发笑,时而使人悲愤,时而让人焦急,时而叫人忧虑……丰富生动的情感,能够编织出五光十色的生活画面,谱写出动人心弦的交响音乐。如闻一多先生是在义愤填膺、感情沸腾的时候愤然走上讲台作《最后一次演讲》的。通篇演讲,既有对特务们卑劣行径的愤怒,也有对李先生悲惨境遇的痛惜,更有对光明前途的希望与信心。使人听了愤怒而不失理智,悲哀而又没有消沉。

曲啸的演讲也具有情感丰富的特点:

①我爱人从她身上脱下一件棉背心,给我披上,当时我戴着手铐。我的孩子刚刚会在地上爬着走。他总摸着手铐银光闪闪的手铐,一边摸,一边说:爸,啥？爸,啥？爸爸,这是啥呀？我怎么能告诉孩子这是手铐呢？这是关系到一家老小生死存亡的手铐呀！

②你不爱我就不爱吧,干吗还损我！电线杆子可高呢。你能爱它吗？

③是不是用封建的贞操观念去责备这个在死亡线上挣扎着的,为了活命而作出如此痛苦选择的无罪的女人呢？我觉得不能这样做,而只能以共产主义道德总的标准来处理这个问题。于是,我谢绝了一切朋友的劝告,到了农村,找到了我那可怜的妻子。

第一段演讲词能让人流出辛酸之泪;第二段演讲词能令人开怀大笑;而第三

段则使人产生敬仰之情和深刻的思考。正是因为包含了丰富多变的情感,曲啸的演讲才产生出如此巨大的艺术魅力。

三、情感的对立统一

情感变化同一切事物的发展变化一样,有它的辩证规律。演讲内容能将乐与悲、爱与恨、紧与松、强与弱等这些对立的情感组合在一起,会产生特殊的艺术效果。景克宁教授在一次演讲中叙述了自己蒙冤入狱的经历。当他谈到妻子带着儿女来到狱中,跪在他的面前,请求他收回离婚报告时,台下听众潸然泪下,有的甚至哭出声来。这时,景教授稍一停顿,话锋一转说:"正因为这样,在我落实政策,重新走上工作岗位之后。在孩子们面前,在朋友们面前,只要提起我的妻子,我总要说,她是我们的'圣母玛丽亚'。"这句话立即产生强烈的效果,听众们流着眼泪笑了,热烈的掌声久久难以平息。由悲转喜,悲喜交加。这种情感的丰富多变,正是辩证规律的作用。景教授还有这样一段演讲:

> 大革文化之命的十年,我全家迁返家乡。1970年,我被捕了,下面是逮捕我时的一段对话:"交出你的反革命罪证!"答:"你们抄吧!"(抄出《史记》)问:"这不是要复辟的罪证吗?"答:"这是历史著作。毛主席说,历史是不能割断的。"(抄出《孙子兵法》)问:"好哇,你还研究兵法?企图武装暴动!"答:"毛主席说'知己知彼,百战不殆'就是引证这本书的。"(抄出列夫·托尔斯泰的《战争与和平》)问:"你还看这个,梦想世界大战吗?"答:"托尔斯泰是非暴力论者,不是战争贩子。"(抄出《复活》)问:"你还想复活?这次可要你永世不得翻身!"我沉默了,我还能说什么呢?

这段演讲词是把文明与愚昧放在一起对比的,是把对知识的热爱和对愚昧的痛恨放在一起叙述的,两极的鲜明对照引起听众两极情感的撞击,从而产生心灵的震动。

四、情感的凝聚升华

演讲者的情感由淡到浓、由弱到强,逐渐浓化和强化。它在演讲的核心

或高潮部分,则形成情感的凝聚点和升华圈。一位因残疾而困扰的青年在演讲中这样说:

> 虽然我不能做运动场上龙腾虎跃的闯将,也不能当风度翩翩的外交家,但我也是个血气方刚、风华正茂的青年,我还有健康的头脑、勤劳的双手,我也要毫不犹豫地投入到改革的洪流中去,在雷与电、风和雨的洗礼中,为振兴中华发出光和热,奉献出微薄的全力。

一位解放军战士在演讲中说:

> 当社会上刮起一股"当大兵吃亏"的论调时,我们昂首挺胸地走进了"大兵"的行列。纵然有人因此失去了恋人,有人放弃了升大学、考研究生的机会,有人……我们不仅不后悔,甚至万分自豪。我们不为金钱的魅力所倾倒,也不因社会上的偏见而怨天尤人;不因军旅生活的紧张和艰苦而消磨意志,也不因受到挫折而颓废、伤心——因为我们是祖国的保卫者,我们最清楚肩上的责任。更何况,来自后方的锦旗、礼品、情真意切的慰问信。还有高歌军人心声的《十五的月亮》《说句心里话》……寄托着党和人民对军人怎样的深情!我为我在祖国需要的时候,挣脱一切羁绊投身到大兵的行列而自豪、而骄傲!

这两段演讲词的情感显然呈现了凝聚状态。第一段是残疾青年充满激情的呼喊,第二段是解放军战士真挚而强烈的战斗豪情。一篇演讲词,情感的抒发必须有浓有淡,有强有弱。情感的浓烈,正是淡淡的情感积累和发展的结果;情感的强劲,正是细细的情感汇合的必然。从美学观点来看,就是有计划地调整和安排听众的审美情感的激动度,以求得审美情趣的最佳效应。

再如沈萍的演讲《为了我们的父亲》:

> 同学们,你们见过青年画家罗中立的油画《我的父亲》吗?如果见过,还记得这位动人的中国老年农民的形象吗?让我们再看一看这幅油画,再看一看我们的父亲吧!这是一张忠厚善良、朴实慈祥的老年人的脸。在那一道道深深的皱纹中,仿佛隐蔽了一生的艰辛,眼睛有些昏花,但却安详,没有悲哀和怨恨,有的却是无限的欣

慰和期望。你看,他这双勤劳的大手,青筋罗布,骨节隆起,虽然粗糙得像干枯的树皮,但却很有力量。他把自己一生的精力和满腔心血都交付给了我们祖祖辈辈劳作生息的土地,交给了正在成长发育的儿女子孙。他已经到了安度余生的晚年,却仍然头顶烈日,在田里耕作,用他仅有的精力,换来背后的满场金谷。他勤苦一生,创造了生活的一切,编织着美好的未来。

  面对这样一位父亲,怜悯、同情、崇敬、热爱,万般思绪,一下子在我心头翻滚起来。特别是父亲那双欣慰、期望的眼睛,深深地印在我的心间。他为什么在历尽人间忧思之后,却感到无限的欣慰呢?在为时不多的晚年,他还热烈期待着什么呢?

这篇演讲先是通过对油画《我的父亲》的细致描绘,字里行间流露出对父亲的深情,最后凝聚成万千思绪,通过两个问句,将自己对父亲的无尽情感推向高潮。

五、情感的相互交融

  演讲者以诚挚的情感,引起听众热烈的反响,台上台下相互交融。林柏麟认为:"情感的真挚激昂、丰富多变、辩证规律、凝聚程度与相互交融,是演讲撼动人心力量的内在因素。听众之所以能够动情,就是因为演讲者已经将诚挚之情倾注在演讲词中。"

  一般而言,听众讨厌那些惯于卖弄、喜欢炫耀,总是以自己为中心的演讲者,所以,要想博取听众的好感,再有名望的人也不能居高临下、颐指气使,只有这样,才能与听众融为一体。比如作家老舍在一次演讲中是这样说的:"听了同志们发言,得到很大好处,可惜前两次没来,损失不小……今天来的都是专家,我很怕说话,只好乱谈吧。"如此"抑己扬人"的开场白,如此谦逊坦诚的口吻,一下子拉近了演讲者与听众之间的距离,消除了听众对一位名人可能产生的敬畏心理。另外,老舍说自己是"乱谈",也就表明自己不是居高临下作演讲,而是平等地和大家交流意见罢了,如此平易近人,自然会获取听众的好感。

第三节　以兴趣振奋人

一个善于演讲的人,懂得如何根据听众的趣味,把枯燥的或颇为严肃的演讲内容,通过幽默的力量——逸事、故事、趣事、新奇事,使它变得生动有趣,让听众在活泼愉快的气氛中自然而然地接受启迪和教育。演讲中,幽默是使语言更具有渗透力、感召力和凝聚力的艺术,能使演讲锦上添花、精彩迷人。

演讲中幽默的作用主要体现在以下方面,换言之,演讲中在以下几种情况下可以使用幽默:

一、幽默——集中听众注意力

幽默所引起的笑声,是一种兴奋剂、清凉剂。出乎意料的幽默能集中听众的注意力。如恽代英在一次演讲前,发现因为天气炎热,听众昏昏欲睡,于是走上台后出其不意地"哈、哈、哈"大笑三声,听众精神为之一振,气氛顿时活跃起来。有一次,丘吉尔开始演讲前,台下听众吵吵嚷嚷。丘吉尔走上台首先说:"只有两件事比餐后的演讲更困难:一件事是去爬一堵倒向你这边的墙,另一件是去吻一个倒向另一边的女孩。"在观众的笑声中,他便不失时机地迅速转入正题。在一次以社会公德为主题的演讲赛上,一位演讲者上台就说:"有一天在公共汽车上,坐着一个健壮如牛的男人。"他顿了一下,然后边说边模仿着:"这位先生一直紧闭双眼,眉头紧锁,一副病态……这时,旁边有人问:呃,你怎么啦,病了?这位先生依旧闭着眼,回答说:不,我实在不忍心看妇女和孩子站在我面前。"然后他在听众笑声之后围绕这个小幽默开始讲如何树立社会公德的问题。一下子就把听众吸引了。

二、幽默——调节主宾关系

幽默给人一种亲切、轻松和平等的感觉,它的内涵是爱,在笑声中,听众与演讲者的心理距离会迅速缩短。笑,能传播善意,这种善意也会相互感染。当一则幽默引起了哄堂大笑时,听众的情绪会立即活跃起来,面带笑容地注视着演讲者,目光透着善意。一则幽默也是一帖有效的人际"润滑剂"。1935年高尔基参加苏联作协理事会第二次全体会议时,代表们要求他讲话。当他上台时,与会者长时间鼓掌。高尔基灵机一动借题发挥说:"如果把花在鼓掌上面的全部时间计算起来,时间就浪费得太多了。"一下子使会场活跃起来,气氛变得十分融洽。然后,他乘机发挥,阐述论题,而且很快将演讲的主题引向深处。一次,足球王子贝利当众演讲,有一个听众突然发问:"有无可能出现另一个贝利?"其原意当然是希望还能出现一个像贝利这样的足球天才,并希望得到肯定性的答复。可贝利为了活跃气氛,缩短与听众的距离,他没有直接回答这个简单的问题,而是避开话锋说道:"世界上有很多喜剧演员,但卓别林只有一个;世界上有成千上万个足球运动员,但贝利只有一个,而且我觉得我父母的制造厂早就关门了。"

三、幽默——变严肃紧张为轻松和缓

幽默语言有时也能使紧张、局促、尴尬的场面变得轻松和缓,使人立即消除拘谨或不安。如德国大诗人海涅是犹太人,常遭到无礼攻击。在一次晚会上,海涅发表演讲,一个旅行家刁难说:"我发现了一个小岛,这个小岛竟然没有犹太人和驴子!"海涅白了他一眼,不动声色地说:"看来,只有你我一起去那个岛上,才会弥补这个缺陷。"

某将军下连队了解战士政治理论学习情况,战士们不免有些紧张。座谈中,将军见气氛较凝重,自己先讲了几句后,他突然问一名士兵:"你知道马克思是哪国人吗?"慌忙中答道:"是俄国人。"其他战士一下哄笑起来,可将军只是微微一笑,幽默而风趣地说:"哦,是啊,马克思也有搬家的时候!"一句话,气氛便活跃起来。在一篇题为《在血与火的征途上》的演讲中,几位战士讲了几个在老山前线为国捐躯的烈士的事迹,整个气氛十分严肃。有一个战士为了稍稍缓和一下气氛,一上台首先说:"这位烈士姓刘,贵州人。入伍前在家做个体生意,平均每月能赚三四百元钱。他不顾女朋友的极力反对,毅然报名参军。就在奔赴前线的头一天,他收到了女朋友仅有十几字的绝交信:'亲爱的大兵,你吃你的理想饭,我端我的发财碗。good-bye(再见)。'小刘在复信中只写了一个大大的句号。"观众们在讥讽的笑声中深深地思考着……

四、幽默——折射出自身的力量

幽默是智慧和轻松的结晶。没有对事物敏锐的洞察力,幽默就不会产生。因此,幽默折射出了自身的力量。如,二战时,德国军准备在英国登陆。英国首相丘吉尔只用一句话就表明了态度:"我们正等着呢","连海里的鱼也等着"。幽默往往闪现犀利的锋芒,就是讽刺。如一生物学家格瓦列夫在讲课,突然一个学生在下面学公鸡叫,课堂里顿时一片哄笑。而格瓦列夫却镇定自若地看了看自己的怀表,不紧不慢地说:"我这只表误事了,没想到现在已是凌晨。不过,请同学们相信我的话,公鸡报晓只是低等动物的本能。"抗美援朝期间,一部分美国记者追随其政府的反动政策,敌视中国人民,利用采访的机会散布对中国人民的敌意。有一次,美国记者采访周总理,看见桌上放着一支美国生产的"派克"钢笔,便不怀好意地问:"请问总理阁下,你们堂堂的中国人,为什么还要用我们美国生产的钢笔呢?"周总理笑了笑,朗声答道:"提起这支笔,那可就说来话长了。这不是只普通的笔,是一位朝鲜朋友抗美的战利品,作为礼物送给我的。我无功不受禄,就想谢绝。哪知那位朋友说,留下作个纪念吧!我觉得有意义便收下了这只贵国生产的钢笔。"记者听完,面红耳赤,一句话也说不出来。总理针对美国记者企图奚落、讥笑中国落后的意图,说了这番彬彬有礼、幽默风趣而又有分量的话,显示了中国人民的强大。

英国前首相威尔逊在发表竞选演说时,台下有人高喊:"狗粪!垃圾!"明明是说威尔逊在胡说八道,但他不紧不慢地回敬说:"这位先生,我马上就会谈到你提出的脏乱问题。"捣乱者哑口无言。

五、幽默——充满强劲的说服力

幽默是把内涵形象化的一种方式,它能使听众迅速抓住问题的实质。如列宁在批驳德国政府的愚人政策时说:"现在德国政府已经昏头昏脑,当整个德国都已经燃烧起来的时候。他还以为自己消防队的水龙头对准一幢房屋就能把火消灭。"幽默还是一种把内容喜剧化的方式,它使听众在轻松中发现荒谬。如鲁迅讽刺那些极端个人主义者,希望全世界的人都死光,只留下自己和一个心爱的姑娘,同时,还必须留下一个卖大饼的。幽默有一种穿透力,能把那畸形的、讳莫如深东西挖掘出来,胜过许多句平淡乏味的说教。如在一次高级知识分子大会上,陈毅说到一位在思想改造运动中寻死的教授时,风趣地说:"我说你呀,真是读书一世,糊涂一时。共产党搞思想改造,难道是为了把你们都整死吗?我们不过想帮大家卸下包袱,和工农群众一道前进。你为啥要和龙王爷打交道,不肯和我陈毅交朋友呢?你要投河也该先打个电话给我,咱们再商量商量嘛! 当然啦,这件事主要怪基层干部不懂政策,也怪我陈毅教育得不够。"陈毅同志故意用这似是而非的幽默话来批评那位教授,并使他放下思想包袱在微笑中得到教诲。

第四节 以妙语激励人

演讲的语言是表达演讲者思想感情的主要手段,要使演讲者语言生动有力、形象感人,深深拨动听众的心弦,除了要求语言准确贴切、通俗易懂、完整朴素、简洁凝练之外,还要求高超地运用修辞手法和讲究语言的风格美。

一、排比和阶升

排比是一种极富表现力的修辞格,在演讲中恰当地运用排比与阶升句,可起到和谐悦耳、使听众印象深刻的作用;可产生感人肺腑振奋人心的威力;可使气势磅礴,汹涌向前;可使感情奔放,滚烫灼人;可使你的认识层层深化,产生感染力、震撼力和号召力。排比阶升句,因句式整齐,特别能加深听众记忆;因重复强调,特别能唤起听众注意。

那么,怎样在演讲中运用排比,使自己的演讲生辉呢?

1. 论证性排比

运用论证性排比,可将道理阐述得更透彻。拿破仑在胜利后对士兵说:"你们没有大炮却取得了战场上的胜利,没有桥而渡过了河,没有鞋而进行了强行军,没有面包又要宿营","你们仍然有仗要打,有城要守,有河要渡,在你们中间有一个人失掉勇气了吗?没有……你们所有的人都抱着一个希望,要扩大法国人民的光荣。当你们回到自己的村庄时,你们所有的人都一定希望带着骄傲的口气说:'我是意大利军团得胜的一员'"。这些排比阶升句,把演讲词编排得严密细致,无懈可击。演讲词《请看看我们头顶上的月亮》,在阐述中国人民不应自卑自叹,应有信心、有能力为全世界贡献自己的力量时,用了多处排比:"中国不但要有所发明,更应该有所发展,有所创造,有所前进。正基于此,中国共产党才崛起于新世纪之初,才浴血于屠刀之下,才推翻了三座大山,才高举起改革开放之旗,才奋扬国威于世界!"这几个排比句听起来整齐连贯,层层推进;读起来,气势逼人,不容辩驳,从而论证了中国人民有能力自立于世界民族之林的道理,作者立意高远,思想博大精深,有力地批判了"自悲自叹"、"洋月亮圆"的洋奴思想。毛泽东同志在《改造我们的学习》中说了这样一段话:"这种作风,拿了律己,则害了自己;拿了教人,则害了别人;拿了指挥革命,则害了革命。总之,这种反科学的、反马克思列宁主义的主观主义的方法,是共产党的大敌,是工人阶级的大敌,是人民的大敌,是民族的大敌,是党性不纯的一种表现。"首先用六个陈述句分三层组成一组排比句,由害己、害人,说到害革命,由近及远,层层深入,指出危害之大,然后又用五个判断句构成一组排比,由小及大——共产党、工人阶级、人民、民族——层层推进,揭示本质。

2. 反驳性排比

批评反驳时,运用排比回击,使对方没有喘息机会。请看拿破仑"风月政变"在元老院大厅里斥责政府的演讲:"我为你们缔造了一个光辉灿烂的法国,而你们把法国搞成什么样子?我为你们创造了和平的局面,而我回来看到的是战争!我为你们从意大利运来了百万黄金,而我回来看到的却是掠夺性的法律和贫困!我为你们取得了胜利,我回来看到的是失败!"这篇演讲采用对比性的排比、阶升,使讲话更为有力。鲁迅先生曾用犀利的语言揭露假三民主义。他说:"文人学士究竟比不识字的奴才聪明,党国究竟比贾府高明,现在究竟比乾隆时代光明。"这三句,语言辛辣,讽刺入木三分,犹如三发重型炮弹,发发中的,彻底揭露了文人学士的丑恶嘴脸,有力地批驳了党国的政府及其文人学士高喊三民主义之虚、行假三民主义之实的卑劣行径。周恩来《在延安欢迎会上的演说》中有这样一段话:"这些现象不改变或消灭,中国抗战的局面能拖到胜利么?我们的回答:要胜利,不是拖而是打!要胜利,不是消极的抗战,而是积极的抗战!要胜利,不是国内的分裂,而是国内的团结;要胜利,不是政治的压迫,而是政治的民主!"总理针对现实,一针见血地指出抗战胜利不能拖！然后用四个"不是……而是……"句式澄清了大是大非,拨正了抗战的航向。

3.叙述性排比

写人叙事时,运用排比,可把事物描述得更细致、更深刻。有位县委书记在全县干部会议上分析当前部分干部意志薄弱时说:"他们,有的肩软,不敢挑担子;有的耳软,听风就是雨;有的嘴软,该讲的不敢讲;有的手软,该抓的不敢抓;有的脚软,该调查的不调查。"几个排比句,使部分"浑身软"的干部形象历历在目,描述达到了呼之欲出的境地,给人以活生生的印象。又如:

我亲爱的学生,如果你想搏击长空,我会给你插上腾飞的翅膀;如果你想劈波斩浪,我会给你注入弄潮的力量;如果你想做不灭的火炬,我会给你点燃青春的亮光！我亲爱的学生,就让我做一块燧石吧,为你们敲出心中希望的火;就让我做一团火吧,为你们点燃心中希望的灯;就让我做一盏灯吧,为你们照亮人生前行的路;就让我做一条路吧,指引你们走向黎明。

谢什么,我亲爱的学生！在心里我早已把你们视作自己一生的所有,一生的挚爱！你们是我一生看不够的风景,是我一生读不完的书,是我一生走不尽的路！

所以,即使灯光漂白了四壁,即使疲惫爬上了额头,即使飘扬的粉尘将我如青丝的黑发染上银霜,即使无情的岁月将我勃勃的青春丝丝燃尽,我心甘情愿,我无怨无悔！

因为爱,所以我无怨;因为爱,所以我无悔。就让我的爱伴你一生吧,我的学生,我的责任,我的事业。

这段演讲,倾注着演讲者的深情厚爱,情感饱满、强烈而又令人信服,用它来说明教师真正的人生价值,是很有感染力的。

4.赞美性排比

运用排比句式赞美一种事物,讴歌一种精神。毛主席在《纪念白求恩》一文结尾道:"一个人能力有大小,但只要有这点精神,就是一个高尚的人,一个纯粹的人,一个有道德的人,一个脱离了低级趣味的人,一个有益于人民的人。"一连五个赞美性排比,语气豁畅,句式新美,热情洋溢,感情奔放,深情讴歌了以白求恩同志为代表的共产主义新人的高尚品质。又如在追悼护林英雄任长生的大会上,县委书记致悼词说:"谁也忘不了你,爱集体从不知疲倦;谁也忘不了你,把温暖送给乡邻同胞;谁也忘不了你,倒在血泊里死也不放过强盗。"几个感情极为强烈的排比,使在场的人无不为之抽泣。

爱因斯坦在《悼念玛丽·居里》的演讲中,赞扬了居里夫人人格的伟大,他说:"她的坚强,她的意志的纯洁,她的律己之严,她的客观,她的公正不阿的判断——所有这一切都难得地集中在一个人的身上。"用五个分句组成一组排比,具体赞美了居里夫人的伟大人格。

另外,还有揭露性排比、祝愿性排比、号召性排比等。

二、设问和反问

运用设问和反问是为了强调某一事情的意义,引起人们思考、注意,有意识地用"问"的形式来阐明自己的思想观点,表达自己的情感。演讲中运用设问和反问,有歌颂、赞美以及批判、讽刺对方的作用;也有强调语气、深化感情、渲染气势的作用。如罗马演说家西赛罗在《第一篇控告卡提利那词》中,运用设问和反问的修辞手法,批驳卡提利那阴谋政变的演说辞的开场白:

> 卡提利那,你恣意地滥用我们的耐心还要多久?你疯狂地嘲笑我们何时才了?你肆无忌惮地炫耀自己的无耻行径有无止境?难道无论是帕拉提乌姆山冈的夜间警戒,无论是罗马城里的夜间巡逻,无论是全体人民的惊恐,无论是所有人的高尚的集会,无论是选择这一受到严密保卫的地方作元老会场,无论是元老们的脸色或表情,都未能使你有所触动?难道不知道你的计划已经败露?你难道看不出你的阴谋已被在座的人识破而难以施展?你认为我们当中谁都不知道你昨天夜里干了什么?前天夜里干了什么?这两夜你呆在哪里了?召集哪些人开过会?作过什么决定?呵,时代!呵,世风!元老院全都知道,执政官也了如指掌。

这段演讲词,开头是设问,问而不答;中间部分是反问,后面又是设问,自问自答。由于西塞罗巧妙地将卡提利那已经泄露于众的各种阴谋行径组成问句,造成一种嬉笑怒骂、辛辣痛快的演讲效果,使被揭露被控告的对象无地自容。又由于西塞罗将设问、反问、排比、感叹、陈述各种句式融为一体,也使得感情更加强烈,气势更加宏大,语言更加有力。

卡斯特罗的著名演讲《历史将宣判我无罪》:

> 巴蒂斯塔是违反人民的意志、用叛变和暴力破坏了共和国的法律而上台的,怎样能使他的当权合法化呢?怎样能把一个压迫人民的和沾满血迹和耻辱的政权叫作合法呢?怎样能把一个充斥着社会上最守旧的人、最落后的思想和最落后的官僚制度的政府叫作革命的呢?又怎样能认为,肩负着保卫我国宪法的使命的法院最大的不忠诚的行为,在法律上是有效的呢?凭什么权利把为了祖国的荣誉而贡献出自己的鲜血和生命的公民送进监狱呢?这在全国人民看来,是骇人听闻的事;照真正的正义原则说来,都是骇人听闻的事。

这一连串的质问,形成了一种强烈的情感色彩。它破中有立,态度鲜明,表现出一种无可辩驳的气势与力度。

于笑洋《天下岂有不散的宴席》的演讲结尾:

> 是的,我非常愤慨,然而我们却并不失望。因为共产党铁的纪律绝不会成为"天堂盛宴"上的祝酒词。千百万正直的共产党人也绝不会醉生梦死。不是么?朋友,难道你不觉得一阵清新的廉政春风正徐徐吹来吗?

演讲的篇末设"问"引人深思——在现实生活中,在那样一些肆意挥霍人民血汗的人面前,宴会常有常在,是足以令那句古老的民谚站不住脚的。然而,在中国共产党铁的纪律面前,在千百万真正的有良心的共产党人面前,那些"不散的宴"是终归要散的,党的廉政措施必将像徐徐的春风把改革开放的中国吹拂成一个更加澄明、更加清朗的新世界。

再请看看一位大学生的演讲词:

> 新时代的青年的称号,不是意味着索取和享受,而是意味着奉献,意味着进取,意味着神圣的责任。当我们不满时,我们应好好想想,我们为祖国做了些什么?我们凭什么只能垂手接受前辈的遗

产？凭什么在享受了和平宁静的生活以后，不多想想为社会、为人民作出贡献？当好的建议不被采纳，当有益的批评不被接受，当创新的改革不能进行的时候，难道这个企业还存有活力？难道它的发展还具有生命？难道它不是沉浸在一种死气沉沉、万马齐喑的局面之中吗？

这是一种连续反问，一气呵成，气势之大有如万炮齐鸣。

三、对比和反复

1. 对比

对比，是把两种事物作比较，它因此具有进一步渲染所要表达的思想感情的作用。如周恩来《在延安各界举行的"双十二"纪念会上的讲话》就采用了对比法：

> 中共及人民是主张积极抗战，坚持胜利的；而蒋介石在抗战初期则联合德、意，企图妥协，在抗战后期则勾结敌伪，消极抗战。中共及人民是主张团结一切抗日力量，以便击败日寇的，而蒋介石则分裂抗日战线，利用抗战不断地削弱及至消灭非嫡系部队，首先是东北军和十七路军，对中共领导的抗日军队更不惜实行内战。中共及人民是主张实行民主，以便动员人民的一切力量坚持抗日的，而蒋介石则厉行独裁，压迫人民，使抗日陷于无力。

三个对比句像三个特写镜头，把共产党想尽一切办法抗战、实行民主的政策和国民党挖空心思消极抗战、独裁内战的阴谋凸显在听众面前，是非曲直，无须评说，一目了然。陈模在《毛主席的话》中说：1944年春天，毛主席对到日寇后方开辟抗日根据地的同志说："到了新区要好好为人民服务，要学会两种本领。头一种是'松树的本领'，第二种是'柳树的本领'。松树冬夏常青，不怕刮风下雨，严寒之中也能巍然屹立，松树有'原则性'；柳树插到哪里都能活，一到春天，枝长叶茂，随风飘荡，十分可爱，柳树有'灵活性'。一个共产党员应该有松树的原则性和柳树的灵活性，缺一不可。"

把同一事物中矛盾对立的两个方面放在一起来说，能把事物说得更透彻、更明白：

革命战争年代,我们把充满敬意的红花献给红梅树下就义的烈士,雪山草地长征的英雄,南泥湾中开荒的好汉,太行山下参军的儿郎,沂蒙山区支前的模范……而把仇恨的子弹射向石头城里的魔鬼,蹂躏中华的倭贼,租界的蛆虫和从狗洞里爬出的幽灵!
　　对人民,他像春风,融冰化雪;对敌人,他像步枪,弹雨无情。

2009年2月2日下午,温家宝总理在剑桥大学发表了题为《用发展的眼光看中国》的演讲,其中有如下内容:

　　我深深爱着的祖国——古老而又年轻。
　　说她古老,她是一个有着数千年文明的东方大国。说她年轻,新中国成立才六十年,改革开放才三十年。

2.反复

演讲是一种一次性的时间艺术,而反复可以拯救易被时间淹没的信息,突出重点和精华,同时反复还可构成节奏和旋律美。比如:"他们带着肃穆庄严的面容,迈着踏碎一切障碍的步伐,在前进!前进!爱国救亡的怒火,在他们胸中燃烧!燃烧!"再如:

　　多少胸藏风雪的中年人,没有因为十年动乱耽误了自己事业和青春而怯阵,也没有为青黄不接的现状而懊恼,而是化仇恨为力量,肩负起继往开来的重担,和时间展开了赛跑……于是,中关村的灯光亮了,三里河的灯光亮了,扬子江畔、越秀山下、祖国各地的灯光亮了——亮了——亮了,亮了,亮了!百盏,千盏,万盏!洋溢着信心,闪耀着智慧,显示着力量!

又如亨利在弗吉尼亚州会议上的演讲:

　　假如我们不愿彻底放弃我们长期所从事的,曾经发誓不取得最后的胜利而绝不放弃的光荣斗争的话。那么,我们必须战斗!我再重复一遍。必须战斗!……战争已不可避免——那么,就让它来吧!我再重复一遍,就让它来吧!

在这里,反复使意志的力量得以再现,也使语言的旋律美进入一个奇妙的境

界。它传达给人的信息所化成的力量,胜过千言万语。又如孙泱的《理解万岁》:

> 乘着创世纪的诺亚方舟,理解是那只窥探到大自然,衔回了橄榄枝的鸽子;
>
> 沿着千回百折的汨罗江,理解是屈原感叹社会而传唱于今日的骚体长诗;
>
> 拨出高山流水的琴声,理解是蔡锷、小凤仙人生难得一知己的知音一曲。

反复的同义回环,渲染了气氛,造就了气势,强化了节奏,加深了情感,使理解之歌响遏行云,荡气回肠。

四、比喻和比拟

在演讲中运用比喻和比拟,能使事物的形状和事件的背景绘声绘色、栩栩如生地呈现给听众,使演讲情景交融、丝丝入扣、出神入化、灿烂可观。如赵卫平的《春风化雨 润物无声》:

> 我们为崇高的目的而走来,撒播希望的种子;我们在平凡的日子中走去,托起明天的太阳。也许,我们已经习惯淡泊,习惯无言,习惯在闲暇之时,默默品味远方的飞鸿翩然落于案头的问候。目送着一只只小鸟展翅冲上蓝天,眼望着一棵棵幼苗长成参天大树,我们只是平静而自豪地笑笑,低下头,再次开始灵魂的塑造!

这段演讲词运用比喻和比拟的修辞手法,以绚丽的语言、深厚的情感,形成跌宕起伏的音律和景外有景的画面。

再看一位经历坎坷的"老三届"的演讲《从厨房走向世界》:

> 人生道路坎坷不平。回想当年,我恨自己生不逢时运气差,理想抱负全化渣!正当我即将高中毕业时,遇上那史无前例的"天灾人祸"。这场狂风暴雨,不光把我上大学的理想吹得烟消云散,还把我这颗无名的"种子"也吹到了广阔的天地,在那里去等待"生根发芽"。可两年多时间过去了,我这颗"种子"还是种子!既没有开什

么花,更谈不上结什么果!

这种运用比喻和顺口溜的方法,使演讲更生动形象。

张利的《父亲·家庭·理想》的演讲用了借喻的手法:

> 当两个染色体碰撞出创造性的生命火花之后,那婴儿的第一声啼哭就宣告:爱情,富有浪漫色彩的抒情乐章已经结束,接下来就是急促而低沉的叙事曲。80年代的父亲有这样几个特点:第一,这些人和我一样,都是那场"史无前例"的大地震的遇难者。理想早就随着教室的窗玻璃给砸得粉碎,青春已被上山下乡的烈日晒得没了水分,成了没有滋味的豇豆干儿。

再如王安的《黄土地,我的理想大地》:

> 为黄土地添一株新绿,在凛冽的寒风中倔强地追求,虽然弱小,毕竟想成长;虽然幼稚,毕竟想成熟;虽然局限,毕竟有梦想;虽然默默无闻,毕竟想证明自己的存在……显示着自己做儿子的性格,这就是黄土地赋予我的性格。

这段演讲词,通过细腻多姿、一波三折的抒情比喻,将作者对黄土地的希望、理想和感情有滋味地逐层托出,用语言声调描绘出奋斗之歌的多层次旋律,使听众在透迤的情蕴中,领略到黄土的博大情怀和坚强性格。

再如,李燕杰在《德才学识与真善美》的演讲中说:"有的人为了升官发财,不择手段,穿着钉子鞋向上爬。"运用比喻把那种脚踏着别人的头颅,不顾他人死活,手脚沾满鲜血,如法西斯般卑劣的人刻画得淋漓尽致。

又如,《在师范毕业生典礼上的演讲》中有这样深情的语言:"如今,你们就要离开母校了,尽管情丝不绝,可你们在四年的风雨中练硬了翅膀,现在也该驮回去一幅春天的图画了。"人无翅膀,这里"练硬了翅膀"、"驮回去"就是"拟物"的手法,用描写动物的词语来描写人物,表现出师范生锻炼成长的过程和他们将载着母校的重托走向工作岗位的热情。语言中流露出对毕业生的无限依恋和激励的感情。

还如,李燕杰给参加《学习雷锋建设社会主义精神文明》座谈会的先进青年和青年工作者作报告,题为《心上绽开春花,芳草绿遍天涯》。他在报告中把积极向上的青年人"心中之火"比作"朵朵小花",他盼望着人们"把它联结到一起,形成一个巨大的花环";比作"一颗颗小草",盼着人们"把它联结到一起,让芳草绿遍天涯";比作"一砖一瓦",盼望着人们"把它砌成社会主义精神文明的大厦"。青年人听了无比兴奋和激动。

五、层递和追加

所谓"层递",是指同一句群的几个句子在意义上逐次扩展,语意上逐渐加强,以致形成后浪赶前浪、一浪高一浪的修辞效果。比如有位同志演讲说:"在信息社会的今天,如果我们不努力学习科学文化知识,那么,这就不仅是个人的灾难,而且也是家庭的灾难、民族的灾难!过去,我们的祖先为人类贡献了四大发明;今天,树立了正确的人生观,掌握了科学的方法论的中华儿男,也一定能为人类奉献出十大发明、百大发明、千大发明!"

还有一篇题为《人才在哪里》的演讲:"最后,我再一次问:'人才在哪里?人才在哪里?回答是:——在中国960万平方公里的土地上,在改革的大浪涛中,在我们身边,在今天的听众们中间。他们正等待着我们去挖、去找、去寻、去选、去培养、去使用、去关心、去造就!"这里有两组层递式句子:第一组谈人才的位置,采用由远及近的方式,缩小包围圈,密切与听众的关系,这是很巧妙的。讲的人越讲越激动,听的人越听越兴奋。第二组谈对待人才的方法,实际上是循着发掘人才的过程来说的,也很正确。

毛泽东在《关于重庆谈判》中说:"事情总是这样,他来进攻,我们把他消灭了,他就舒服了。消灭一点,舒服一点;消灭得多,舒服得多;彻底消灭,彻底舒服。"又如,《到军校去》这篇演讲中有这样的话:

亲爱的同学,你想成为一名能征善战的勇士吗?到军校去!
年轻的战友,你想成为一名叱咤风云的将军吗?到军校去!
敬爱的首长,您想把握未来战争的脉搏吗?到军校去!

这里把设问、排比、层递、反复等修辞手法融在一起,使之具有不同辞格的特点,有着多种表达功能。设问引人入胜,排比气势磅礴,层递使感情逐步强化,反复更突出了"到军校去"的题目。几种辞格融为一体,言简意赅,具有很强的鼓动性。

所谓"追加",就是为了把话说得具体、准确、全面,有意进行补充、注释。如吴伯箫《歌声》中的一段:"随着指挥棒的移动,上百人,不,上千人,还不,仿佛全部到会的上万人,都一齐歌唱。"作者以追加的方式构成层递,使语意加强,以达到"有力"的修辞效果。法国维克多·雨果为巴尔扎克的葬礼作的演说:"不,不是不可知!不,我在另一个沉痛的场合已经说过了,我就不知疲倦地再说一遍吧:不,不是夜晚,而是光明!不是结束,而是开始!不是空虚,而是永生!"开头的这个"不"字,就是追加的。通过追加,演讲者热情洋溢地赞扬了死者及其巨大成就。

演讲的修辞艺术,正如李燕杰在《演讲美学》中所说,要有相声般的幽默,小说般的人物形象,戏剧般的矛盾冲突,蒙太奇般的表现手法,诗朗诵般的激情。

另外,演讲词还要求有诗的意境,即要求演讲者的演讲有韵律,有风格。韵律使演讲明快流畅,富有文采;风格令演讲独树一帜,不落俗套。

第五节 设置演讲的"兴奋点"

演讲稿是演讲的前提与基础,而演讲中最能赢得听众情感共鸣的是其思想的火花。

所谓"兴奋点",是指散落在演讲稿中那些富有激情、容易对听众产生较强刺激或引起其高度重视、能产生强烈共鸣的词句。在演讲稿中设置兴奋点,不但能有效地引发演讲者的深入联想,有利于增强演讲者的自信心,使演讲更加生动感人,而且会让听众时刻集中注意力。这样,台上台下就会同呼吸、共悲欢,形成讲与听的整体效应。

一、酝酿浓厚情感,留出掌声空间

掌声能够活跃会场气氛,给演讲者以"感情回报",使之心情更加愉快,思维更加敏捷,也能给听众以陶冶,使之更加认真投入。掌声的调剂会使演讲产生强烈的现场感染力。因此起草演讲稿时应有意识地给掌声留出一定的空间。这就需要在演讲稿中主动运用那些带有浓厚感情色彩、充满激情的语言,那些立场鲜明、见解独到、能够给听众以深刻启迪的语言和那些热情歌颂真善美、无情鞭挞假恶丑的语言。这些语言能让听众受到激励、鼓舞和启发,从而自发地鼓掌。具体而言,一种是感情澎湃、妙语连珠。如闻一多《最后一次讲演》中的:"这是某集团的无耻,恰是李先生的光荣!李先生在昆明被暗杀,是李先生留给昆明的光荣!也是昆明人的光荣!"一种是"寓情感于情理之中,发掌声于妙语之外"。如朱镕基总理在就任伊始的记者招待会上说:"不管前面是地雷阵还是万丈深渊,我都将一往无前,义无反顾,鞠躬尽瘁,死而后已!"铿锵的话语赢得了满堂的掌声。

二、设置兴奋语言,满足听众心理

所有能够引起听众兴趣和热切关注的事例、名言、佳句和精辟独到的见解都属兴奋点的范畴。在演讲稿中,按照演讲内容需要,有计划、有目的地选取一些兴奋语言,绵延不断地"埋设"在演讲稿中,让它像星星一样闪烁,像眼睛一样放射出睿智的光芒,它会拉近演讲者和听众的心理距离,满足听众的心理需要,但要讲求顺理成章、水到渠成,千万不能不顾对象,故弄玄虚,刻意求多。美国总统杜鲁门在日本投降时发表的广播演说中,首先把人们的注意力集中到日本签署无条件投降的美军军舰密苏里号上,接着又回顾了四年前的珍珠港事件,让所有美国人的心都为之跳动,在缅怀亲人的同时,阐明这是自由对暴政的胜利,并认定"胜利后的明天将是全世界和平与繁荣的希望"。整篇演讲起伏有致,既肯定了民族的精神与意志,又让人民对明天充满必胜的信心。

三、敢于打破定势,善于标新立异

人都有好奇心,满足人们的好奇心和求知欲本身就具有兴奋作用。打破常规,标新立异是设置兴奋点的很好方法。为了使演讲吸引听众,在尊重文化传统和思维习惯的基础上,要对演讲稿进行必要的创新,打破思维定势,要敢于创造,善于借鉴,造清新之气,树时代新风。外交场合的演讲大多平稳有度,但1972年尼克松来华时,在一次演讲中却说:"长城已不再是一道把中国和世界其他地区隔开的城墙。但是,它使人们想起,世界上仍然存在着许多把各个国家和人民隔开的城墙。长城还使人们想起,在几乎一代人的岁月里,中国和美国之间存在着一道城墙。"听到这里人们不知来意是善是恶,自然细心聆听下文:"四天以来,我们已经开始了拆除我们之间这座城墙的长期过程。"一句话让人轻轻放下提起来的心。

四、加大语言力度,提高刺激强度

从生理学角度讲,在额定域值内,人的感官接收外来刺激的强度越大,神经兴奋的程度越高。心理学研究表明,人们最容易记住对自己有重大影响、对自己有利的、自己主观愿意记住的或给予自己重大刺激的信息。听众对演讲反应强弱,或者说演讲对听众兴奋程度的影响,一定程度上取决于演讲语言的强度。演讲语言的强度主要取决于演讲者对演讲内容的熟悉程度、对事物的感悟程度、对问题分析的透彻程度和现实立场的鲜明程度。演讲要尽最大努力把问题讲得透彻、准确、鲜明,始终给听众一种压力感和责任感。如泰戈尔在清华大学的一次演讲开头便说:"我的年轻的朋友,我眼看着你们年轻的面目,闪亮着聪明与诚恳的志趣,但是我们的中间却是隔着年岁的距离。我已经到了黄昏的海边;你们远远地站在那日出的家乡。"相对陌生而又清新雅致的诗句从诗人的口中缓缓流出,哪一个青年能不为之动情动容,继而为他的连珠妙语所吸引?他由此生发开去的保持纯净灵魂和自由精神的演讲自然就异常深入人心。

第五章 演讲的结尾和收场

演讲的结尾和开头一样,都是最能显示演讲艺术的环节,对整篇演讲的成败得失起着举足轻重的作用。出色的开场白好比与人初次相逢,能赢得听众的兴趣和注意力;而精彩的结束语好比与人离别,能促人深思,耐人寻味,给听众留下难以忘怀的印象。

第一节 结尾的方式

结尾是演讲思想内容发展的必然结果,是整个演讲的总收束。怎样使演讲有一个正确、精巧的结尾呢?演讲者在演讲到最后的结束语时,应着意构筑一个突起的异峰,也就是掀起一个新高潮。用出奇制胜的办法和非同寻常、新颖有力的语言说出最精彩、最感人的要点,全面总结,深化主题,首尾呼应,浑然一体。要调动一切积极因素,把听众的情绪推到最高的浪峰上,使听众情绪激昂感奋起来,让听众在头脑中出现一个新的更强烈的兴奋点,给听众以希望和信心,催使听众团结向上,形成较强的说服力,并给听众以启迪。这就要求演讲的结尾要比开头和主体部分站得更高,内容更有深度,语言更有力度,方法更巧妙,效果更耐人寻味。

怎样达到结尾美,这里介绍八种方式:

一、总结概括式

演讲者在演讲结束前用极其精练的语言,简明扼要地对已阐述的思想和观点作一个高度概括性的总结,以起到突出中心、强化主题、首尾呼应、画龙点睛的作用。如毛泽东《必须制裁反动派》的演讲结尾:"我们今天开这个大会,就是为了继续抗战,继续团结,继续进步。为了这个,就要取消《限制异党活动办法》,就要制裁那些投降派、反动派,就要保护一切革命的同志,抗日的

同志,抗日的人民。"

又如郭沫若《科学的春天》的结尾也是如此:"春分刚刚过去,清明即将到来。'日出江花红胜火,春来江水绿如蓝',这是革命的春天,这是人民的春天,这是科学的春天!让我们张开双臂,热烈地拥抱这个春天吧!"

再如西南政法大学刘波在题为《什么是幸福》的演讲中也采用了这种方法结尾:

> 一个人的幸福,只有同人民的事业结合在一起的时候,这才是无穷无尽的;只有人们共同分享它的时候,它才是幸福多彩的,而你也只有在为人民造福的事业中作出贡献的时候,才能体会到什么是真正的幸福。数十年后,你回首往事,发现自己为四化、为子孙后代,也为自己这一代人的幸福作出了那么大的贡献,那时候你就可以自豪地说:"我是幸福的!"

二、鼓舞号召式

演讲者以慷慨激昂、热情奔放、扣人心弦的语言来表达自己的思想主张,赢得听众感情上的共鸣。演讲者通过演讲提出任务,指明前途,表达希望,发出号召,鼓舞听众振奋精神,使之付诸行动。如雨果的演讲《巴黎的自由之树》是这样结尾的:

> 3个世纪以来全世界追随着法国,在这3个世纪中,法国一直是国中之首。你可知道"国中之首"的含义?这意味着最伟大,也应该是最优秀。我的朋友们、兄弟们、公民们、伙伴们,让我们以自己光辉的榜样在世界上建立起我们理想的帝国!让每个国家都以模仿法国为乐,以模仿法国为荣。
>
> 让我们在一个共同的思想指导下团结起来,请与我一起高呼:"环宇自由万岁!环宇自由万万岁!"

再如,上海青年张爱平在《奋起·拼搏·创新》的演讲结尾说:"开拓者之所以伟大,这是因为他们为了祖国的富强,献出了自己的智慧和汗水;牺牲者之所以伟大,这是因为他们为了民族希望,献出了自己的鲜血和生命。年轻的朋友们,让我们去奋击,去拼搏,去创新,去发展吧!为了祖国,为了民族,去开拓美好的未来,迎接灿烂的明天吧!"

又如《从阿Q到姚茂书》的结尾是:"年青的伙伴们,当代的中国正在进行一场伟大的变革:一切旧的、不合理的、压抑人性的、违背科学的落后思想、落后观点都将被唾弃,而新的文化将在我们手中创造。这并不是因为我们特别聪颖、能干!我们的父辈中比我们聪颖能干的有的是!可是他们被时代束缚了,被历史捆住了手脚。我们幸运的是,我们赶上了邓小平的改革时代!让我们跨出斗室,跨出任何封闭的实体空间、思维空间吧!让我们的思想轨迹在我们这一代来一个革命吧!开拓、搏击、进取、创造是我们这一代注定的使命!阿Q死了,姚茂书活着!让姚茂书永远永远永远地活着!"

再如张擎在《女大学生和中国妇女》演讲的结尾说:"女大学生……我们不仅拥有同男同胞一样改造社会的权利,而且更担负着捍卫妇女尊严、解放妇女权益的使命!希望我们克服自卑,建立信心;希望我们胸襟开阔,坚持不懈——因为,我们是九十年代的大学生!想想吧,如果有一天,占5亿人口的中国妇女都能发挥自己的才干,那么中国将会是怎样一种面貌!我希望,在不远的将来,地球上的每一个日子都成为我们妇女盛大而美好的节日!"

三、名言哲理式

恰当地引用名人的名言、格言、诗句等作为演讲的结束语,可为演讲的主题思想提供一个有力的证明,使听众在联系和印证生活时得到更大的启发。所谓"哲理",就是对宇宙及人生的根本道理的一种通俗而生动的揭示和表述,它具有极为丰富的内涵,能给人以深刻的启迪。两千多年前,亚里士多德就把权威看做是使人信服的三大手段之一。对于"权威效益"、"名人效应"这种人类心理定势的产物,演讲者必须重视。用名言哲理作结尾就是一个很好、很有效的方法。如周恩来《在上海鲁迅逝世十周年纪念会上的演说》的结尾:"鲁迅先生曾说:横眉冷对千夫指,俯首甘为孺子牛。这是鲁迅先生的方向,也是鲁迅先生的立场。在人民面前,鲁迅先生痛恨的是反动派,对于反动派,所谓的千夫指,我们是只有横眉冷对的、不怕的。我们要以眼还眼,以牙还牙。假如是对人民,我们要如对孺子一样地为他们做牛的。……人民的世界到了,所以应该像老牛一样努力奋斗,团结一致,为人民服务而死。鲁迅和闻一多,都是我们的榜样。"演讲者利用鲁迅先生的名句,恰当、形象地表明了共产党人对人民和对敌人爱憎分明的坚定立场,既与全篇演讲的主题紧密吻合,又唤起听众对鲁迅精神的理解和发扬。又如帕特里克·亨利的《不自由,毋宁死》的演说。亨利是美国著名的政治家和演说家。他出身寒微,没有受过系统的教育。1774年,他出席"大陆会议",反对英国政府向殖民地人民征收印花税,主张殖民地人民团结起来,争取独立。但内部温和派主张同英国和解。是坚决斗争还是妥协让步? 1775年3月23日弗吉尼亚州的会议上,亨利听了几位保守派代表发言以后,愤然登台,发表了这篇演说。这篇演说之所以能产生极强的客观效果,最重要的就在于演说始终表现出自己的坚定意志。演说的结尾是:"回避现实是毫无用处的。先生们会高喊:和平!和平!但和平安在? 实际上,战争已经开始,从北方刮来的大风都会将武器的铿锵回响送进我们的耳鼓。我们同胞已身在疆场了。我们为什么还要站在这里袖手旁观呢? 先生们希望的是什么? 要想达到什么目的? 生命就那么可贵? 和平就那么甜美? 甚至不惜以戴锁链、受奴役的代价来换取吗? 全能的上帝呀,阻止这一切吧! 在这场斗争中,我不知道别人会如何行事。至于我,不自由,毋宁死!"亨利演说完毕,全场愕然,鸦雀无声;当听众从这片充满激情的海洋中苏醒过来时,全场立即爆发出"拿起武器"的呼声。从此,"不自由,毋宁死"的口号,不仅鼓舞着美国人民的独立战争,而且成为全世界人民为正义而献身的共同誓言。

再如,王锦萍的演讲《焦裕禄告诉我》就是这样结尾的:

在纪念建党70周年时,银幕上传来这样一首歌,现在我用它来结束我的演讲:老百姓的嘴,是那无形的碑,白是白,黑是黑,评说千秋功罪。老百姓的心,是那有情的水,能载舟,能覆舟,沉浮多少权贵。天不可怕,地不可怕,只怕老百姓戳脊梁背。"得人心者得天下"一句老话讲到今,令人常品味!

四、含蓄幽默式

用幽默、比喻、象征等含蓄的言词或动作结束演讲,意思虽未明言,但饶有趣味,发人深省;听众在欢声笑语中禁不住要去思考、领会演讲者含而未露的深刻用意。

幽默结束的方式有多种：

一是借助道具。如鲁迅先生《在上海中华艺术大学的讲演》的结尾："以上是我近年来对于美术界观察所得的几点意见。今天我带来一幅中国五千年文化的结晶,请大家欣赏欣赏。"(说时一手伸进长袍,把一卷纸徐徐从衣襟上方伸出。打开看时,原来是一幅病态十足的月份牌,引得哄堂大笑,在笑声和掌声中结束了他的演讲。)这个别出心裁、极具喜剧性的结尾,不仅进一步深化了主题,使听众对那种拙劣的美术创作加深了认识,同时也给听众留下了许多演说者没有讲出来而又令人深思的空白,并让听众在美的享受中,带着愉快的心情离开会场。

二是省略。1985年底,全国写作协会在深圳罗湖区举行年会。开幕式上,省、市各级有关领导论资排辈,逐一发言祝贺。轮到罗湖区党委书记发言时,开幕式已进行了很长时间。于是他这样说："首先,我代表罗湖区委和区政府,对各位专家学者表示热烈的欢迎。"掌声过后,稍事停顿,他又响亮地说："最后,我预祝大会圆满成功。我的话完了。"他以迅雷不及掩耳之势结束了演讲。听众开始也是一愣,随后,即是欢快的掌声。因为,从"首先"一下子跳到"最后",中间省去了其次、第三、第四……这样的讲话,如天外来石,出人预料,达到了石破天惊的幽默效果,确实是风格独具、心裁别出。

三是双关。在延安的一次演讲会上,当演讲快结束时,毛泽东掏出一盒香烟,用手指在里面慢慢地摸,但掏了半天也不见掏出一支烟来,显然是抽光了。有关人员十分着急,因为毛泽东烟瘾很大,于是有人立即动身去取烟。毛泽东一边讲,一边继续摸着烟盒,好一会,他笑嘻嘻地掏出仅有的一支烟,夹在手指上举起来,对着大家说："最后一条!"这个"最后一条",既是毛泽东的讲话的最后一个问题,又指最后一支烟。一语双关,妙趣横生,全场大笑,听众们的一点疲劳和倦意也在笑声中一扫而光了。

四是借助幽默的动作结束演讲。借助幽默的动作来结束演讲,这样的例子虽很少见,但不乏珠玑。美国诗人、文艺评论家詹姆斯·罗威尔1883年担任驻英大使时,在伦敦举行的一次晚宴上发表了一篇名为《餐后演讲》的即席演说。最后他说："我在很小的时候听人讲过一个故事,讲的是美国一个卫理公会的牧师。他在一个野营的布道会上布道,讲了约书亚的故事。他是这样开头的:'信徒们,太阳的运行方式有三种,第一种是向前或者说是径直的运动;第二种是后退或者说是向后的运动;第三种即在我们的经文中提到的——静止不动。'(笑声)先生们,不知你们是否明白这个故事的寓意,希望你们明白了。今晚的餐后演讲者首先是走径直的方向(起身离座,做示范)——即太阳向前的运动。然后他又返回,开始重复自己——即太阳向后的运动。最后,凭着良好的方向感,将自己带到终点。这就是我们刚才说过的太阳静止的运动。"(在欢笑声中,罗威尔重又入座)

这种紧扣话题的传神动作表演,惟妙惟肖,天衣无缝,怎能不赢得现场听(观)众的热烈掌声和欢笑声!

演讲的幽默式结尾方法是不胜枚举的。关键是演讲者要具有幽默感,并能在演讲中恰如其分地把握住演讲的气氛和听众的心态,才能使演讲结束语收到"余音绕梁,三日不绝"的轰动效应。

五、诚挚赞颂式

诚挚的赞颂,本身就充满了情感和力量,最容易拨动听众的感情之弦,引起和谐的共鸣。

诚挚的赞美,有如和煦的春风,能消融坚硬的冰层。请看唐霖《姑娘们,昂起头来,奋斗拼搏》的结尾:"古今英雄多女性,巾帼何须让须眉。在人类解放的事业中,在时代的旗帜下,必定如此。不是吗?请看:男有保尔,女有丹娘;男有董存瑞,女有刘胡兰;男有黄继光,女有丁佑君;男有五壮士,女有八女投江,妇女要真正顶起半边天了。当今的姑娘们,昂起头来,要有志气,有抱负,自尊自爱,自强不息。要发出生命的最强音,让崎岖曲折的道路在我们脚下开拓延伸。"这个结尾很鼓舞人,连男同胞也能慷慨地回报以掌声。又如鲁迅先生《革命时代的文学》结尾:"人大概是不满于目前所做的事的,我一向只会做几篇文章,自己也做得厌了,而提枪的诸君,却又要听讲文学;我呢,自然倒愿意听听大炮的声音,仿佛觉得大炮的声音或者比文学的声音要好听得多似的。我的演说只有这样多,感谢诸君听完的厚意。"再看看章渝《青春的证明》结尾:"……我们是航空工业的新一代,又有谁不热爱这伟大的事业呢?尽管我们还稚气未脱,尽管我们才踏上工作岗位,但是在不久的将来,在航空工业的主战场上,将会出现一座新的纪念碑,后人将会看到一条新的钢铁长城,在祖国的蓝天展现。我们是继承的一代,也是发展的一代。我们这一代必将用青春证明,青年是中华的未来!"

六、提问思考式

在演讲结尾时,演讲者向听众提出问题,甚至是一连串的问题,供听众思考。

《解放军画报》记者李前光的《在血与火的征途上》结尾道:"朋友们,你是否感到自己是在幸福之中呢?当你躺在柔软舒适的沙发床上的时候,你不用担心会有凶恶的炸弹落在房顶上;当你在五光十色的舞台上,随着欢乐的音乐翩翩起舞的时候,你也不会担心脚下会有地雷。我们都是幸运的,我们有着优越的工作环境和生活条件。难道我们不应该珍惜这一切而发愤地工作、学习、为人民多做一点事情?难道我们能在英雄阻挡枪弹的躯体后面而一味追求个人幸福和前途吗?我们没有理由,也绝不能!对于那些为人民而捐躯的烈士,朱总司令曾这样说,'你们活在我们的记忆中,我们活在你们的事业中'。同志们,我们应该怎样去纪念那些牺牲的战士?我们应该怎样活在他们的事业中?让我们每一个人用自己的行动来回答,去告慰那九泉之下的英灵吧!"又如曾一之《由"富"想到的一二三》的结尾是:"党的十一届三中全会以后……至少是觉得时间老不够用,日子过得太快。但是,这不正暗示我们应干得更多,做得更好么?……要想在富的右角上添上2、3、4的符号,我们的劳动热情、工作态度又该怎样呢?愿君深思。"

七、层层推进式

所谓"层层推进",指的是意思一层深入一层,句子一句比一句有力。这种方法能表现出强烈的情绪,造成排山倒海之势,极富感染力。如下面四个典型例子:"我们绝不做路边、江畔的病树沉舟,自甘抽身于时代的潮流之外,一边在心里窃慕着奋进者的足迹,一边又低吟着'人到中年万事休'的哀歌。我们永远也不应该休止,不单人到中年不能'休',即使到了老年也不能'休'。如果非要说'休'的话,那就只有一句——至死方休!"

又如:"如果说从远古到现在,中华民族绵延合奏的是一首奋斗不息、不屈不挠的交响乐,那么,在我们这个乐章里,我们的旋律应该更新、更美、更加波澜壮阔。我们的使命是创造,是谱写,绝不是回顾,更不是重复!"再如:

"……也只有这样,到了我们鬓染白霜的暮年,我们才能坦然地回顾自己的一生,满怀自豪地宣告,我无愧于人民,无愧于祖国,无愧于子孙!"还如:"同志们:没有新时代的女性,就没有改革的成功!没有新时代的女性,就没有四化的实现!没有新时代的女性,就没有新的时代!"

八、点明主题式

一般说来,演讲者总爱先点明主题。其实,有时也可来个"且听最后分解"。这种方法说得理论化些叫"蓄势",说得通俗化些叫"吊胃口"。如美国第22任总统富兰克林·罗斯福发表的对日宣战说:"昨天,1941年12月7日——一个遗臭万年的日子——美利坚合众国遭到了日本帝国海空军部队突然和蓄谋的进攻……昨天对夏威夷群岛的进攻,给美国海陆军部队造成了严重的损害。我遗憾地告诉各位,很多美国人丧失了生命。此外,据报,美国船只在旧金山和火奴鲁鲁之间的公海上也遭到了鱼雷袭击。昨天,日本政府已发动了对马来西亚的进攻。昨夜,日本军队进攻了香港。昨夜,日本军队进攻了关岛。昨夜,日本军队进攻了菲律宾群岛。昨夜,日本人进攻了威克岛。今晨,日本人进攻了中途岛……我要求国会宣布:自1941年12月7日——星期日日本进行无缘无故和卑鄙怯懦的进攻时起,美国向日本帝国宣战。"

又如卡斯特罗《历史将宣判我无罪》的结尾:

至于我自己,我知道我在狱中将同任何人一样备受折磨,狱中的生活充满着卑怯的威胁和残暴的拷打,但是我不怕,就像我不怕夺去了我一个兄弟的生命的可鄙的暴君的狂怒一样。判决我吧!没有关系。历史将宣判我无罪。

以上的例子都是先进行大量铺陈,比如罗斯福为了向日本帝国宣战,不惜笔墨地列举了日本攻击了美国的船只,进攻了马来西亚,进攻了香港,进攻了中途岛等等,这些都突出了日本的种种恶行,为美国向日本宣战"蓄势",从而点明主题。

第二节　收场的禁忌

演讲结尾之时,就是听众退场之前,为了使收场圆满,结束语有"五忌":

一、忌拖沓冗长

结尾一定要简洁明快,铿锵有力,让丰富深刻的内涵与精练含蓄的语句相结合,造成回味无穷的效果。因此不允许拖泥带水、繁复冗长。重复的话不可多说,与主题无关的话一句也不要说,要学会"说明本旨"之后"戛然而止"。有些演说者有能力讲下去,不断讲下去,他们的座右铭是:我既然开始了,就不愁讲完了。他们有那种莫名其妙的能力,就是看不见他们的听众送来的强烈信号——有的离去了,有的恨不得自己破窗而去。如同训练有素的催眠师,这种演说者很快让听众进入半昏状态却不幸地没有将他们唤醒的能力。有时他们让听众隐隐约约地以为他们该说"最后一点"的话了,但是,天哪,这种希望到头来只是虚假的黎明,他们又接着讲了下去。不妨给你的演说准备一个时间框架,你应尽力遵照这一时间演说,在手边放一只准时的表。

二、忌节外生枝

结尾是演讲意旨集中的焦点,或收拢全文,或照应开头。目的是为了突出主题,所以最忌讳当止不止、节外生枝,破坏演讲的完整统一结构,冲淡全篇的中心思想。

三、忌缺乏激情

结尾是演讲主题的升华,是感情的高潮。语言要富有哲理和充满激情,使听众从逻辑思维到形象思维都上升到一个新的高峰,达到既明于理,又动于情。

四、忌鲁莽偏颇

如果不是面对敌人演讲,那么结尾时不要言辞过于激烈,咄咄逼人,要真实、诚恳、友好和有自信。

五、忌陈言俗套

有些人总喜欢说几句别人听厌了的陈言滥语,搬用旧套套,或谦虚,或致歉意,或喊几句空洞口号,或提几点无所不包的要求与希望。言辞毫无新意,给听众的信息量几乎为零,纯属浪费听众时间。

第六章 控场与应变及演讲词的记忆诀窍

第一节 控场的含义和要求

所谓"控场",就是演讲者对演讲场面进行有效控制的技能和办法。在正式演讲过程中,由于各种原因,听众的情绪、注意力及场上气氛、秩序常有变化的可能。演讲者要有效地调动听众情绪,集中听众注意力,驾驭场上气氛,稳定全场秩序,使之向有利方向发展,不能不借助于控场技巧。演讲者要善于观察听众的种种反应,确定控制会场的相应措施,随机应变地避开和克服演讲中出现的障碍和被动,并变被动为主动,使演讲生色增辉、风趣动人。

俄国早期的马克思主义理论家普列汉诺夫有一次在日内瓦发表演讲,当时在场的某些社会革命党人和无政府主义者蓄意骚扰。他们乱吹口哨,吵吵嚷嚷,搅得演讲难以进行。在此情况下,普列汉诺夫十分冷静沉着。他双手交叉在胸前,两眼闪出嘲笑的目光,略微沉默之后,大声说道:"如果我也想用这种武器,同你们斗争的话,我来时就会……(他停顿了一下,听众不得不猜测他的下文,而结果却完全出乎意料)我来时就会带着冷若冰霜的美女。"话音一落,会场顿时发出一阵大笑,甚至连反对者也笑了起来。就这样,演讲在新的气氛中又继续进行下去。

李燕杰有一次到医院作关于爱国主义的演讲。演讲中,他观察到东北角有一位老大夫正看医书,无意听讲。李燕杰灵机一动,就插进了这么一段:"每当我回忆重病缠身的时候,白衣战士就引起我深情的遐想。是他,人格的诗,心灵的美,圣洁的光,赋予我第二次生命;是他,给了我去参加拯救那灾难深重的中华民族的权利和力量。"他这么一讲,那位老大夫马上就抬起头来,盯住了演讲人。李燕杰见此情景,抓住时机,又把医生治病救人与救国救民联系起来讲,点明了爱国主义教育的主题。那位老大夫终于把手中的医书放下去,认真听讲三小时没有走神。由此可见,善于运用控场方法,是演讲取得成功的主要因素。

一、控场的具体要求:

1. 亮相得体

上场时务必大方自然,表现出充满信心的举止;上场后可先环视一下全场,接着开始演讲。缩手缩脚或扭捏作态,乃是上场亮相的大忌。

2. 脱离讲稿

这既有助于增强听众对演讲者的信服感,也有利于演讲者与听众更好地进行面对面的交流。面对一群有文化的听众,有时念错句或念错常用字,可能会招致哄堂大笑;而说话流利,发音准确,则能较易赢得听众的欢迎。

3. 动静结合

演讲者不仅要把目光、动作的变换作为表达感情的一种方式,而且要把它作为吸引听众注意力的重要手段。要以恰当的目光、潇洒的动作影响听众,使他们不易出现分心现象。在运用目光、动作的时候,要做到动静兼顾。如果目光一直游移不定,或动作过于频繁,就会引起听众的不舒服感。

4. 变换节奏

演讲者应以抑扬顿挫的不同语调和疾缓快慢的不同速度进行演讲。重点之处可放慢速度或作必要的重复,以便引起听众的重视。听众注意力分散时,可骤然提高音量或停顿一下,使听众感到新奇而不由自主地把转移了的注意力又集中到演讲者身上。

5. 设置悬念

在必要的地方设置悬念,以激发听众的兴趣,调动听众的情绪。设置悬念不能故弄玄虚,应精心选择既能扣住演讲主题、又是听众鲜知的东西作为设置悬念的依托;同时要选择听众兴味正浓之际戛然而止,使悬念最大限度地发挥其奇功异效。

6. 有意提问

演讲者根据演讲内容和场上情况,在适当之处问句"为什么"或"怎么办",促使听众进行积极的智力活动,须臾之间,不得不思考一番。听众思考问题时,会倍加注意演讲者作何解答。演讲者可借此良机,发表自己对问题的精当见解,以征服听众。

7. 临乱不惊

一旦出现秩序混乱的现象,演讲者须镇定自若,切忌大动肝火。要根据造成混乱的不同原因采取不同的应变措施。

第二节　应变的方法

所谓"应变",是指演讲者在演讲过程中,面对主观或客观出现的突发事件和意外情况所造成的阻碍和干扰时,敏锐、及时、准确地做出反应,并采取有效措施,迅速、果断、巧妙地平息和排除,使演讲顺利进行的一种技巧、方法或处理能力。演讲者要想取得良好的演讲效果,就必须努力培养机敏的应变能力。

一、应付主观之变的方法

1. 排怯场法

在演讲过程中,演讲者由于一种强烈的畏惧心理而使精神高度紧张,出现心慌意乱、手足无措、呼吸急促、心跳加速等反应。轻者张口结舌,语无伦次;重者目瞪口呆,说不出话。造成怯场的主观原因有:一是求胜心切,压力太大,唯恐失败,产生压力感;二是准备不充分,心中无数,稳不住阵脚,产生心虚感;三是担心讲不好,怕上台后怯场,越害怕越出现怯场,产生胆怯感;四是自卑自贱,信心不足,强手林立,自愧不如,产生自卑感;五是环境生疏,气氛严肃,难以激发热情,产生陌生感。克服怯场的方法有:

一是增强自信心,在心理上处主动地位;

二是了解听众情况,熟悉现场环境,消除陌生感;

三是做好周密准备,做到胸中有数;

四是刚上台要"目中无人",上台后要"满目友人";

五是全神贯注在你的话题上；

六是设法释放因紧张而产生的大量热能；

七是别去注意会使你慌乱的消极刺激；

八是对自己讲一番鼓舞士气的话；

九是要相信听众是来听你演讲的,主导者是你；

十是假定听众是一无所有的；

十一是加强演讲训练,熟能生巧。

2.去忘却法

演讲者在演讲中思维的链条突然中断,以致忘却了下面的内容,往往使本来很精彩的演讲毁于一旦。忘却的原因很多:有的因为怯场导致忘却;有的因为突然看见一个熟人,听见一个怪异的声音;有的突然想起某件不相干的事情等。应付忘却有以下几种方法:一是插话衔接法。一旦忘却,可以插入一两句与演讲内容关系不大的问话,趁此短暂的时间尽快回忆起下面要讲的内容;二是重复衔接法。一旦忘却,可以把最后两句再加重语气重复一遍,把断了的思绪链条再接起来;三是跳跃衔接法。一旦忘却,可以不管紧接着的下一句话或下一段,而是跳跃地讲另一段你没有忘却的。这既可不让听众发觉,也可在演讲时继续回忆忘却的那段,再巧妙地补进去。实在想不起来,就丢掉算了。

3.除失误法

失误就是讲错了话,这是最普遍的毛病。比如张冠李戴,讲错了词句、数字等等,一般可以在发觉的时候重复一下。这就是一种纠正,不关键的大可不必纠正。

二、应付客观之变的方法

应付客观之变,主要有以下几种情况:

1.听众对象突然变化——因人演讲,随机应变;

2.演讲的主题与他人撞车——除专题赛外,要重新选材组稿,或提取部分引出新意;

3.突然发现有名人、领导或专家到场——强化"我是讲台主人",我行我

素,照讲不误;

4.由于某种原因,听众甚少——或热情不减,或交谈讨论;

5.听众在听演讲中兴趣转移——敏锐抓住这一兴趣,生发开去,巧妙转移再回到主题;

6.听到台下喝倒彩和欷歔声——见怪不怪,冷眼相视,置之不理,切勿生气;

7.出现对立观点和对立情绪——切勿截流,慢慢疏导,善言商榷,会后推敲;

8.反响强烈,不时掌声——暂停演讲,目谢听众,切勿趾高气扬,应有礼有节,不必羞怯不安而应潇洒庄重;

9.收到条子或当场提问——根据具体情况及时作答,或恰当处理;

10.突然断电,扩音器无声,场内变暗,或突然雷雨大作——要镇定,可开开玩笑,设法补救。

三、提高应变能力和增强自信心

1. 提高应变能力

(1)开发想象力,积累资料,丰富知识,善于纵横联想和左右取舍;

(2)锻炼洞察力,登台说话时能眼观六路,耳听八方,见微知著,迅速反馈;

(3)培养感受力,感受听众心理和情绪,知道他们的愿望与祈求;

(4)提高判断力,能正确分析听众的情绪反馈,并迅速作出对应的决断回音;

(5)增强应变力,经常参加辩论会、辩论赛或观看辩论会辩论赛。

2. 增强自信心

(1)昂首阔步,径直迎着别人走去;

(2)盯住别人的鼻梁;

(3)养成微笑的习惯;

(4)学会沉默,然后用从容不迫的坚定语调与人交谈;

(5)用幽默来处理反对意见;

(6)用毫不含糊的语调说:"不";

(7)用适当的音量谈话;

(8)练习大声唱歌,大声念绕口令;

(9)在黑夜空旷无人的原野里练习说话;

(10)分析强于自己的人的优、弱点。

第三节 演讲词的记忆诀窍

要作一次成功的演讲,在演讲稿写成之后,最重要的就是必须要把演讲词烂熟于心。

记忆演讲词,一般可分为三步。第一步是识读,即阅读。大体了解整体与细节,对稿子有个大致了解,把握题旨,掌握例证,包括引述的事实、名人名言等,其中最有说服力的是准确无误的数字。第二步是响读。朱熹说过,凡读书,需要读得字字响亮,不可误一字,不可牵强暗记。这样,才能达到他所说的"逐句玩味"、"反复精读"、"诵之宜舒缓不迫,字字分明"。只有如此,演讲词才能从有理有据、有情有感、有声有色的响读中加以体会和记忆。同时,才可设计演讲的动作、表情和姿态,琢磨演讲词临场情境与听众交流的心理和生理反馈等。甚而一个字的读音,一句话的抑扬顿挫,标点的作用,语气的恰到好处,也无不在其中。响读,是演讲词记忆的关键之处,也就是"立体记忆"的一条必要的途径。第三步是情读。就是要理解感受演讲词情调,注意适度和真实。特别要作演讲时,切忌漫无节制地宣泄感情。缺乏控制的感情抒发,会令人产生厌恶感;虚伪的感情表演,会丧失听众的信任。

当代演讲家李燕杰说过,演讲绝不是从记忆移入记忆,把现成的字句移到别人心中,而是要使自己心中的火与听众心中的火并燃。演讲词里有情调,喜怒哀乐应分明。演讲即使是阐释事理,也不应冷漠地板着面孔说教。对事理的深刻剖析,无疑是一篇演讲词成功的主要标志,应当加深记忆。但如果其中同时能有真诚的适度渗透和激情的确切体会,则不仅能以理服人,还必定能以情动人,这种体会,无疑是种特殊的引发性记忆。可见,演讲词的记忆,一要用眼睛——阅读,二要使口舌——响读,三要动心思——情读。只有整体的综合的全方位的记忆,即"立体记忆",才能收发自如。这无疑也是演讲词的记忆法。但是,要记住演讲词,具体还要掌握它的文体特点及思路。

演讲词,一般地说属于议论范畴。演讲词的论点,也称"观点",论据也称"材料"。没有观点,就等于没有灵魂,演讲要告诉人们的东西,也就不存在了。若无材料,观点不被证明,也说服不了人。因此,观点要明确,材料要记牢,这是不够的。要记住它,最重要的地方是,把握用材料论据阐述思想观点的过程,即论证过程。这个过程是逻辑构成,如果再把它抓住,演讲词的记忆就迎刃而解了。

显而易见,抓住演讲词的逻辑构成,即演讲心态的思想轨迹,也就抓住了记忆的要领。演讲词思想轨迹基本有两种:一是基本型,二是变化型。

基本型,按思维路线,通常它表现的思路序列一是提出问题,即观点(论点)的提出,有表示和强调作用;二是分析问题,即论证观点(论点)正确与否。这要用材料—例证加以证明,事实真实可信令人信服;三是解决问题,即得出结论,印证提出的观点,明确结论。

变化型,按思维路线,有三种形式:

一是简化式。即演讲词的三段式。一是绪论,相当于基本型提出问题部分;二是本论,相当于基本型分析问题部分;三是结论,相当于基本型解决问题部分。常见的演讲词,尤其是即兴演讲,更以此式进行演讲为宜。

二是互置式。即基本型解决问题部分将其结论放在开头,直截了当地把结论告诉听众,然后再进行分析问题和解决问题部分演讲。只不过首尾互置达到明显效果而已。

三是散论式。即兴演讲常用此法。这种演讲词一般较短,只要抓住感情表达方式线索即可。

总之,演讲词的记忆,要抓住它本身的特征以及感情表达方式,把握逻辑构成的基本型和变化型,眼口心综合记忆,记忆力就会提高。但是,其中响读尤其重要。人要善于记忆,强化记忆,发展记忆。在此基础之上才能使演讲一步一步走向成功。

第七章 演讲中的语言

第一节 有声语言

演讲是一门语言艺术。演讲的语言是表达演讲者思想感情的主要手段,要使演讲者语言生动有力、形象感人,深深拨动听众的心弦,除了要求语言准确贴切、通俗易懂、完整朴素、简洁凝练之外,还要求高超地运用修辞手法和讲究语言的风格美。

一、口语化

口语化是演讲语言的一大特点,也是演讲语言不同于其他书面语言的一个重要方面。书面语作用于人的视觉,读者阅读时可以不受限制地对较复杂的句式、较深邃艰涩的语言进行反复琢磨和咀嚼,直到彻底领悟为止;演讲则以声音为载体,口耳相传,具有稍纵即逝、一次过的特点,听众要当场理解,当场消化,当场受到感染和鼓动。因此,演讲所使用的语言必须是能听得进去,而且听了后就能明白、记在心里的。

先来看下面两段文字:

人类总是依据自身的利益评价外部事物,将之分成优劣好坏,而大自然则另有一套行为规范与准则。现在人们闻之色变的沙尘暴,即由于强烈的风将大量沙土卷起,造成空气混浊,能见度小于千米的风沙天气现象,其实古已有之。它本是雕塑大地外貌的自然景观之一,是大自然的一项工程,并又在全球生态平衡中占有一席之地。

如果我们只进行一般的经济贸易,那不加入WTO也可以,就像担着菜篮卖小菜的那种小贩,尽管市场在那里,你也可以不进入市场,可以不遵守工商部门的规则,看到工商管理干部来了就跑。但如果要进入世界经济的主流,想把生意做大,卖肉、卖鸡、卖菜,你就要进入市场;要成为市场中有头有脸的人物,就得在市场里建一个铺面,就得遵守市场的规则,而且这个时候你不按规则办事也不行,跑也跑不了,跑了和尚跑不了庙。

前面一段是科普说明文《沙尘暴》中的文字。其中对于沙尘暴的解释,严谨周密、逻辑性强,人们阅读时可以反复分折琢磨,反复理解,但如果用于演讲,则不够通俗,听众一时半会很难听懂。后一段出自中国加入世贸组织首席谈判代表、外经贸部副部长龙永图关于中国入世问题的讲话。中国为什么要加入"WTO"? 遵守世贸规则又意味什么? 如果用"世界经济一体化"、"全球贸易"等专业术语解释,一般平民百姓恐怕难以明白,但"市场"、"小商小贩"则是人们司空见惯、耳熟能详的,很通俗,加之"看到工商管理干部来了就跑"、做个"有头有脸的人物"非常生动形象,好听易懂,幽默风趣,大家一下子就记住了。

从以上两例比较中,我们可以看出演讲语言和书面语言是不同的。演讲稿提倡用口语化写作,是因为口语更生动活泼、幽默风趣、通俗易懂。当然,口语表达的局限也是显而易见的。比如:有些谐音字、同音字,在书面语中意思明确,一看就明白,但用口语表达,则可能引起误解和歧义。有这样两句话:

> 前段时间书摊上性风作浪,有人借机大发横财。
> 热衷于赌博的人是得了爱资病。

"性风作浪"、"爱资病"放在书面语中,自有妙趣,但用在演讲中,如果不加以解释,听众就不可能领悟到字面所包含的含义,仍然还是会理解为"兴风作浪"、"爱滋病",听众听起来就会不明白;"赌博"与"爱滋病"有什么关系呢? 所以,在要求演讲语言通俗易懂的同时,也应该要注意语义的清楚明白,语言要尽量规范、准确。

二、艺术化

艺术化是对演讲语言口语化基础上的更高层次的要求。演讲口语不等于日常口语,日常口语没有经过任何加工修饰,随意性大,重复倒装很多,还有许多依赖语言环境才能理解的省略;而演讲口语条理性、逻辑性较强,语句比较整齐、规范,尤其为了增加演讲效果,还吸收了书面语言的长处,采用议论、抒情、描写等表达方式以及排比、对比、比喻、设问、反问等修辞手段,所以,演讲语言又应该是一种经过加工了的、艺术化的、规范的口语。离开了这种艺术性,就只是一种谈话而不是演讲。

演讲的语言艺术除了要运用一系列修辞手段来达到准确、简洁、生动、形象的目的外,还特别讲究音韵的和谐流畅。所以,撰写演讲稿还应注意以下几点:

1. 多用短句

在书面表达中,特别是在说理性文章中,常常会使用复杂的句子。但在演讲中,由于人的短时记忆有一定限度,说到后面,前面部分已开始遗忘,这在一定程度上会影响听众对内容的理解。所以,演讲语句最好以短句为主。

演讲是科学,演讲是艺术,演讲是武器。什么是科学?科学是对客观事物的规律的认识。演讲没有规律吗?不能认识吗?不是的。它是有规律性的,所以说它是科学的;演讲不仅诉诸人类逻辑思维,而且诉诸人类形象思维,不仅要用道理说服人,还会用感情感染人,所以说它是艺术;演讲捍卫、宣传真理,驳斥谬误,所以说它是武器,而且是重要武器。

这是张志公先生题为《科学、艺术和武器》演讲中的一段话,虽然是说明演讲概念的,但听众听起来并不费力,很容易理解接受。显然,除了运用排比、设问、比喻等修辞方法外,一个重要的原因是演讲者采用了一连串短句子。

2. 顺畅和谐

这里包含两个方面的技巧:一是语句通顺没有冗繁累赘、成分残缺、搭配不当等语病;符合语法规范。二是句式搭配和谐、恰到好处。有些稿子句子意思很明白,表述也清楚,但读起来感觉拗口、别扭。这时如果把句子调整一下,效果就会大不一样。例如:"难道政治野心家能篡改客观真理吗?乌鸦的翅膀挡不住太阳的光辉。"这句话本身没有什么语法毛病,比喻也恰当,意思很清楚,但说起来不顺口,听起来也很别扭。可以试着将句式改为:"政治野心家篡改不了客观真理,乌鸦的翅膀挡不住太阳的光辉。"由于前后两句都是一般陈述句,句式整齐,语意对照鲜明,读起来自然流畅顺口。

3. 注意韵律

演讲虽不是诗歌朗诵,但同样是靠语音来传递信息、表达感情,同样应该具有节奏感和韵律感,这是演讲的一种审美需要。例如:

> 有人说,作为一名大学教授,远离城市,远离父母,远离子女到边区工作,降了位子,坏了身子,苦了妻子,重了担子,少了票子,但作为一名共产党员,我不后悔,正因为到蓝山工作,我才了解了民间疾苦,接触了基层实际,懂得了做人的道理,并进而懂得了为官之义在于奉献,为官之本在于造福,为官之德在于清廉。
>
> (摘自《演讲与口才》,2002年第7期第36页)

这段语言言简意赅,内容丰富,说起来朗朗上口,听起来清脆悦耳,充分显示了演讲语言的节奏感和流畅美。又如:

> 在幸福、欢乐的乐曲中,我吹灭了象征自己人生历程的烛光,默默地许下几个心愿,那就是:祝各位嘉宾天天有个好心情,笑口常开;月月有个好收入,四季发财;年年有个好身体,青春常在;终生有个好家庭,夫妻恩爱。
>
> (摘自《演讲与口才》,2002年第2期第35页)

这段话的最大特点是对仗、押韵,句式整齐,使人感到畅达明快,幽默风趣,因而获得来宾热烈的掌声。

总之,演讲语言应该兼有书面语和口语的特长:准确、规范、生动、形象、自然、幽默,同时,它还应具有诗歌的优点:好听悦耳,朗朗上口。

第二节 态势语言

演讲不仅需要言词声音,还需要辅之以动作表情。这种通过面部表情、体态、手势进行思想感情交流和信息传播的手段,便称之为"态势语言",亦称

"体态语"、"无声语言"、"非语言信息"。

态势语言具有丰富的表现力,美国心理学家艾伯特·梅拉比安曾提出一个公式:

$$冲击力1 = 0.07 \times 言辞 + 0.38 \times 声音 + 0.55 \times 面部表情$$

演讲的态势语言是经过加工提炼的,既符合言语交际的规范,又具有一定的审美感。人的各种姿态,仔细研究起来,有的是遗传的,具有生物学意义,保留着人类远祖进化过程中的痕迹,譬如,愤怒时咬牙切齿,摩拳擦掌;有的则出于心理本能,譬如,难过时捶胸顿足,揪头发;有的则是因为人的行为定势,无意识做出来的,具有很大的随意性。这一切都是自然状态的态势,并非演讲的态势语言。演讲的态势语言是在自然状态的态势基础上经过加工提炼而成的,具有表情达意的功能,还具有很高的审美价值,正如斯坦尼斯拉夫斯基所说:"无须根据天性本身的原则来训练演员的声音和身体。这需要做一番艰苦的、有系统的和长期的工作。我号召你们从今天就开始来做。要不这样做,我们的体现器就会显得过于粗糙,不能胜任指定给它的那种细致工作。"他虽然是对戏剧演员说的,但同样也适用于演讲者。

朱光潜先生说:"人生本来就是一种广义的艺术。"人的态势自然包含在这种艺术之中。演讲的态势语言可以辅助有声语言的完满表达和情感的充分抒发。态势语言可以对重要句子、重要词语作出强化处理,具有强调功能。

"言之不足,故手之舞之足之蹈之"。这就是说,态势语言可以把有声语言不便说、说不出的意思充分表达出来,表达未尽之意,具有取代和补充功能。

有声语言有声而无形,诉诸听觉;态势语言无声而有形,诉诸视觉。两者结合,互为补充,相得益彰,具有优化功能。

演讲的态势语言是一个系统,它由头部语言、面部语言、眉目语言、手势语言和体态语言几个部分构成,各个部分协调合作、互相配合,具有很强的技巧性。

一、头部语言

头部是演讲者形象的主要部分,是听众目光焦点。头要正,目光亲切自然,发声方向略高于视平线。这是对演讲者头部最基本的要求。但是,在不同的语言情境中,头部却呈现出不同的形态。

1. 正位

面部正对听众,不要频繁晃动,目光落在会场中部的听众脸上。这种形态多用于陈述性演讲,表达比较平稳的感情,显得庄重严肃。这是演讲中一种最基本的造型,也是变化其他类型的基点。

2. 侧位

侧位的最佳角度是满侧,即由正面向左或向右满侧 35°左右。这样,既能让侧面的听众看到脸部的正面,又能使其他方位的听众看到脸部的大部分。

侧位打破了正位的严肃、单调的造型,给听众一种优雅感。

询问性、疑惑性的语言和表情,多配合侧位动作。

3. 仰位

头部向上仰起,可微仰,可昂仰,还可偏仰,但所表示的含义不相同。一般来说,微仰表示思考和停顿,昂仰表示情绪激动,偏仰表示呼唤与憧憬。

恰当的仰头,也可以给听众一种生动感。

二、面部语言

俗话说,出门观天色,进门观脸色。察言观色,看脸色行事。这就是说,人的面部可以反映出内心变化和情绪变化。如气愤时,血管收缩,脸色苍白;激动时血管扩张,脸色涨红;高兴时笑逐颜开;得意时容光焕发;失意时满脸阴沉。心理专家指出,人的心灵的每一个活动都表现在他的脸上,刻画得很清晰、很明显。

因此,演讲者在演讲时面部应该表情丰富,通过积极的调节、控制,使面部表情准确地、自然地、恰当地表现自己丰富的感情,使听众便于领会。

1. 面部语言分类

面部语言,可以是抒情性的,还可以提示意性的。

抒情性的,是将演讲者各种心理活动和情绪变化,外化为面部的肌肉活动和神色的变化。例如,口角向上,脸色和悦红润,纹路顺当,这是高兴;口角向下,嘴巴或紧闭或张大,脸色阴郁或苍白,纹路板滞,这是悲痛和厌恶;咬住下唇,这是忍耐;咬牙切齿,这是仇恨,如此等等。

示意性的面部语言,即面对听众所作的各种表情。例如,当听众鼓掌或发出善意的笑声时,演讲者微笑颔首;明白了听众的要求时,嘴角两边的肌肉均匀拉开,溢出微笑;向主持人点头、挥手,以示谢意,等等。

2. 笑与哭

笑,在面部语言中,是一种特别值得提倡的。笑是一种特别有效的交流与交际的工具。不管演讲者的心情如何、态度怎样、有何倾向,只要他笑,不管他是怎样笑、是何种笑,听众都可立即读懂这种语言,并且受到感染。笑是愉悦的,是获得友谊、取得信任、融洽关系、化解窘态的重要手段;笑也是一种武器,它可以"把屠夫的凶残化为一笑",对胆大妄为的人还是一种制裁。

笑是千姿百态的:有微笑、大笑、狂笑、欢笑、苦笑、嘲笑、狞笑、奸笑、真笑、假笑、嬉笑、皮笑肉不笑,等等。不同的笑,显示着不同的思想态度、情感心态,产生不同的效果。有人曾对笑的情态作出这样的归类与评价:

  最愉快的笑是有说有笑;

  最高兴的笑是开怀大笑;

  最幽默的笑是别人笑而自己不笑;

  最自豪的笑是哈哈大笑;

  最美丽的笑是微微一笑;

  最有情味的笑是回头一笑;

  最遗憾的笑是哭中带笑;

  最委屈的笑是苦中痴笑;

  最没意思的笑是不笑装笑;

  最难为情的笑是掩面而笑;

  最使人不高兴的笑是嘲笑;

  最使人摸不透的笑是假笑;

  最阴险的笑是皮笑肉不笑;

  最可怕的笑是奸笑和狞笑;

  最难听的笑是狂笑;

  最残酷的笑是冷笑;

  ……

演讲者在演讲中一般应面带微笑。微笑是美好感情的自然流露。真诚的微笑,不仅表明自己有教养、有信心,同时也表明对听众的友善与信赖。除此之外,还要在演讲中不失时机地制造笑的语境。最能引人发笑的是幽默。幽默本身就是笑的艺术。幽默之所以能引发笑声,是演讲者把社会生活中的不协调、矛盾的、反常的、违反常规常理的、可笑的,甚至是可鄙的事物加以集中,并通过谐趣的手段加以表现,从而使听众产生心理扑空。因为心理扑空,便产生心理刺激;因为心理刺激,于是笑声勃起。这种笑声是最彻底的,在使听众获得极大的愉悦感的同时,对社会生活中丑、恶、假的现象的否定也是最彻底的。

与笑相反,哭也是一种语言。俗话说,人不伤心泪不流。讲到悲伤处、凄惨处,演讲者常常痛苦不堪,泪流满面,泣不成声。台下的听众也同样黯然泪下、低声抽泣。

笑与哭,这两种语言是最明确的,效果也是显然的。在演讲中使用这两种语言,第一,感情要真实,不能做作,否则将弄巧成拙;第二,要把握好语境,并且要善于渲染;第三,要善于控制。譬如笑,演讲者自己觉得好笑,听众却不知道是怎么回事,自己先笑起来了,或者事先就宣布如何如何好笑,这样做,听众往往笑不起来。哭也是一样,演讲者在台上痛哭流涕,虽然有时也能获得台下听众某种同情,但常常因为只是受到表层的情态感染,而缺乏心灵的震撼,而且形象也不美,破坏了演讲的协调性。正确的做法应是:含泪不掉泪,能哭不出声;有笑不大笑,可笑反不笑。

三、眉目语言

人体用来发射信息的所有部分中,眉眼是最主要的部分,可以传递最细致的感情。达·芬奇说:"眼睛是心灵的窗户。"孟子对这点说得更精辟、更具体,他说:"存乎人者,莫良于眸子。眸子不能掩其恶。胸中正,则眸子瞭焉;胸中不正,则眸子眊焉。"(《孟子·离娄上》)罗真人在《冰鉴浅注·神骨章》中写道:"一身精神,注乎两目。"据现代科学统计,利用目光,人类就能交换几千种信息。由此可见,眼睛一方面具有反映深层次信息的功能,另一方面,透过眼睛又能窥视别人的内心世界。因此,演讲者恰当地使用眉目语言,既有助于思想感情的表达,还有利于相互理解与合作。

上台演讲,两眼应该向下平视,目光自然、亲切。巧妙地使用眉目语言,这是一种艺术。有经验的演讲者是怎样运用眉目语言的呢?

1. 环视

环视,即演讲者有意识地环顾全场的每个听众,从左至右,从前到后,从听众的各种状态中了解和掌握现场的情况与情绪。

演讲者一上台就环视全场,戏剧中叫"亮相"。其作用有三:一是向听众打招呼,这是对观众的尊重;二是体验听众情绪,感受场内的氛围,便于把握演讲的方式与重点;三是静场,演讲中也常常会出现环视,环视也有静场的作用。这往往是讲完一个内容或一个层次,尤其讲完某些重要内容或某个重要观点,演讲者常常会环视全场,甚至还作短暂的停顿。这种环视,实际上是一种短暂的现场调查,目的在于检验演讲的效果,以便及时调整自己演讲的方式与演讲内容。如果听众点头,面带微笑,甚至鼓掌,这是认同,是鼓励;如果听众摇头,甚至发出唏嘘声,这是不认同,是反对,需要演讲者立即采取补救措施,或者更正,或者说明,或者改变一种说法;如果听众情绪呆滞,甚至木然,这是没听懂、不理解,需要进一步说清楚,需要采取更通俗的方式表达;如果听众无精打采、交头接耳,注意力不集中,这是对演讲内容和演讲方式都不感兴趣,不愿听,需要改变话题和演讲方式。如此等等,演讲中的这些细节都是需要认真对待的。

2. 点视

点视,就是把目光集中投向某一角落、某一局部,或者个别听众,并配合一定的手势或表情。这是一种最有实效、最有内涵的眉目语言。譬如有的听众面带微笑,频频点头,甚至情不自禁地鼓掌喝彩,演讲者向他投出一丝亲切的目光,这是表示赞许、感谢;有的听众轻轻摇头,甚至还在嘀咕什么,演讲者在作了某种调整以后,再盯一眼,这是表示征询、探讨;有时会场的某一角、某一个局部听众发出议论声,甚至有骚动,演讲者立即把目光投过去,这是表示调整和制止。

3. 虚视

虚视,也即虚眼。演讲者的目光在全场不断扫视,好像是看着某个听众,实际上谁也没看,只是为了造成演讲者与听众之间的一种交流感,弥补因为环视和点视可能使部分听众感觉受到冷落的缺陷。

在演讲过程中,演讲者总是把实眼与虚眼交替使用。环视与点视是实眼,看得很实在,看得清清楚楚;虚眼,是似看非看,其实什么也没看,只是一种神态;虽然这两种眼神都可以造成交流感,但实眼更具体,更真切,更能表现为演讲者与听众之间的直接交流;虚眼只是给听众造成一种感觉,好像演讲者是在看着自己说话,其实是演讲者的一种掩饰,或掩饰胆怯,或掩饰紧张的情绪。使用实眼要短暂,尤其是使用点视,总是盯着人看,容易使被看的人不好意思。

除了以上示意性的眉目语言之外,还有一类表情性的眉目语言。前者在于沟通,即沟通演讲者与听众之间的情感、情绪与心理,迅速形成息息相通的交流;后者重在表现,即表现演讲者的思想感情、情绪态度,加强表现力。演讲者讲到兴奋处,神采飞扬、目光炯炯有神;讲到哀伤处,眼皮下垂,眼神呆滞;讲到激愤之处,两眼圆睁,双眉倒竖;表达鄙夷之情时,则眉毛下挂,眼光斜视,等等。这些眉目语言还常常与其他的态势语言配合使用,一旦配合,表现力就更加强烈了,视觉形象也更加鲜明。例如:"这些无耻的东西,不知他们是怎么想法?他们的心理是什么,他们的心是怎样长的?"说这几句话时,闻一多先生昂头斜视,显示出一种极为蔑视的神情,同时还重重地捶桌子,表示极大的愤慨,由此而铸成了一尊大义凛然的形象。正如黑格尔在《美学》中所论述的那样:"不但是身体的形状、面容、姿态和姿势,就是行动和事迹、语言和声音以及它们在不同生活中的千变万化,全部可以由艺术化成眼睛。人们从眼睛里可以认识到无限自由的心灵。"

除了演讲之外,社交活动中眉目语言同样显得很重要。与人谈话,视线应该接触对方的面部,接触的时间一般占全部谈话时间的 30%～60%;若超过这个平均值,就表明对听话者本人比对谈话内容更感兴趣;若低于这个平均值,就表明对谈话内容和谈话者都不怎么感兴趣。

根据不同的关系,目光分为亲密注视、社交注视和严肃注视三种类型。

亲密注视,视线停留在对方两眼与胸部之间的倒三角区域,叫"近亲密注视";视线停留在对方两眼与裆部之间的倒三角区域,叫"远亲密注视"。这两种注视都表明对对方很亲热,很有兴趣,只是后者更甚。

社交注视,视线停留在对方的眼与嘴唇之间的倒三角区域。这是社交场所最常见的视线交流的位置。

严肃注视,视线停留在对方前额一个假定的倒三角区域。这种注视能造成严肃气氛,使对方觉得有很严肃很正经的话要说,还能使自己保持主动。

社交谈话中,巧妙地运用眉目语言常常可以收到一些特殊效果,这是一种社交手段,也是一种社交艺术。

与人谈话,可以看对方,也可以不看对方,看与不看、什么时候看,可根据谈话内容、谈话环境与气氛而定。有时有意避开对方的目光,滔滔不绝地说下去,这是为了不让对方打断话题,要充分地把自己的意见表达清楚;有时抬起头来看对方一眼,这是希望对方表明态度,作出反应;有时谈话停顿了,但不看对方,这表明说话的思路还没中断,暂时思考一下,还要继续往下说。如果再配合一定的手势,常常可以有效地控制对方。

四、手势语言

手是很能说话的,手的动作灵巧,开合自然。人们在说话时,常常做出各种手势。手势都有一定的心理依据,法国心理学家格·吉毕什和莫·弗尔维尔格指出:"手势是人体中枢调节器官的某次调节动作过程的'反映',同时还是这次调节动作过程的'外衣'。"动于衷,形于外。手势是表达心理活动、表达思想感情、传导信息的。据统计,手势与表情结合,可以传导演讲信息的40%。法国艺术家罗丹说:"没有灵敏的手,最强烈的感情也是瘫痪的。"几乎所有的演讲者都有自己独特的手势语言。据林肯的朋友赫思登说,林肯演讲时,那瘦长的右手指自然地充满着动人的力量,他的思想情绪完全关注在那里。为了表现欢乐情绪,他把手臂举成50°的角,手掌向上,好像已抓住了他渴望的喜悦。列宁演讲的手势却是另外一种情况:"他时而踮起脚来,把一只手臂有力地伸向前方;时而俯视面对他的千万群众,有力地向下摊开双手;时而猛然抓起帽子,时而有力地紧握拳头……"这些手势,充分体现了他们的个性,把他们的思想情感、情绪态度表现得淋漓尽致。

手势语言虽然是表情达意、传播信息的重要工具,虽然也能像语言文字一样富有很强的表现力,但毕竟是一种无声语言,是一种非语言信息,手势只有在人类使用语言、进行语言交际的基础上才能被理解,只能是口语表达的辅助手段。手势只能是在说话人说出某句话,而这句话需要增强表现力的一瞬间才做出来的,如描摹性的象形手势,说"圆圆的鸡蛋",便将双手拇指与食指合成一个圆形,说"方方的一张桌子",便平行伸出两手,横一下、纵一下做出方的形状等等。

手势是指从肩部到指尖的各种动作,包括手臂、肘、腕、掌、指的各种协调动作。手势所表达的意义,是由手势活动的范围、方向、幅度、形状几方面来决定的。

1.手势活动的范围

手势活动的范围不同,所表达的意义是不一样的。手势大体在三个区间活动。肩部以上为上区手势,表示积极向上、激昂慷慨。例如,讲到激动处,演讲者常常双手向上举,甚至挥动拳头,肩部到腹部为中区手势,表示客观冷静。例如,叙述一件事,分析一个道理,演讲者的手势常常在胸前出现。腹部以下为下区手势,表示鄙夷、厌恶、决裂。例如,当讲到"我们一定要与一切没落的、腐朽的、反动的封建势力和封建思想彻底决裂"时,演讲者会做出一个往下劈的手势。

2.手势活动的方向

手势活动的方向不同,意义也大相径庭。一般说来,向内、向上的手势,意味着肯定、赞同、号召、鼓励、希望、充满信心,是积极的手势;向外、向下的手势,意味着否定、拒绝、制止、终止、摒弃、冷漠,是消极的手势。例如,同样是搓手,朝上搓,可能是摩拳擦掌,急不可待;往下搓,则可能是局促不安,不好意思。同样是举起两个手掌,掌心向内,往内缩,这是表示向我靠拢,注意我;掌心向前,往外摊,则意味着拒绝、回避。

3.手势活动的幅度

手势活动的幅度大小与演讲者的感情、语势有着很大的关系。幅度大,表示强烈;幅度小,表示平和。手臂不动,是小幅度;手臂挥动,甚至还带动全身,双手挥舞,这是大幅度。一般说来,演讲者大幅度的手势不宜过多,只能偶尔使用;太多,"手之舞之足之蹈之",像个疯子,会破坏协调美,甚至还会引人发笑。

4.手势活动的形状

由手指和手掌构成各种不同的手形,即手势活动的形状。演讲中,更精细、更确定的定义,常常是通过各种手形来表现的。俗话说"十指连心",在手的动作中,手指和手掌是最敏锐、最灵活的部分,因而表意性最强。

演讲中最常见的手形有以下几类:

一是指法,由手指构成不同的形状。

食指点:伸直食指,向上或向下,起强调作用,强调话题所涉及的人和物;向前指,指听众中的某个人,挑明话题,表明说话的针对性,带有一定的威胁性。

拇指跷:跷起大拇指,表示友好、赞许;向鼻前跷,是称道自我;向前或向后跷,是夸奖别人。

啄指:五指紧啄,构成两种手势:一是五指接触,啄成一团,向内,表示反复强调重点;二是指尖不接触,尖锐地对着听众,表明不是泛泛而谈,而是有某种针对性。

叉指:手指伸直叉开,可叉两指,也可叉三指或四指,一般都是表示数字,有时也表示摒弃。

抓指:五指僵硬地弯曲,呈抓状,表示力图控制全场,吸引听众。

二是掌法,由手掌运动的不同方向所构成的不同形状。

伸掌:五指合拢,手掌平伸。掌心向上,表示征求意见;掌心向下,表示要抑制和安定听众的情绪,制止某种行为的发生;掌心向前,表示回避;掌心向内,并向胸前缩拢或向外推,这是一种表示抚慰性的手势;掌心向上侧向外,即摊开双手,表示希望听众理解。

劈掌:手掌挺直展开,像一把斧子"嗖嗖"劈下,这是一种很果断的手势,表示要果断下决心解决急于解决的问题。

合掌:双手慢慢合拢,一只手搭在另一只手上,表示有必胜的把握。

三是拳法,这是由拳头运动的方式所构成的手势。

拳头向上摆动,这表明说话者不允许听众持怀疑态度;拳头向上举,这是一种挑战性的动作,能给持不同观点的人以打击性的印象。

手势并没有什么统一的规定,也无须作专门的训练,只不过是人们在语言交流中,在大体相同的心理基础上所产生的大体相同的手的动作。手势也绝不止这么多,而且与其他部位协调动作,所表现的意义就更为广泛,更为丰富了。

手势不在多,在于简练、在于有表现力。简练是艺术的规律。手势是直接作用于听众的视觉,反复出现,很容易失去吸引力。一个人具有表现力的手势,也不会有很多,何况手势本身也只能是有声语言的辅助手段。手势再多也不能取代语言的表现力。因此,作为一个优秀的演讲者,既要注意培养和加强手势的表现力,又要适当控制手势,突出手势的个性。

手势还需要自然协调、适应演讲内容的需要,符合听众的文化心理需要,符合演讲者的身份和性格特征,恰如其分,和谐得体就是自然。与演讲者的表情配合,与有声语言同步,与其他动作一致,不生硬,不粗俗,不琐屑,这就是协调。自然协调是一种美。

五、体态语言

体态是由多种人体动作组成的一种相对稳定的身体形态,同样可以传导信息,表达思想情感。各种体态都有特定的含义。

人们在研究人体动作时发现,心理特征是很容易转化成人体特征的,也就是说,任何一种身体形态都是有一定心理的、情绪的、情感的依据。坐立不安,这是焦躁;正襟危坐,这是严肃认真;东张西望,这是心不在焉,等等。美国学者朱利·法思特在《人体语言》一书中指出:"一个懂得人体语言并善于应用人体语言的人,如果将他所了解的姿势同周围的人的感情联系起来,他将永远比对方胜过一等,处于主动地位。"之所以能胜过一等,就在于既能运用体态语言有效地表情达意,还能在体态语言中,窥视对方的心理奥秘。

体态语言除了具有传播信息、表达思想情感的功能之外,同时还具有直接的审美功能,塑造演讲者的自我形象。人们在渴求各种信息传播的同时,也在追求美的愉悦。在演讲活动中,这种美感愉悦更多的是从演讲者的仪容神采、行为举止中获得。事实证明,给予听众美感愉悦越多,演讲的效果就越好。

"坐有坐相、站有站相",我们的祖先对体态与姿势的要求很严,常常把行为举止与个人的礼貌、教养联系在一起。"笑莫露齿,坐莫摇身","立如松,坐如钟,卧如弓,行如风","非礼勿视,非礼勿听"等等。时至今日,这些古训虽然不必一一效法,但在演讲活动中,大体也应该有些规矩。毛泽东同志曾提倡过:"以姿态助讲话。"怎样使用体态语言呢?

演讲中的体态语言分站姿与坐姿两种。

1. 站姿

演讲必须站着。在联合国的讲台上，不管是国家元首，还是政府官员，都一律站着讲话，还限制了时间，其他区际会议也大都如此。之所以这样规定，就在于：第一，表示对听众的尊重；第二，避免长篇大论，或埋头念稿子的毛病；第三，显示演讲者的精神风貌；第四，调节场内气氛。

演讲，应该以一种愉快轻松的心情走上讲台。站定之后，讲话之前，悄然提气收腹，这个局部动作会造成全身肌肉挺拔、振作精神的感觉，否则会使人感到有气无力。站立时身体不要靠在讲台上，身体的重心平均落在两个脚上，两脚自然分开，不超过肩的宽度，或一前一后站定。双手轻松自如地沿着身体两侧下垂，头部端正，声音发出的方向应该沿着嘴部的水平线而稍微向上。

这是演讲时最基本的站姿。

在演讲的过程中，演讲者不可能一直保持这种站姿。对于那些有演讲经验、技巧十分纯熟的演讲者来说，他们往往随着演讲的跌宕起伏，随着情感的变化，有时前进一步，有时又后退一步，有时踱脚，有时移步，一切都潇洒自如。

一般来说，向前移步，表示肯定、积极、期待、争取的意思；向后退步，表示否定、畏惧、消极的意思；踱脚，表示期望、召唤、探讨的意思；移步，表示沉思、胸有成竹的意思。

这些站姿一般都不会是单一的改变，常常与手势、面部表情、身体其他部位结合在一起，形成体态语言的节奏感，而且这种节奏又是与有声语言的节奏相吻合的，从而形成演讲的整体节奏。

这里顺便说说，社交中如何站着与人说话。

站着与人说话，要保持恰当的距离，不要随意侵入私人空间。每个人都需要一定的空间，并把这种空间随身带来带去，同时对侵入这种空间的行为作出各种反应。一个人究竟需要多大空间，在人际关系中，如何恰当地运用这种空间呢？美国西北大学人类学教授爱德华.T.赫尔博士在这方面作过专门的研究。赫尔把这些研究成果称之为"人际空间学"。他研究发现，人际交往中有四种空间：一是密切空间。远距离为20～60厘米，近距离就是真正的人体接触。这个空间多出现在谈情说爱或知心朋友交谈的时候。如果陌生人处在这个空间,就不要盯着别人看,否则就会引起别人的反感。二是人身空间。近距离为60~90厘米,远距离为1~1.5米。前者允许一定程度的亲密,是最舒适的人际空间,后者通常不是私人交往。如果不是很亲密的人,处在这个空间,就意味着他在献殷勤,或者对另一方特别有好感。三是社交空间。近距离为1.5~2米,这个空间适宜处理非私人事务,如洽谈生意、接见来访者等;远距离为2~4米,这个空间适宜正式的社交活动或商务活动。四是公共空间。近距离为4~8米,这个空间适宜不拘形式的会面,如教师给学生上课、上司与助手谈话;远距离为8米以上,这一般用于政治首脑人物在公共场所露面,处在这个距离具有安全感,也叫"安全空间"。

站着说话究竟要与对方保持多大的距离,应根据与对方的关系以及说话的内容,参照上述四种空间灵活掌握。

最后,还补充说明一点。端端正正站着演讲,这当然是很正确的姿势,但从人体审美的角度来说,这种站姿缺少变化,显得呆板。因此,有经验的演讲者更倾向于身体稍微侧一点,这样会使听众感到更灵活、更优雅一些。侧多少呢?心理学家梅拉比安说得十分精确:"身体的放松程度是一种传播行为。向后倾斜10度以上是极其放松;前倾约12度,向一边倾斜不到10度是较为自然的交往姿态。"

2. 坐姿

坐着演讲的情况比较少,一般只出现在政治演讲、外交演讲、学术演讲、法庭演讲中。坐着讲话,大量出现在社交场所。

坐着演讲的,因为有讲台作依托,只露出身体的上半部,比起站着演讲更自然,更易于把握。但同时也有不方便之处:一是不便充分发挥手势语言和其他体态语言的作用;二是缺乏动态感。

坐着演讲,应该坐端正,凳子不要坐得太满,坐在凳子的二分之一或三分之一处,不要靠背,胸脯不要靠在讲台上,两手自然地放在演讲稿或桌面上,抬起头,下身虽然有讲台遮掩,但两脚也应自然地平平地踏在地上,身子最好向左或向右稍侧一点。这样坐,既轻松自然,同时也不失优雅。

顺便说说社交的坐姿。

坐着和别人说话,以面正对对方,膝盖稍微侧向一方的姿势较为恰当,这种坐姿给人的感觉是机灵而文雅。正面对着别人坐着,就显得呆板,甚至觉得粗野。

坐姿有严肃坐姿和随意坐姿两种。

严肃坐姿,落座在座位的前半部,两腿垂直,两脚稳稳地落地,腰板挺直,两眼平视。这种坐姿表明说话双方都很认真,都很严肃,说明话题都很重要。

随意坐姿较为复杂。

深深坐入座内,脚板挺直,是向对方表示优越感,很自信。

坐在座位的前沿,上身前倾,身体重心落在双脚上,可能是谦恭,也可能是畏惧或紧张。

双腕交叉,目光固定在一个地方,头部微侧则意味着用心认真听,如果再出现掩嘴,或摸下巴,多属于以评判的审视态度在听取对方的讲话;目光不定,或不断改变坐姿,这就表明无心听对方的讲话,对讲话的内容或方式不感兴趣。

两人的腿呈"八"字形坐着,表明他们可容纳第三者进入他们的交谈;如果呈倒"八"字形坐着,这就构成了不欢迎别人进入他们谈话的封闭状态,同时也表明他们两个人的关系十分融洽友好。

各种坐姿如果与头、颈、背、腰、手、脚融合在一起,那么表达的意义就更为复杂丰富了。了解和掌握各种坐姿,不断矫正自己的不良姿势,可以加强表现力,增强审美感,尤其对于一个演讲者来说,还可以从听众的各种不同的坐姿中获得信息反馈,以便及时地调整自己的演讲内容和演讲方式,获得演讲的最佳效果。

第八章　无法回避的广义演讲

　　我们的社会在个人兴趣方面已经是多元化的社会。尽管演讲是一项既有意义又有趣味的社会活动,但仍然会有许多人对它不感兴趣。如果有人说他一辈子不打算走上演讲台,这也许能做到,但如果说他一辈子不发表任何演讲,那是根本做不到的。因为广义的演讲已经渗透到社会生活的各个方面,每个人都或多或少要通过演讲来参与社会生活。广义演讲主要有课堂讲授、即兴说话、主持仪式、日常谈话、辩论演讲、求职应聘等形式。在这一章里,我们主要探讨广义演讲的主要形式、特点和训练方法。

第一节　课堂讲授

　　课堂讲授是一种最常见的广义演讲。在现代信息社会,人们已经越来越感受到知识的重要,教育正在向全民化、终身化发展,课堂讲授早已不局限于正规学校之内。

一、课堂讲授的特点

　　课堂讲授的主要目的是传授知识,它与狭义演讲有很大的区别。课堂讲授追求内容的稳定性、知识的系统性和科学性,且讲授内容和对象亦具有较强的针对性。对于一般的课堂讲授,例如基础教育和高校基础课程的教学,讲授的内容可以不必是教师自己的研究成果,但能否将课堂讲授讲得深入浅出、生动活泼,则主要取决于教师的演讲水平。著名教育家马卡连柯说:"同样的方法,因为讲授语言的不同,成效就可能相差20倍。"具体来说,课堂讲授有以下特点:

1. 规范性

　　课堂讲授应当用普通话来表述。如果在课堂上用方言土语进行讲授,不仅会加大听众理解和掌握知识的难度,还可能因为歧义现象或误解而出现错误,这将或多或少地影响课堂讲授的效果。

2. 针对性

课堂讲授的对象一般说来是学生,但随着全民教育和终身教育的实施,其讲授的对象则可能是党政管理干部和专门技术人才,甚至是下岗再就业培训的人员。因此,课堂讲授就要在讲授过程中针对不同对象调整自己的语言表达内容和表述方式,针对听众的个性、心理、知识等方面的不同差异来安排讲授的内容和方式,以突出其针对性。

3. 科学性

课堂讲授大多涉及各门学科的具体教学,而各门学科都有各自特有的概念、术语、原理、规则,课堂讲授也就应该符合本学科的学科特点,不能用一般日常词语来代替科学术语,"深入浅出"的前提是不能脱离该学科的专有术语系统、规则系统,不能脱离这种特殊的语境,否则就有悖于科学性。

4. 知识性

课堂讲授在科学性的基础上还应体现知识性。知识性是指讲授者在课堂讲学过程中讲解某一个知识点时所广泛恰当地征引相关的知识。如一位教师在讲授《我的叔叔于勒》时是这样开头的:

> 莫泊桑是怎样一个作家呢?简单地说来,他的创作活动,主要集中在十年里,就是1880至1890年。在这短短的十年里头,他写了六本长篇小说,还写了近三百篇中、短篇小说。他很勤奋,差不多每年要出好几本集子……

(《优秀语文老师上课实录》)

这样的讲授渗透了很多的知识信息,使得学生能比较深入全面地了解莫泊桑。这样的"十年"、"六本"、"三百篇"等都是通过具体的教学来传达知识的,因而显得准确、充实。

5. 审美性

课堂讲授的语言应具备审美性,既要有内容美,也要有形式美,既要准确鲜明,入耳动听,也要和谐得体,声气传情;既要挥洒自如,出口成章,也要谈笑风生,出口成趣,让美的语言形式和美的内容相得益彰。

二、课堂讲授的口语要求

课堂讲授模式在口语方面有特定的要求,具体表现为语音音量要适中,语速快慢要适度,节奏要抑扬顿挫,语流要流畅自然,表意要准确生动。

1. 语音音量适中

课堂讲授的地点一般为教室或礼堂,这客观上决定讲授者的讲授语言必须有音量上的要求。讲授者应根据学生的多少、讲授地点的大小设定自己语音的音量。如果音量过大,则会使学生的听觉易于疲劳,高音量就成了噪音,而音量过小,则会使学生听来感到费力,也引不起听众的兴趣。讲授者的音量应以让坐在最后排的学生能听得清晰为标准。

2. 语速快慢适度

适度的语速易于为听众所接受,一般说来,讲授者在进行单向表意式阐释时以1分钟250个音节左右为宜。如果过快,听众没有思考反应的时间;如果过慢,单位时间内语言包含的信息量偏少,两种情况都将对讲授效果产生不良影响。

3. 节奏抑扬顿挫

抑扬是指语言中字调句调的高低配合,顿挫是指音节间、语句间的停顿与衔接,强调节奏的抑扬顿挫,也就是语调讲授者在课堂讲授过程中,语言表意要有高低起伏、疏密有致的变化,以使听众不至于在单向表述中因为语言的单调贫乏而产生乏味、厌倦甚至昏昏欲睡的情绪,从而造成表意不完满、信息损耗的不良后果,影响讲授的整体效果。

4. 语流流畅自然

语流的流畅自然是指连贯表意的语音流的流转自如,它和语速、节奏是紧密相连的。课堂讲授中,讲授者的语流一般不能出现较大的迟滞、重复,不能有过多的插入语和习惯性用语。

5. 表意准确生动

表意的准确生动是课堂讲授的口语最重要的要求,任何抑扬顿挫、快慢适度、音量适中、语气自然的语言都必须在能准确生动表意的基础上才是有意义的,且上述要求又有助于准确生动地表意。

三、课堂讲授的重要辅助语——体态语

人的表情身姿态势传达着一定的信息,这就是"体态语",又叫"态势语"、"体语"、"身动语",它是课堂讲授时的重要辅助语言。体态语利用视觉补偿作用拓宽了信息传递的渠道,具有审美价值,可以吸引注意指向,产生"磁力效应"。下面看一则人体态势语效用的例子:

列宁的体态语

一提起列宁,人们也许会立刻想起他那个性化的体态动作——他站在火车站边的装甲车上,或者站在会议大厅的讲台上,穿着短大衣,一手叉腰,身子前倾而头上仰,一手向空中用力挥动,他的声音在上空回荡……他的一个手势,一个动作,立即会引起雷鸣般的掌声和狂热的欢呼。

但是,由于社会革命党人的暗害,精力充沛的列宁越来越衰弱了,1923年,他第三次战胜病魔,但右肢麻痹,并且失去了说话能力,但他仍顽强地坚持工作。

有一天,《真理报》报道了列宁接见工人代表并进行亲切交谈的消息:"伊里奇坐在硬背圆椅上,轻轻地向坐在软垫圈上的来访者倾斜着身子,他带着机智和友谊的微笑,开始亲切的谈话……"

人们奇怪,列宁怎么能说话了?其实列宁并没有恢复说话的能力,他完全是用体态在"说话"。他的手势、眼神、表情使他的表意仍是那么富有魅力,以至于有的工人代表没有觉察到,这时列宁已经是一个不能说话的人了。

(凯尔任采夫《列宁传》)

这一则例子不仅说明了体态语的重要作用,而且从中我们也可看出体态语使用有怎样的要求。

1. 大方

这是课堂讲授中体态语的形式要求。在听众众目睽睽之下,讲授者如动

作委琐、拘谨、过火都会引起听众不愉快的感觉,甚至会引出笑话。一般情况下,讲演者的姿态(无论是站姿还是坐姿)要自然,眼平视,挺胸,给听众以挺拔自然、精神饱满的感觉。表情自然,眼睛适当地注意听众、教材、黑板等该注意的地方。手势合理,幅度适中,前移稳健,缓急适度。

2. 准确

这是课堂讲授体态语的内容要求。体态语应随着讲授内容而设计,随口语表述的内容而有所选择,不可随意做些表意不清或不能正确表意的多余动作。

3. 适量

这是课堂讲授体态语的量的要求。课堂讲授中,讲授者的体态语不可过频,不要刻意追求话语和动作的匹配。如果每句话都匹配一个动作,就会显得手舞足蹈,花里胡哨,造成喧宾夺主的不良效果。

第二节　即兴说话

即兴说话也叫"即席说话",是表达者事先未作准备,临场因时而发、因事而发、因景而发、因情而发的一种语言表达方式。相对来说,生活中的言语表达,以即兴的为多。在大庭广众之中,或演讲、或辩论、或提问、或回答、或讽刺、或推销……很多时候我们是无备而来,有时虽有准备,但更多的时候是靠临时发挥才能产生良好的表达效果。因此,即兴说话的能力对我们每一个人来说都显得非常重要。

一、即兴说话的特点

即兴说话运用广泛,长处多作用大,其特点主要表现在以下方面:

1. 随兴而发,针对性强

即兴交谈往往是面对面之后才开始进行的,不能事先作好准备,这就决定了即兴交谈思考时间短,出语速度快,交谈双方必须听辨灵敏,临场引发,快速组织话语,否则会出现交谈不顺利的情况。

2. 形式自然,灵活多变

即兴说话有时没有明确的中心,只是自然而然地任意谈论着各种话题;有时虽有中心,但由于受时间、地点和交谈对象的变化的影响,不得不改变话题,改变表达方式。

3. 相互制约,听说并行

即兴说话多数是现场有感而发,灵感常常来自听众、观众席上。交谈中,必须使自己的话与对方的话相呼应,否则会无法衔接,不能呼应,导致交谈的失败。

4. 情感激发,诱导联想

成功的即兴说话,都需要情感的激发,有时虽然是受命而谈,也需要一个情感酝酿过程。情感一旦形成,必定会唤起表达者的情绪记忆,诱导丰富的联想,推进思维过程,从而捕捉话题,调用储备的信息,引导思维进行信息加工,进行即兴表达。

5. 语言精练,达意为上

即兴说话是临场之作,不宜太长,语言切忌拖沓繁杂,节外生枝,而应精练准确,言简意赅,做到收放自如。

二、即兴说话的技巧

1. 确立主题

主题是即兴说话最主要、最关键的内容,是即兴说话的灵魂。主题一旦确定,便为材料的增删取舍创造了条件。因此,即兴说话时要寻找触媒,临场引发,及时提炼出正确而健康、深刻而幽默、典型而突出的主题。常用的提炼主题的方法有:

(1)临场触发式:就是着眼于临场中的某一客观实物的特点与本质,并由此进行主观任意联想,立即闪现出一种不平常的情绪,然后把它表之于外。

(3)胚芽孕育式:当我们置身于一些演讲会、座谈会、迎送会等场合时,常常受到当时气氛的影响,从别人的表达过程中找到话题,孕育主题,这就是胚芽孕育式。这种方式一般是在别人的表述中萌发一个新的话题,发人之未发,言人之未言,新颖独特,能收到良好的效果。

(3)问题凝练式:在许多情况下,没有问题就不能提炼主题,问题可以说是主题形成的摇篮。在一些公共场合,别人都谈了几句,自己也不能一言不发。于是向自己提出一连串问题:怎么办？说什么？怎么说？……有价值的主题往往就产生于有价值的问题之中。

(4)角度更新式:对同一个问题,从不同的方面去表达,角度翻新,表达就能出众。比如同时以"月亮代表我的心"为题进行即兴说话,平常者可能会立足于大家都能认识到的月亮的纯洁明净代表情感的美好专一,而灵变者则能想到"月亮有阴晴圆缺,变化无常",初一、十五都各不相同,以此来说明感情若像月亮,则是不能圆满如一的,这样的角度变换会使人耳目一新,别有一番风采。

当然,主题的提炼的方式还有很多,也并无什么定式,这就取决于即兴说话者的素质和机智了。

2. 精巧选材

即兴说话时,主题确定后,快速选材与组材显得尤为重要,选材和组材成了即兴说话的关键环节。根据即兴说话的特点,选材时要注意具体性、客观性与可行性,尽量选取具有明显个性、高度概括、客观实在、灵活生动的材料。即兴说话以精短为妙,因此,选材时要做到少而精,短而严,从主题典型、新颖等方面考虑材料的取舍。下面介绍几种常用的选材方法。

(1)摘取法。该法是指从相对独立完整的某一材料中,选用一点或几点与主题有关的片言只语的一种方法。它可以利用被摘取内容的原文或取其原意,对于选用的原文或原意进行概括或压缩,然后用于即兴表达的叙述或议论中。由于是即兴所取,很难全面清晰地复述原文,运用时要灵活机动,可采用"记得××说过"、"曾在××刊物上见过"等话概述。

(2)截取法。这是一种从一则相对独立完整的总体或整体材料中选用某一方面材料的方法。截取法又分为纵截法与横截法。前者是从具有完整的形成过程的事物材料中取用其形成过程中某一阶段的材料;后者是指从事物总体或整体中并列存在着的多个侧面里选用某一方面的材料。

(3)就地取材法。就地取材,就是要挖掘当时当地切题的素材,为自己的语言服务。人们在演讲、演出、应聘、交际的过程中,如能就地取材,即兴发挥,往往能创造出人意料的效果。著名相声演员马季,有次到湖北黄石市演出。在他表演之前,有位演员错将"黄石市"说成了"黄石县",引起了观众的哄笑。笑声中马季上台:"今天,我们有幸来到黄石省演出……"这话把哄笑中的观众弄糊涂了。正当大家窃窃私语时,马季解释:"方才,我们的这位演员把黄石市说成了县,降了一级,我在这里当然要说成省,给提上一级。这样一降一提,哈,就平啦!"马季就地取材,即兴发挥,几句话圆了场,使演出顺利进行。

1999年青年节,有个著名的"演讲与口才杯"演讲比赛,主题是"做文与做人"。中央台的白岩松参加了这场高水平的比赛。在白岩松之前是《西藏日报》的记者白娟。她极富感染力地向大家讲述了自己作为一个驻藏记者的自豪、作为母亲的心酸。她常年战斗在雪域高原,与儿子在一起的时间每年只有三个月,每次都是和儿子刚混熟又不得不分手。情真意切,令人动容。白岩松紧接着上场:"我是一个两岁孩子的父亲,我知道,在一个孩子一岁半到两岁之间,没有母亲在身边,对于母亲来说是怎样的一种疼痛,我愿意把我心中所有的掌声,都献给前面的选手。"话音刚落,全场报以热烈的掌声。白岩松就地取前位选手之材,表达真诚美好的敬意,顺应了现场观众的心理需求,激起感情的又一高潮,不露痕迹地表现了自己的机巧——把掌声献给别人的同时,也为自己赢得了掌声。

3.设计语言

即兴说话时,主题确定了,构思清晰了,材料组织好了,这时就要设计用什么样的方式将它们表达出来了,有声语言的精当设计就显得尤为重要。如何取得良好的表达效果,可以从以下几方面来考虑:

(1)发音:发言要响亮,洪亮的声音有利于吸引听众,使听众处于主动地位。发音时要尽量使用共鸣腔大、发音响亮的音节,尽量避免用齐齿呼(i或以i开头的韵母)和撮口呼(ü或以ü开头的韵母)部分的音节,而改换成开口呼和合口呼音节。

(2)双音节化:表述时尽量避免一些表义深奥的单音节字词,而改用双音节词,这样就能使表达明白通俗,响亮明朗,有顿挫变化感,易于表现语音的音乐美。

(3)平仄相间:汉字一字一调,高低升降,起伏变化。表述时要尽量将平稳且无太大变化的平声字(阴平、阳平)和声音短促、音感强烈的仄声字(上声、去声)配合使用,使表达高低起伏,错落有致。

(4)停连适当:即兴说话的语言要有节奏感,要按语法、逻辑、感情的需要将语音音化为一个个跳跃的节奏。

(5)轻重得体:即兴说话时,根据表达的需要可以把语句中的一些词语相对读得轻些或重些。轻重的确定是建立在语义和情感表现的基础上,且衔接处要自然。

(6)快慢稳当:即兴说话的速度控制亦很重要,说话的速度快慢要看对象、环境和内容,要做到"快而不乱"、"慢而不拖",既不含混不清,也不松松垮垮,而是快中求慢,慢中有快,快慢稳妥。

(6)基调恰当:即兴说话要围绕一个基调进行,不能太平淡,也不能一直处于激情的巅峰状态,而是要高低有度,起伏转换,峰壑错落。

三、即兴演讲与把握个人气质

即兴演讲是演讲主体在事先无准备的情况下,就眼前的场面、情境、事物、人物即席发表的演讲。因此,其时境性强,属有感而发,所以和演讲者的气质类型有密切关系。要想在即兴演讲中获得成功,即兴演讲者不仅要了解自己的气质类型,还要注意研究各种气质在即兴演讲中应注意的问题。

1. 感情与气质类型

演讲离不开情感,毫无感情或感情冷淡的演讲只能是苍白无力的。即兴演讲者在演讲中要流露真实情感,就要使感情表达得恰如其分。多血质的即兴演讲者在演讲时善于表达自己的感情,往往是或慷慨激昂声泪俱下,或语重心长娓娓道来,其需要注意的问题是:情感表达的适度性、适量性。胆汁质的即兴演讲者在演讲时感情炽烈,表达迅速而猛烈,但缺乏稳定性、持久性,有时易感情用事,因此要注意根据具体情况在前后基调一致的情况下训练自己表达情感的持久性。黏液质的即兴演讲者情绪不易外露,故感情表达不充分,也缺乏变化,需要在动真情的基础上充分地表达出自己的内心情感,并探索情感表达的变化性和感染力。抑郁质的即兴演讲者情绪不易外露,在演讲时要注意大胆表达自己的符合演讲场景的真实情感,不要忸怩,不要怯场,力求以感情充沛的形象出现在听众面前。

2.语言与气质类型

语言是人们交流思想、表达情感、传递信息的工具,而演讲又是语言的艺术。因此我们不仅要研究语言的内容,还要研究语言的形式。在有声语言方面,多血质的演讲者的音速、音调和音势灵活多变,给人以优美的音乐感。但也需做到有时尖锐泼辣,有时含蓄委婉,有时激越高亢,有时平和从容。胆汁质的演讲者在音速方面快而猛,在音调方面高而不稳定,音势重而不灵活,因此要注意使音速、音调、音势在符合内容的情况下,缓急有度,轻重得当。黏液质的演讲者要注意使音速、音调、音势不那么单调乏味,要根据具体内容调节音速、音调、音势,使其灵活多变。抑郁质的演讲者要注意音速不要过慢,音调适当多用上声调,音势要重些,不要压抑低沉。

作为语言另一种形式的态势语言,也是和演讲者的气质类型密不可分的。多血质演讲者运用态势语言应注意不要贪多,贪多则滥,给人以手舞足蹈不够庄重之感。台下要精心设计各种情况下的手势、眼神、面部表情和动作。胆汁质演讲者要注意运用态势语言的适当性,运用范围、运用频率、运用幅度要适当增加。黏液质演讲者要注意增加一些符合演讲内容和情境的态势语言来辅助有声语言,以免给人单调和重复之感,以帮助即兴演讲的成功。抑郁质演讲者运用态势语言时要注意适当大胆,不要畏惧,要敢于运用,善于运用,这样在台上的表现才会大方自然。

3.控制能力与气质类型

在演讲台上,控场能力直接决定着演讲的内容表达、风格体现和演讲者水平的发挥。即兴演讲的无准备性,对演讲者的控场能力提出了较高的要求。多血质演讲者一般具有良好的控场能力,具有引起听众注意的良好素质,能塑造良好的自我形象,能把握演讲的艺术分寸。胆汁质演讲者由于感受性高也能注意听众反应,引起听众注意,但塑造自我形象方面有难度。黏液质演讲者在即兴演讲时要注意力求以奇制胜,不要在引起听众注意方面失之平常。抑郁质演讲者引起听众注意的能力需要锻炼,要敢于表现自己。

4.应变能力与气质类型

所谓"应变",就是指演讲者在整个演讲过程中,面对由主观或客观的突发事件和意外情况造成的障碍和干扰,敏锐、及时、准确地作出反应,并采取有效措施加以迅速、巧妙、果断地排除和平息,从而使演讲能继续进行的一种技巧和方法。应变能力就是这种迅速反应的能力和处理能力。意外包括主观、客观两方面的变化。多血质演讲者一般不会出现怯场、忘词等主观之变,即使出现也能灵活处理;如果出现诸如停电、听众骚乱等客观之变,多血质者也能敏捷反应,果断处理。胆汁质者往往由于心浮气躁而出现主观之变,出现客观之变时又容易急躁。因此,胆汁质即兴演讲者在出现主、客观之变时,要沉着稳健,处变不惊,不急不躁,然后采取正确、果断的措施。黏液质即兴演讲者应付主、客观之变时,不要太常规,要尽量想一些新颖、效果良好的处理办法。抑郁质即兴演讲者则要镇定精神,分析原因,不自我谴责,然后采取处理措施。

演讲者,尤其是优秀的演讲者都有自己的演讲风格。即兴演讲最能真实地体现一个人的演讲风格。在即兴演讲中发挥自己气质的良好方面,有利于我们做好每一次即兴演讲,并形成自己独特的演讲风格。

第三节 主持仪式

现代社会人与人的交往越来越频繁,人们随时可能被推举为某一活动的主持人。如果你是一名中学教师,你主要经常主持学生干部会或家长会;如果你是一位公司的经理,你就要经常主持洽谈会、股东会;你可能会成为一场联欢晚会的主持人,也可能成为好友婚礼的主持人,或者是老同学聚会的主持人……在所有这些重要场合,你都必须"像模像样"地说几句话,这时你会发现大学期间的演讲训练在你的一生中是何等重要!这里主要谈一谈主持会议和担任司仪时的演说。

一、主持会议

为了传达任务、收集信息,任何组织都要召开多种不同类型的会议,所有这些会议都要求主持人说话果断,富有魄力。主持者可以根据会议的不同类型来变换演说方式。有效地主持一个会议,主持者发表演讲之前,大体上要安排如下几个环节的工作:

1. 会前准备

(1)弄清会议的目的和任务。会议召开之前,作为主持者首先必须对会议的主题完全了解,并明确每个参与者的任务和角色。

(2)了解听众。主持会议之前,主持者应明白听众的群体组成。这样就能根据不同情况认真准备主持所需的演说材料,以便于观众能够接受主持者在会议上的演讲,了解听众,才能知道令他们真正感兴趣的问题是什么,做到有的放矢。主持者对人们参加会议的目的越了解,主持的会议就会越有效,越成功。

(3)起草发言大纲。当一个主持者努力尝试用新的、富有创意的方法来进行会议演说时,一定要慎重考虑所要说的内容。这时主持者要做的是事先准备好演讲内容的提纲,确定自己应该讲些什么内容,每一部分应该安排多长时间。这样,主持者就会对自己的发言做到心中有数。大纲的关键是要求简洁,在演讲之前,写下几个能够使自己想起演说内容的词语,以提醒自己把握将要讨论的话题。

(4)事先考虑将会遇到的问题以及问题的答案。在会议开始之前,作为主持者,要尽可能预料到会上可能出现的难题,并找出每一难题的对策。会前若不能很好地判断自己将要遇到的困难,主持者最好向不参加会议的同事或上级请教。只有事先准备充分,才不会使主持人陷入尴尬境地。

2. 会中表现

当一个主持者在会议上开始讲话时,他是否受欢迎,取决于很多因素:是否作好充分准备,眼神当时是否明亮而活泼,声音是否悦耳动听,对周围的反应是否机智灵活,以及是否能简明扼要地陈述自己的观点。下列各个环节有助于主持者建立受人欢迎的形象。

(1)果断而自信地走向主席台。在会议演说前停顿片刻,用几秒钟审视一下会场的听众。这样,会场上听众的眼睛会同时聚集到主持者身上,在主持者开始演讲前的一刹那,对主持者的精神、热情、知识、学识、声音、目光接触以及身体语言等各方面作出评价,综合形成对主持者的第一印象。

(2)准时宣布会议开始。宣布会议开始,是会议主持者的基本职责,而"准时"宣布,则体现了一个主持者审时度势、把握时机的能力,这既是遵守时间的需要,也是满足听众期待的需要。举而不发,优柔寡断,或者是只一味迁就一小部分没有时间观念的听众,既会降低听众对主持者的期望度,更会影响会议的效率。

(3)出奇制胜的开场白。会议开始时,主持人的开场白没有什么定规,也没有固定的套路,这主要是依会议的性质及将要达到的目的而定。如果会议可以轻松愉快地进行,主持者可以先介绍自己,以便于听众都认识,也可以让与会者互相介绍,以便于他们相互认识,直接顺畅地交流。有时为了缓和会议过于严肃的气氛,让与会者轻松一下,还需要主持者能有个简洁贴切而又不失幽默的开场白。但无论什么形式的开场白,都不能冲淡会议的重点,都不能忘记要在开场白中明确地说明本次会议所要讨论的主题或要解决的问题。

(4)集中精力解决问题和提出行动计划。在会议讨论、进行的过程中,主持者应使用合理的方法启发与会者思考正确解决问题的方法以及应采取的行动和措施,包括向与会者做出一些说明和解释,提供一些发表意见所必需的信息等,并且能注意到变换说话的速度,保持适度的停顿,以此来引导、过渡,将与会者引向你所要达到的目的之所在。

(5)让听众具有参与意识。一个成功的会议主持者,要把握会议的走向,追求会议的效率,必定不是一个"一言堂"的堂主,而是让听众也能参与到自己所讨论的问题中来。在解决问题或困难时,主持者应热情、诚恳地欢迎听众提出宝贵意见,共同商量解决办法。当然,主持者这时的应变能力和技巧则显得尤为重要,对观点相反或毫不相干的观众,主持者应当在肯定其敢于提出反对意见的前提下,提出自己的观点,搁置离题万里的意见,将问题拉回来;对喜欢侃侃长谈的听众,应看准其略作停顿的机会,立即截止话题,转向另外一人,且不给滔滔不绝的发言者发言的机会。

(6)尽量增强讲话的说服力。说服他人的能力也是会议主持所应具备的基本条件。主持者要让听众确信自己的需要和兴趣同听众相一致,使听众认识到问题或计划的重要性,将目的和任务明确,且尽量避免曲解事实,不隐瞒关键信息。

3.会议结束

在会议结束之前,主持者应简明扼要地重复自己的论点或补充说明自的主要观点,让听众有一个整体概念,然后果断而自信地宣布会议结束。

二、担任司仪

无论是庆典活动,还是大型宴会,司仪都掌握着整个活动的各个环节的安排,控制着整个活动的节奏,这时的司仪,就成了整场活动名副其实的领袖,司仪的表现也就决定了整场活动的成败。一般来说,一个成功的司仪应做好以下环节的工作:

1．对活动的顺序、流程了如指掌

一个优秀司仪应事先熟悉庆典活动或宴会的各项流程和进行的先后次序,以牢牢掌握活动的节奏,有条不紊地按照活动的既定程序次第展开,并根据不同的环节,设计好各异的演讲内容和风格。

2．准备好开头用语,确定适应的基调

不论活动的场合庄严与否,司仪都要使客人产生宾至如归的感觉,为整场活动确定好基调,做优美、简洁而得当的开场介绍。

3．学会控制场面,调适气氛

在适当的时候请大家鼓掌,尤其是在介绍来宾、庆贺获奖对象和重要发言人的时候。司仪可以直接说"请热烈鼓掌"、"热烈表示感谢"之类的话,也可以通过措辞和语调抑扬顿挫的变化示意大家鼓掌。

4．掌握有关发言人和发言内容的确切情况

庆典活动和大型宴会中,一般都有"发言"的环节,司仪对发言人的介绍是其主持该类活动的重要内容。介绍时,要突出发言人的背景和资格,在听众中树立发言人的可信度。介绍时应该突出引人注意的部分,发出明确的鼓掌信号,既要重点突出,又要简单扼要。

5．严格控制时间,调适好活动的各个环节

各个环节之间的过渡要尽量融洽、和谐、浑然一体而优雅周到。

6．画龙点睛,精彩收场

司仪的结束语和开场白一样重要,甚至更胜一筹才会给大家以深刻印象,使人意犹未尽、回味无穷,使整个活动圆满地画上句号。这就要司仪不拘一格地精心准备好结束语。结束语既可是对整场活动的总结式的评价,也可是对未来前途的展望;既可是抒情式的表述,也可是哲理式的思考,总之是"语不惊人死不休",将结束信息的传达和美好情感、祝愿的抒发作完美展现。

第四节　日常谈话

日常谈话是两个人或若干人之间的双向语言交际活动。谈话如果仅仅是交流信息或沟通感情,一般不能算是演讲。但如果一次谈话或一段发言是围绕着当时确定的主题而展开的,就算是演讲了。谈话是非正式演讲中最随意的一种,与正规演讲的主要差别在于角色的双重性,即谈话时每个人既是演讲者又是听众。在别人谈兴正浓时善于当一个好的听众,在冷场时又善于用幽默诙谐的语言和有意义的话题调节气氛的人,才是最受欢迎的。

一、日常谈话的特点

1. 话题灵活

日常谈话处于动态语境中,即兴性很强,谈话的双方或多方不仅有充分展示话题的机会,而且随着双方或多方思路的变化,话题常常会灵活转换。

2. 相辅相成

谈话时交流各方处于息息相通的多向语言信息传递活动中,这就使交流的话题可能在相互融合、补充的过程中逐渐形成共识,甚至会形成崭新的见解。

3. 听说兼顾

交谈是说与听的密切配合。交谈时既要耐心地听别人说,又要把听看做是一种无言的交流,同时也可以利用听的间隙察言观色和捕捉信息,为下一步更好地说做好铺垫。

4. 随想随说

谈话一般是在平等、和谐的气氛和语境中进行,谈话时没有必要作刻意的加工或润色,而是随想随说,显示出自然明快的口语特征。

认识了日常交谈的特点,是为了更好交谈,使交谈的气氛更加和谐和融洽,使交谈的过程更加愉快。

二、日常交谈的一般要求

1. 注意对交谈对象的了解

"看人说话"可以说是日常交谈的最高境界,但由于当时条件的限制,在进行谈话时,不可能对交谈对象了解得十分细致、准确,但至少要在以下三个方面做到心中有数:一是对方的文化水平与职业;二是对方的性格特点与对方和自己的亲疏程度;三是对方的近期处境或思想动向。

2. 注意对交谈地点的选择

环境也是一种"副语言",它直接影响交谈者的心态,这就是有些交谈要选在茶馆、咖啡厅,而有些交谈在办公室、会议室就可进行的原因。交谈场合的选择多因人制宜、因事制宜。

3. 注意对交谈时机的把握

"火候未到"而匆匆交谈,常常会使交谈冷场甚至不欢而散,达不到互动和谐、言语畅顺的目的;而坐失良机、时过境迁,那时的交谈如火灭灯熄,又会失去意义。因此,交谈时机的把握就显得尤为重要。把握交谈时机可以从两方面考察:一是客观情况发展提供的有利时机,二是交谈对象的情绪或心理提供的契机。

4. 注意交谈的语态和语调

语态是指交谈时话语的基调和态势,也指表意丰富、无声胜有声的体态语。而交谈时语调的轻重缓急,是急风暴雨,还是和风细雨,则直接影响着谈话的效果和是否能顺利进行。可以说,恰当的语态和语调是和谐交谈的先决条件。

三、交谈技巧中的"四要"

交谈需要技巧,其技巧既丰富,也很复杂,但总体说来,不外乎以下四个方面:

1. 要会说

日常交谈中,伶牙俐齿并不是真正的会说,重要的是怎样说,即要有说的策略。交谈中赞扬鼓励的话可以说得明白而肯定,批评指责的话则可以说得模糊一些。谈话的内容安排要注意轻重缓急的顺序,谈话的方式也有直截了当和委婉曲折的选择,这些都要视具体情况而定。

2. 要会听

在交谈中要学会倾听,一个好的交谈对手一定要是个善于听对方说话的人,要"听"出对方的思路,要听出"弦外之音"、"诗外之意",在双向交流的过程中,只顾自己滔滔不绝地说个没完的人,往往是不受欢迎的。

3. 要会停

交谈中光会听还不够,还要学会停顿,善于利用停顿。有了交谈的意图,可先"停"一下,了解对方并考虑一下交谈的方式;交谈开始时,也不一定要立即切入正题,而最好是从轻松的题外话逐步引入。交谈过程中也要有意无意地安排几个停顿,以利于反馈和交流。停顿的目的是使说者有了调整思路和控制话题的间隙,听者有了回味并做出恰当反应的时间。所以,和谐顺畅的谈话只是平静而断断续续地进行的。

4. 要会看

交谈中的"看",应包含两层意思:一是对方说话时,倾听者要全神贯注地看着,不能左顾右盼,要让对方感受到你的尊重和诚意。二是要会通过察言观色揣摩对方的心理状态,同时调整谈话的内容和方式,以使对方的"谈兴"更加浓厚。

四、如何把握谈话中的自我角色

交谈中的自我角色,是指说话者在交谈中所处的地位。交谈角色大体可以分成三种类型:控制型角色、受制型角色、自由型角色。交谈要顺利进行,成功圆满,说话人必须对自我的地位正确把握。

1. 控制型角色的把握

控制型角色,也就是说话者在交谈中占据主导地位。例如作报告、演讲、讲课,在特定场合中心发言、讲话等。要避免一种误解,这是就交谈中的地位而言的,不能看作领导与被领导关系,也不意味着身份的高低。控制型角色的地位在某种意义上决定交谈的成败,故特别需要有明事达理的修养,不能信口开河,不能不辨是非。控制型角色又需要较强的调节、控制能力。因为这种角色往往面临着不同的群体,如果不善于调节、控制,说话就有可能出现不同程度的偏差,影响表达效果,所以不能不考虑说话的策略和方式。

2. 受制型角色的把握

受制型角色,也就是说话者在交谈中处于受控制的非主导地位,例如在解释、谈心、调解、听课等活动中处于接受地位的人。受制型角色的话语受到的制约,相比较而言,要比控制型角色多一些。受制型角色需要有耐心、细心的心理素质。因为他们在通常情况下受到交谈方的明显制约,其语言的回响要建立在耐心、细心倾听对方话语的基础之上,否则有可能导致说话不得体。有次电影《有话好好说》剧组到广东工业大学,与广州地区部分高校青年学生交流、座谈。不曾想剧组一行六人姗姗来迟,让千余名按时赴约的学生等了一个多小时。一位女同学在会议即将结束时不客气地责问道:"你们是否觉得我们的时间不值钱?"这时,端坐在台上的著名演员李保田先生回答道:"我觉得这位同学有点像《有话好好说》里的张秋生,把小事夸大了。""我还觉得你像记者,记者就是这样,喜欢猜测,猜测别人心里想什么"。李保田的答问,明显缺乏耐心,不是用一种平常心、持一种与人为善的态度据实认真回答,结果会场大哗,在场记者纷纷追寻李保田以讨个说法。受制型角色还需要有紧扣话题、灵活应变的能力。通常情况下,受制型角色说话受到别人的制约,有时表现得十分明显。这就要求受制型角色说话不能脱离特定的话题,要有针对性,尽量避免出现偏差。有的场合,出于某些特殊原因,还要灵活应对,有意制造出偏差。1995年8月22日是邓小平91岁华诞,适逢外交部例行的记者招待会。记者问:"今天是邓小平先生91岁诞辰,他的健康状况是不是有变化?"时任外交部新闻发言人的陈健回答道:"变化当然是有的啦!他又年长了一岁!"在一次新闻发布会上,有位记者问:"你们一直强调海峡两岸都是中国人,那么,你们是否把李登辉看作中国人?"新闻发言人沈国放从容不迫地答道:"真正的中国人都拥护祖国统一,反对两个中国或一中一台。"上述两例中,前一例涉及保密问题,后一例涉及敏感问题,处于回答地位的两位新闻发言人都回避了正面口答,但又紧承话题而展开。这里存在的偏差是外交活动中机智灵活的表现。

3. 自由型角色的把握

自由型角色在交谈中的地位比较自由,交谈双方没有控制和受制之分。这种角色,减少了不少限制、束缚因素,进入交谈,必然比较宽松、自由,但是,减少了限制、束缚,并不是意味着没有限制、束缚,自由型角色仍然要正确把握自我。

自由型角色需要诚恳、坦率的态度,也就是说,双方要有良好的合作精神,自觉保证谈话的成功、圆满。相声艺术家姜昆为家中的小保姆介绍了一个男朋友。男方是个因小儿麻痹后遗症落下残疾的青年,是姜昆的朋友,自修了大学的全部课程。第一次见面,这位小保姆硬让坐在她边上的小伙子站起来:"你站起来,走一回儿!"男青年还真有涵养,真走了几步让她看。姜昆问她:"你干什么?"她理直气壮地回答:"我看看他那腿到底短多少!"处不处对象当然是双方的自由,但在初次见面的场合,且事先已知道对方的身体状况,毫无忌讳地直接触及对方的生理残疾,太没礼貌、太不得体了,谈何真心实意呢?

自由型角色需要感情的润滑剂。自由交谈不可能也不必要求做到字字句句都准确,它不是完全没有交际的目的,但又并不以成败为唯一标尺来衡量是否得体,其中的一个重要尺度就是有没有真情实感。苏联著名宇航员弗拉迪米尔·科马洛夫,在1967年8月23日驾驶联盟一号宇宙飞船圆满完成任务返航时,突然减速伞失灵,飞船即将坠毁。此时此刻,科马洛夫与家人有几段感人肺腑的对话。妻子抱着话筒刚说:"亲爱的,我好想你!"就泪如雨下,再也说不出话来。科马洛夫脱下宇航服,拿出一支金笔对妻子说:"亲爱的,这支金笔随我飞入太空,是我珍贵的东西,我用宇航服把它包好,待会儿的大爆炸,不会对它造成损伤的。请你把它转赠给你未来的丈夫。我想我不会下地狱,我会在天堂里祝你们幸福。"如泣如诉的话语,饱含了对妻子、对生活深情的爱,屏幕前的人全落泪了。女儿接过话筒说:"爸爸,我的好爸爸!"孩子已泣不成声。"女儿,你不要哭"。"我不哭,爸爸。你是苏联英雄。我只想告诉你,英雄的女儿,是会像英雄那样生活的"。父亲禁不住落泪了:"好孩子,记住这一天,以后每年的这个日子,到坟前献一朵花,和爸爸谈谈学习情况。好女儿,爸爸就要走了,告诉爸爸你长大了干什么?""像爸爸一样,当宇航员!"科马洛夫又一次落泪了:"你真好,可是我要告诉你,也告诉全国的小朋友,请你们学习时,认真对待每一个小数点,每一个标点符号。联盟一号今天发生的一切,就因为地面检查时,忽略了一个小数点,这场悲剧,也可以叫做对一个小数点的疏忽,同学们记住它吧!"生离死别的特殊场合,千言万语都凝聚在这短短的饱含真挚情感的话语中了。

  在交谈活动中,人们总是自觉或不自觉地按照上面所讲的三种不同类型的角色说话交谈,我们这里提出要正确把握,就是要求尽可能促使不自觉向自觉转化,持久训练,严格要求,必然得心应手,大大提高口语交际艺术水平。

五、如何在谈话中展现人格魅力

  谈话中的人格魅力,就是在交谈中一个人的性格、气质、能力等的个性化表现。其表现形式是多种多样的,或达观开朗、或宽容忍让、或微言大义、或义正词严、或一言九鼎、或仪态万方,使听者于捧腹间顿觉心胸敞亮,或于咀嚼时方知春秋伯仲,从而赢得听者的信赖与折服。那么,如何在谈话中展现人格魅力呢?

  1. 豁达开朗展个性

  一位老者在乘船时,听一些旅游者讲起关于在鱼肚子里发现珍珠宝物的故事,无聊之时,他凑上去说:"我给你们讲一个真实的故事吧。我年轻的时候,曾和一位漂亮的女演员谈过恋爱,后来,我到国外分公司任职,一去就是两年,我和女演员的联络因此也越来越少。在回国之前,我特意买了一枚钻石戒指,准备给女朋友一个惊喜,然而半路上得知,一个月前,女演员已和某男影星结了婚。我一气之下把戒指扔进了大海。几天后,我回到了国内某市,在一家餐馆喝闷酒,鱼端上来了,我心烦意乱地塞进嘴里,刚嚼了两下,忽然牙被一个东西硌了一下。你们猜,我吃着了什么?""戒指。"大伙一齐说道。"不!"老人诡秘地一笑:"是一块鱼骨头。""哈……"人群突然爆发出爽朗的笑声。现场气氛也随之活跃起来,众人为有这样一位虽然陌生但却豁达开朗的老人加入谈话队伍感到高兴。豁达开朗,是一种乐观积极的人生态度,在谈话中传达给听者的是健康向上的精神力量,人们从中不仅能获得快乐,还能减轻某些方面的痛苦和压力,在赢得别人好感的同时赢得了友谊。这正是谈话的人格魅力之所在。

2.宽容忍让展胸襟

新战士小燕在一次班务会发言时,无意中涉及老兵小李的某些问题,小李误认为小燕是有意在班长面前出她丑,便连珠炮般数落了小燕一番。事后有人对小燕说:"你怎么不顶她?"小燕说:"事情终会弄明白的,即使小李不明白,你们大伙不也都明镜似的吗?"打这以后,小李还经常向别人散布说小燕这人专会巴结班长,爱表现自己。对此,小燕也一笑了之,她说:"我帮班长干活是应该的,别人不帮大概是有原因的,要么累了,要么有别的事要做,班长有事我帮助做,别人有事我也没看热闹啊,时间长了她会了解我的。"果然,经过一段时间的朝夕相处,小李对小燕的人品有了全新的认识,主动向小燕赔了不是,全班同志也都乐意和小燕共事,甚至只要小燕参加勤务劳动时,大伙都不好意思偷懒了。宽容是生活中永不坠落的太阳,是获得友谊的灵丹妙药。在谈话中,由于种种原因,难免会遇到他人的误解甚至招致攻击。此时,如能保持宽容的心态,先从自身找找毛病,再从长远考虑问题,待云开雾散、真相大白之时,误解你的人就会把心掏出来给你看,旁人也会为你宽容忍让的风度报以钦佩的目光。

3.微言大义展锋芒

某县国税局,连年完不成税收任务,仅当年上半年全县就欠税350多万元。7月,张局长临危受命,上任后即展开了深入细致的调查摸底工作。在此前提下,召集17个纳税大户举行座谈会,张局长开宗明义说道:"我是个转业干部,天生的二杆子脾气,我到这儿任国税局长,一不图官,二不图钱,就图个痛痛快快干工作,我初来乍到,能不能踢好头三脚,还要看各位买不买账。一句话,政策以外的钱我一分不收,该纳的税一个子儿也不能少,而且一天也不能再拖,谁觉着为难,自己看着办,下周的这个时间我要结果。"会后,在17家纳税大户的带动下,上半年拖欠的所有税款一周内全部完成。在谈话当中,有时需要苦口婆心地讲道理,而有时则不需长篇大论,紧要处点到为止,正所谓言简意赅、微言大义。张局长简短的几句话,不仅展现了军人果断的性格和干练的作风,而且字里行间展露着锋芒。在这样的气势下,有谁愿与"初来乍到"的新局长过不去呢?所以,张局长上任伊始来个"开门红",也是顺理成章的事儿了。

4. 义正词严展自尊

一天,某车间主任将几位年龄稍大些的女工叫到办公室说:"根据厂长办公会议精神,咱车间要减几个人,我考虑你们几位年纪大些,打算让你们先退下来。"闻听此言,几位女工一时间愣了,这就意味着下岗嘛。李女士站出来说:"当初订的用工合同里不是这样的表述吧。我们年纪相对大些这是事实,但我们工作效率高、工艺好这也是事实,你凭什么叫我们退下来?"主任见说得在理,又扯出一条理由来:"你们几位身体不是有病吗?这也是为你们着想啊。"李女士当仁不让:"有病也没有要求领导照顾,也没有耽误正常工作,更没有躺在车间白拿钱,我们哪点理亏啦?现在不都兴竞争吗?咱可以竞争上岗,这么退下来我不同意。"这时,其他几位女工也纷纷附和,车间主任只好收回成命。谈话中的人格魅力不仅展现在达观开朗或宽容忍让的一面,有时坚持原则、据理力争更能展现一个人的人格魅力。李女士的辩驳有理有据,义正词严,既维护了自身的利益,同时也展示了自己的尊严。

5. 一言九鼎展品质

某厂职工小方,经常向同事炫耀自己在市房管所有熟人,能办房产证,而且花钱少、办事快。开始人们还信以为真,有些急于办理房产证的同事便交钱相托,但时过多日,不见回音,问到小方,他才说:"近来人家事儿太多,再等等。"拖得时间长了,同事们对他的办事能力产生怀疑,便向他要钱,他找理由说:"谋事在人,成事在天。懂不懂?你的事儿虽然没办成,可我该跑的跑了,该请的请了,你不能让我为你掏腰包吧?"言下之意,钱没啦。从此以后,小方的话再也没人信了,以至于人们在闲暇聊天时,只要小方往人群里一站,大伙好像有一种默契似的,始终缄默不语,继而纷纷散去。在谈话中,我们一般崇尚"一言九鼎"、"落地砸坑"、"张嘴就能见到肠子"的直爽性格,而不喜欢转弯抹角的弯弯绕,更讨厌貌似有口无心、直言快语,实则机关算尽、言而无信的滑头。谈话中的每一个观点都是对一个人品质的检阅,每一项承诺都是对其人格的担保,言而有信才能取悦于人。可见,说话算数,也是谈话中展现人格魅力不可或缺的要素之一。

6. 仪态万方展性情

两位大学生前往应聘某公司部门经理。甲着装整洁,谈吐有致;而乙则衣冠不整,与主考官交谈时总显出不屑一顾的神态,令主考官大为不满,应聘结果可想而知。谈话作为一种交流手段,要达到预期目的,须建立在对谈话对象充分尊重的基础上,一般应做到:

(1)着装整洁。整洁着装如同一道绚丽的风景,令人赏心悦目。

(2)举止端庄。包括谈话者合适的姿态和谈话中适度的手势。

(3)语气亲和。谈话的语气不同于演讲,更不同于舞台对白,它是一种纯生活化的语言交流,过分懒散或过于亢奋都显得对人不恭。

(4)眼神集中。在谈话中,表现一个人对谈话对象以示重视的神态,莫过于眼神集中;左顾右盼、魂不守舍肯定不会博得对方的好感。

当然,展现你的人格魅力,并不是要你在众人面前故作姿态,把自己的毛病加以掩饰,或是压抑自己、改变自己的性格,而是正视自己的不足,克服性格中的消极因素,光大性格中的积极因素,让你的人格魅力架起与人沟通的桥梁。

第五节 辩论演讲

辩论是一种人际间交流思想观点的重要的传播活动。论者议论、讲述也,"辨"论辩解、辩驳也。辩论是指运用口头语言进行争论,也就是参与对话的双方,站在相对立的立场上,就同一问题进行针锋相对的论争,以求明辨是非,分清曲直。大到解决世界性问题、联合国大会上的辩论,小到同学间为了一道数学题解析的方法之争,辩论无处不在,它可以说是人类语言交流活动的重要形态之一。

从一般意义上来看,辩论表现为"舌战",目的是说服对方,即通过合乎逻辑的立论来阐明真理,分清是非,使对方信服。论辩的目的性对辩论语言提出了很高的要求,因为只有符合论辩要求的语言才能有效地说服对方。

一、辩论语言的特点

1. 说服性

自信是辩论者必须首先具有的良好的心理素质,在辩论时自信我方必胜,对方必败,有战胜对方的勇气。这样,在辩论时才能用语言的力量征服对方,达到自己的目的,辨明是非曲直。

2.条理性

辩论语言是极为灵活性的口语形式,理由充分、富有逻辑性力量的辩论语言才能使对方心悦诚服。说服性只有建立在逻辑性的基础上,才能有说服力。辩论时要使语言符合逻辑,就会避免语无伦次、似是而非、漏洞百出等现象,因而要设法使语言富有条理性。

3.目的性

辩论是一种一定要辩明是非曲直的激烈角逐,针对对方的漏洞、谬误,有的放矢地驾驭有声语言,方能击败对方,使自己的论点得以确立。

4.健康性

辩论虽然是双方针锋相对的争辩,但都是一种有益的理智的口头交流活动,而不是庸俗无聊的"斗嘴",更不能在论辩中情绪冲动,出言不逊,甚至开口骂人。因此,遵守健康性的语言原则显得尤为重要。

总之,在辩论中,应掌握辩论语言的说服性、条理性、目的性和健康性,只有这样,才能在辩论中所向披靡,既能善辩明理,又能保持美好的风度。

二、辩论中的情理之道

1.辩论中的情感表现

辩论的目的就是用一切必要的理论或思维手段维护自己的思想,击破对方的观点,使听者赞同自己,反对对手。论辩者直接面对的是对手和听众,利用感情情绪影响对方、感染听众,往往会起到令人意想不到的效果。辩论中的感情表现主要有以下几种:

(1)声情并茂。辩论时,演讲的内容固然重要,但饱满的激情和庄重练达的政治家风度,会使得辩论中的演讲更为出色,能起到激烈的感染听众、震慑对手的作用。

(2)和声细雨。常言道"有理不在声高",辩论时的情绪感染不能只是剑拔弩张、火药味浓重,而要因地、因对象、因情感色彩和境况而有所变化。有时,在亲切友好融洽的气氛中以商讨的口气进行辩论,往往会收到意想不到的效果,急风暴雨固然有穿透力,和声细语又何尝不是"润物细无声"呢?

(3)怒形于外。是辩论,对方就会表现出各种不同的气度,既有礼尚往来的和气,也不乏刀光剑影的猛士风度。针对辩论中对方的谬论或者是指责、攻击甚至是谩骂,就要有拍案而起的勇气,这时的义正词严和怒形于色是非常必要的。怒形于外的关键是不能被"怒"所左右,关键在于能控制并理智地运用它,变不利因素为有利因素。

(4)人之常情。辩论过程中观众的支持率常常起到意想不到的作用,也常常决定着辩论的胜负。因此,辩论中正义情感的着重渲染,不仅能争得观众的同情和支持,也能使对方为之折服。

(5)情绪感染。情绪感染如果运用得当,可以充分打动主持人、评委、听众,甚至对方,使他们在心理上与自己趋于一致。辩论者的情绪感染应该建立在对等的基础之上,不能把情绪感染变成气势相压。恰到好处地使用情绪感染,会给人一种大度之感,有助于树立自己良好的形象。

2.辩论中的理性掌握

辩论中除了要关注感情的表达外,还要把握好理性的尺度。

(1)以理服人。辩论中,双方都极力维护自己的观点,击败对方的观点,辩论的过程就是摆事实讲道理的过程,言之成理是辩论获得成功的重要原则。以理服人的关键一是理由要真实,这是论辩论理的先决条件,二是理由和论断之间要有必然的逻辑联系,同时还要言明利害,分清是非,这样就能做到言诚理直,以理服人。

(2)情理交融。理总是和情紧密相连、密切相关的。论辩论理,也总有一定的情感。辩论中只有入情入理、理直情真、情理交融,才能说服对方,最终达到以理服人的目的。辩论中可以采用如下方法实现情理交融:

①理寓情中,情至理通。辩论中既不能过分强调情的作用,情不能代替理,但也不能过分贬低情的作用,理在情中,抒情的同时往往也在论理。

②情能达理,情至理成。欲说理,先抒情,这是辩论中常用的手法,它的目的在于迂回说理,以情动人。

三、辩论中的立论术

辩论是由立论(辩护)和反驳两个基本环节构成的,其中立论就是为了证明己方的基本立场,它是反驳的基础和必要的阶梯。辩论中如果没有必要的立论,反驳就会显得强词夺理、苍白无力,而且,辩论中如果自己的立论不稳,自然会被对方攻击得只有招架之功,更谈不上对对方的攻击了。可见,立论的好坏,直接关系到辩论的成败。因此,辩论中要特别注意加强立论的力度。下面简单介绍几种立论战术:

1. 逻辑严密,框架严整

立论中,运用严密的逻辑思维,构建严密无懈的理论框架,从而使自己的立论坚实、严谨,无任何漏洞可寻,这是使辩论获胜的关键。如"万家乐杯"电视辩论大赛上,北京大学队与国际关系学院队的辩论题目是:"我国现阶段是否应该鼓励私人购买轿车。"这一题目的关键是"轿车"、"鼓励"和"我国现阶段"这三个词。如何找准这三者之间的逻辑关系,从而形成一条强有力的立论思路,这是能否构建严密的攻防体系的关键。最后,作为正方的北大队根据其内在的逻辑联系推导出了这样的思路:现阶段发展轿车工业是我国工业发展的主导方向之一。由于轿车工业"三高一快"的特点,轿车工业被证明是经济起飞最有力的助推器,轿车的质量和产量也是衡量一个国家发展水平高低的标志。我国也不例外。要想促进工业发展,必须发展轿车工业。其次,轿车工业要发展,关键在市场。如何扩大轿车市场,最便捷的办法是使轿车"飞入寻常百姓家"。所以,轿车工业同鼓励私人购买就存在着必然的联系。在此基础上,他们再依据其必然的逻辑联系充分论证了"鼓励购买"的现实可能性和必要性,并充分考虑了对方立论中可能会提出的问题(即我国的公路交通的拥挤情况,轿车的私人消费是否会是一种奢华的超前消费倾向),并对此一一作了周密合理的论述准备。由于北大队在立论中充分运用严密的逻辑思维来确立自己的论证体系,确保了该体系的严整周密,所以他们的立论在实践中既立得起,又防得住,收到了较好的效果。

2. 出其不意,"破"中求"立"

辩论,说到底是一种知识、智谋的较量,辩论的一方在立论时如能充分运用自己的知识和智谋,在透彻地分析辩题的基础上,突破对方立论的防线,巧妙地提出一个全新的概念,给对手一个"措手不及",这样便能大大削弱对方的攻击力。"长虹杯"全国大学生辩论赛上,南京大学队迎战吉林大学队,吉林大学队作为正方的立场是:大学毕业生择业的首要标准是发挥个人专长。南京大学队作为反方其立论思路有很多,比如可以说"首要的标准是社会需要",也可说"是收入丰厚"、"是兴趣"等等,但所有这些都因为太平常而可能落入吉林大学队事先准备好的猛烈进攻中。你说"社会需要",他讲择业是主观行为,"发挥个人专长"正是更好地满足"社会需要";你说"收入丰厚",他说对方辩友在养育自己的祖国最需要的时候,以一己私利为先,向人民讨价还价,多么让人痛心和失望! 如此,南京大学队将难以招架。最后,南京大学队经过缜密的思考,提出了一个极其大胆的观念:大学生择业复杂多样,没有也不应该有一个统一的首要标准! 并指出,没有证明指出大学生择业应当有一个统一的首要标准,强调这个首要标准是"发挥个人专长",这无异于在流沙上盖楼。此语一出,举座皆惊。由于南京大学队的观点从根本上动摇了对方精心设计的立论,吉林大学队毫无准备,顿时乱了阵脚,以致在规范性发言中几乎未对此进行反驳。南京大学队在以前所未有的创新勇气击破对方的同时,又进一步明确了自己的立论:大学生应以个人的自我完善和推动社会进步为择业方向。如此一来,南京大学队便很快占据了场上的主动,收到了十分明显的场上的效果。

3. 另辟蹊径,李代桃僵

当辩论中碰到一些在逻辑上或理论上都比较难辩的辩题时,在立论过程中就不得不采用"李代桃僵"的办法,引入新的概念来化解困难。比如"艾滋病是医学问题,不是社会问题"这一辩题就是很难辩的,因为艾滋病既是医学问题,又是社会问题,从常识上看,是很难把这两个问题截然分开的。复旦大学在处理这个问题时,首先做了以下设想:如果让他们去辩正方的话,他们就会引入"社会影响"这一新概念,从而肯定艾滋病有一定的"社会影响",但不是"社会问题",并严格地确定"社会影响"的含义,这样,对方就很难攻进来。后来在辩论时他们却抽到了反方的签,要阐述"艾滋病是社会问题,不是医学问题",在这种情况下,如果完全否认艾滋病是医学问题,也会于理相悖,因此,他们在辩论中引入了"医学途径"这一概念,强调要用"社会系统工程"的方法去解决艾滋病,而在这一工程中,"医学途径"则是必要的部分之一。这样一来,他们的周旋余地就大了,对方得花很大气力纠缠在他们提出的概念上,其攻击力就大大地弱化了。"李代桃僵"这一战术的意义就在于引入一个新概念与对方周旋,从而确保己方立论中的某些关键概念隐在后面,不直接受到对方的攻击。

4. 少下定义,多做描述

在立论(辩护)中,我们时常会遇到一个无法回避的事实,即给概念下定义。可以说,下定义是明确我们的基本观点,澄清我们的基本立场的主要方法。但要特别注意的是,如果我们在辩论中热衷于给每一个概念都下明确的定义,很可能因此给对方提供许多意想不到的炮弹,而且,把辩题和概念交代得太清楚了,辩论中也就没有了回旋的余地。比如"温饱"这个概念,如果把它定义为一种状态:"在这种状态下,社会的大部分人都无衣食之困。"那么对方马上就可以追问:"你的社会概念的内涵是什么?它指一个团体,一个民族,还是一个国家?"也可以问:"你的'大部分人'的含义是什么?是人口60%、70%还是80%?"对这些问题,如果你继续回答,就又可能会暴露出许多新问题,从而完全陷入被动应对的局面。因此,在解释概念时,既要说出什么,又必须隐藏什么,即采用描述的方法来搪塞。所谓"描述",也就是不揭示概念的本质含义,只是从现象上对概念进行描述,甚至是同义反复地去描述。如对"什么是温饱"的问题,复旦大学队是这样回答的:"温饱,就是饱食暖衣。"这个回答实际上是同义反复,没有提供任何新的东西,但它给人的感觉是,他们已清楚地阐释了这个概念,而对方又抓不住任何把柄实施攻击。这样,在后面的辩论过程中,当复旦大学队对"温饱"这一概念作出新的补充和说明时,他们就显得比较灵活、自由,不至于被对方抓住什么把柄。

总的来说,在辩论中要注意恰当使用描述和定义的方法,两者不可偏废,但要尽量多用描述,从而达到既讲清某些问题,又隐蔽另一些问题的境界,使对方不能迅速地判断并抓住己方观点中根本性的东西来攻击。辩论中的立论是一个灵活多变的过程,在这一过程中可以运用的战术也是灵活多样的,上面列举的只不过是实践中几种最重要的也最常用的战术,还有很多好的战术还需要我们在实践中去不断地积累、总结,这样,才能保证我们在辩论赛中取得较好的成绩。

四、辩论中常用的反驳方式

辩论场上最考验人的是反驳,辩论场上最激动人心的也正是反驳和对反驳的反驳。下面介绍几种常用的反驳方式。

1. 以理服人，正面反驳

这是最常用的反驳手法。它是用最简单的语言和最简单的逻辑推理证明对方观点的错误。这种方法适用于己方准备充分而对方又未加以充分证明的观点。正面说理反驳由于颇费口舌，在辩论场上只宜用于与辩题最紧密相关的论点上。请看一例：

  论题：体育比赛应该引进电脑裁判。

  阶段：反驳陈词。

  反方二辩：当电脑裁判满怀自信步入赛场后，过分地强调准确，将严重弱化体育比赛的观赏性和参与性……

  正方二辩：观赏的是什么？是一种体育美，美的基础是什么？是真。公平就是对真的一种保证。如果连公平都得不到保证，欣赏性从何而来？……

正方二辩用了两个简洁的设问和一个反问就把体育比赛的观赏性与体育比赛的真实性之间的关系讲得清楚明了，使对方观点成了无源之水、无本之木，圆满地完成了反驳使命。需要注意的是，简洁是正面说理反驳制胜的关键。

2. 针锋相对，以牙还牙

辩论场上，倘若对方辩友妙语连珠，千万不要慌张。针锋相对的思想就是让观众把给对方辩友的掌声加倍偿还回来。方法很简单，就是在对方精彩的言辞引导下，立即找到一个相似的却对己方有利的事实出来，回敬之，则给人技高一筹之感。请看下面一段反驳：

  论题：信息战能取代传统武力战。

  阶段：反驳陈词。

  反方二辩：我请问对方辩友：在取得信息优势之后，就一定能取得战争的胜利吗？难道说，为了信息战的火眼金睛，就不要传统武力战的金箍棒了吗？

  （掌声）……

  正方三辩：金箍棒当然可怕，但却阻挡不了唐三藏紧箍咒的信息流。

（热烈的掌声）……

这样的反驳不在于展示事物之间的逻辑关系,而在于表现辩手临场的机智。要想做到这一点,一方面辩手要在平时注意增加自己的知识储备,另一方面是加强自身的心理素质的培养,做到在对已不利时保持冷静与乐观。当然,这样的较量回合太多也不好,一来给人跑题的印象,二来有哗众取宠之嫌。

3.顺水推舟,将计就计

这一招与前一招一样,都是借对方之力攻其自身。所不同的是,前面以牙还牙是借对方语言的魅力。而这一把顺水推舟是借对方逻辑的力量。说白了,就是用对方的论据证明我方的论点。还是看一段实例吧：

辩题:信息战能取代传统武

阶段:自由辩论。

正方一辩:面对铺天而来的软件炸弹、逻辑炸弹,亲爱的对方辩友难道还能对着敌人说："亲爱的敌人啊,我们的祖宗家法不可变,让我们打一场传统武力战吧!"你知道敌人在哪吗？

反方三辩:而对方辩友所说的威力无比的软件炸弹、逻辑炸弹不正说明信息网络不可靠,所以我们不能把国家安全系于"信息战"这一根绳上吗？（掌声）

正方一辩本来是想说有了信息战,传统的武力战英雄再无用武之地；可到了反方三辩那儿,却得出信息网络不安全,不能单纯依靠它的结论来。搞得正方一时无语以对。那么如何才能达到这种效果呢？关键在于透彻的逻辑分析。如果我们能设计一个两难问题,也就可以"顺水推舟"了。反方三辩用的实际就是一个两难问题:如果信息战没什么威力,那么从战争选用最有效的手段出发,传统武力战显然不会被淘汰；如果信息战威力强大,而它又是一场网络之争,那么从防御的角度来看,单纯依赖网络本身又是危险的,传统武力战还是不会被淘汰。经过这样的逻辑设计之后,反方当然可以"将计就计"了。

4.巧作类比,一针见血

在很多情况下,单纯的说理正面反驳枯燥无味,而且艰涩冗长。而运用类比,既能活跃气氛,又能使反驳生动形象,易于理解。让我们一起欣赏同样的实例吧:

辩题:信息战能取代传统武力战。

阶段:自由辩论。

正方二辩:请问未来战争的制高维是什么?……

反方四辩:信息……

……

正方三辩:高位势支配低位势,高层次决定低层次,对方辩友既然已经承认未来战争的制高维是信息,也就是说,对方辩友也承认:信息就是未来战争的主导了?

反方二辩:对方辩友的逻辑就是建房子只要最高层,不要下面的基础。(掌声)

反方二辩短短一句话,就把正方精心设计的圈套给破解了,这不能不说是类比的功劳。类比反驳简单好用,但要注意:①类比的两对象要相似性强,免得观众、评委在极短的时间内反应不过来。②类比的格调要高,切忌想到什么就比什么,以免起反作用。③类比的事物一定要大家熟悉,否则毫无效果。

5.未雨绸缪,先发制人

一般情况下,反驳在后,这似乎是理所当然的。但这里,要介绍的一招是反驳在先。也即事先已料定对方的论点了,在对方发言之前,就先把对方的这个论点驳得体无完肤,当对方再抬出这个论点时,已如吃炒剩饭般索然无味。

一场比赛的辩题是:电脑的智能化可能导致人脑的简单化。正方料定对手会把人脑的简单化定义为大脑结构的退化以及功能的丧失,于是正方将人脑定义为意识与物质的统一体,将人脑简单化定义为:思维的单一化、情感的淡漠化、信仰的虚无化等等。为避免概念上的争论不休,正方冒险采用了"先发制人"的战术,在多媒体光碟中,正方事先做了这样的图案:上面是一行醒目的字:"人脑就是这个吗?"下面一幅是人脑的结构图。当正方一辩陈词结束后,欣喜地看到对方一辩陈词过程中的图像里,果然有"人脑就是……",下面也是一张人脑结构图。由于声像要配合,对方一辩也不敢擅改辩词。这样一来,对方"脱离人脑的社会性本质谈人脑"的致命弱点,在其一辩中就已暴露无遗,正方从此掌握先机,处处主动。

6. 迂回进攻,抓住主线

辩论场上处处讲究主动,如果只为反驳而反驳,就必然会显得被动,处处跟着对手跑,即使反驳得很精彩,也非上乘。怎样才能既有力地驳斥对方,又不知不觉地把对方牵到对我方有利的领域中讨论呢?意识到对方在说什么,我方说什么才有利是首先应当做到的,头脑清醒、反应敏捷的辩手这会儿就会有上佳的表现。请看实例:

辩题:象形文字比拼音文字更适用于电脑。

阶段:自由辩论。

正方四辩:事有不能与不为之别。挟泰山以超北海,是不能也,非不为也。为长者折枝是不为也,非不能也;象形文字更适用于电脑,对对方辩友而言,是不为也,非不能也!为何能而不为呢?请对方辩友正面回答!

反方三辩:对方辩友优美的词句,如果拿到电脑上让它去分词,它如何能也,为也呢?

首先,我们应该看到,在这个辩题中,正方显然在感情上占优势,所以正方有希望笼而统之打"煽情战";但反方在具体的技术事实上占优势,所以反方希望谈具体的技术细节。依据这种思路,反方三辩找到一个很特殊的角度既巧妙地反驳了对方,又回到了"分词"这一具体技术领域,可谓一箭双雕。

7. 排炮齐射,气势磅礴

辩论场上一个常见的现象是,一方先把时间耗完。那么另一方如何把握这个有利时机呢?这个时候,经历了整场自由辩论,能说得清的道理早已说清,观众也已疲惫。所以此时重要的是气势,而不是道理。此刻是宜驳不宜立;宜排比短句,不宜繁琐辩理。请看下面反方是如何进行"缺席审判"的:

辩题:信息战取代传统武力战。

阶段：自由辩论之"缺席审判"。

反方三辩：对方辩友孤立地看战争，殊不知不同的政治动因要采用不同的作战方式。

反方四辩：对方辩友一厢情愿地看战争，认为只许你打我，不许我打你。

反方三辩：对方辩友静止地看战争，殊不知不同的战争进程也有不同的战争方式呀！

反方二辩：对方辩友片面地看战争，看不到信息战也是脆弱的呀！

反方四辩：对方辩友脱离条件地看战争，认为索马里人也可以打一场信息战。

反方三辩：对方辩友简单地看战争，居然认为一个信息战可以包打天下。

反方利用最后的机会，轮番轰炸，几位辩手心有默契，统一采用"对方辩友××地看战争"的方式，气势磅礴，临场产生了极有震撼力的效果。这比起拿起卡片干巴巴地念一番，消耗时间了事要强得多。这样的"缺席审判"可以形象地称之为"打排炮"。自由辩论若处弱势，排炮可以力挽狂澜；自由辩论若已占优势，排炮更能摧枯拉朽。当然，打排炮时也要注意不要太凶，给人得理不饶人的感觉。也要做到言之成理，不要使人觉得在"扣帽子"。

一场辩论赛能否获胜，很大程度上取决于反驳是否有力。辩论是思维的搏斗，反驳则是交锋的艺术。所谓"兵无定势，水无常形"，或以退为进，或以攻为守；或正面迎击，或迂回包抄……都需依据辩场形势巧作安排。

第六节 求职应聘

随着人事制度的改革和就业的双向选择机制的确立，大学毕业生和其他需走上社会、参加工作、选择职业的人，都回避不了求职应聘这一人生经历中的重要环节。

求职应聘是一种检测性的被动交谈，招聘者通过一次或多次的面试谈话,从应聘者的举止仪表、谈吐应对、业务能力、思维能力、品德素养等方面了解是否符合他们的需要。

一、求职应聘经常遇到的问题及对策

一般情况下,求职应聘面试经常会有如下 8 个问题出现,招聘者会用这 8 个问题来测试求职应聘者,以达到考察、测试的目的。针对这 8 个问题,求职应聘者可作这样的处理:

1. 请说说你是怎样一个人?

这个问题需求的是自我介绍。应聘求职者需要介绍学历、简历,要强调自己的专业优势,指出自己的理想或向往和所求的工作。一般来说,开头几句话就要说得沉稳而坦诚,给人以良好印象。介绍过程一定要简练,不要过多涉及其他方面。

2. 你为什么要到这里来求职或应聘?

对这个问题的回答,放语要快,不能迟疑,应充分显示自己的坦诚与热情,再次强调所求的职位与自己专业和择业愿望的吻合。回答这个问题时,言辞和神态都要恳切。

3. 来这里你能干些什么?

回答这个问题,一定要显示出自信,要适当透露自己的适应性和"一专多能"的优势。但要想圆满地回答这个问题,事先应对这里的工作情况作些了解,做到心中有数,有备而来,表述对路。

4. 你的能力如何?

这个问题一般指向的是应聘求职者的业务水平、工作态度、办事能力、学术业绩、自信心和创造力等。在回答时,最好能简明扼要地讲述一两个事例,给人以深刻印象。在表述过程中,要注意控制时间,不能滔滔不绝,妄自尊大。

5. 你有什么缺点和不足?

招聘测试者提这个问题,并非真正要了解求职应聘者的缺点和不足,而是要了解求职应聘者是否具有诚实正直的良好品德,是否有稳定的心理素质。针对上述分析,在回答过程中可以讲一两件小事,说明由于什么缺点造成某种并不严重的失误。回答时应重点讲教训和收获。

6. 你喜欢什么样的领导?

这个问题其实是对应试者个性的进一步了解。回答时可以从领导能力、办事作风以及对被领导者的指导帮助、严格要求等方面入手,切不可对照具体的领导者,更不能贬低或不切实际地夸赞其他领导。

7. 你有什么主要业绩或优点?

回答这个问题时一定要实事求是,以谦虚、平淡的口气进行表述,切不可沾沾自喜,亦不要妄自菲薄。讲话过程中,能出示表明自己的成绩和优点的获奖证书等证明材料则更佳。

8. 你想要多少工资?

这个问题不必难于开口,但可以不说确切的数字,只说概数。要在经过充分的市场调查和对自己进行实事求是的评估的基础上回答这个问题。恰到好处最重要,"狮子大开口"不符合实际,让对方难以接受;而开低了价自己没面子不说,也说明对自己能胜任这份工作的信心不足,一样让招聘者不能认可。所以可取一个大致的中段价位,提一个大致的幅度区间。

测试快结束时,如果条件许可,可以再次强调自己应聘的愿望,进一步表明自己的诚意。

二、自我介绍的技巧

个人自我介绍是应聘面试实战非常关键的一步,因为众所周知的"前因效应"的影响,这2~3分钟的自我介绍将在很大程度上决定应聘者在各位招聘考官心里的形象。这份介绍将是应聘者所有工作成绩与为人处世的总结,也奠定应聘者接下来面试的基调,招聘考官将基于应聘者的材料与介绍进行提问。

1. 开场问候

个人单独面试基本上都是从开场问候开始,开场问候很重要,它有可能决定整个面试的基调。开场问候是给面试考官的第一印象,从言谈举止到穿着打扮都将直接影响到应聘者被录取的机会。应聘者进门应该面带微笑,但不要谄媚。话不要多，称呼一声"老师好"就足够，声音要足够洪亮，底气要足，语速自然，总之彬彬有礼而大方得体，不要过分殷勤，也不要拘谨或过分谦让。

2. 自我介绍

接下来就是自我介绍。面试中一般都会要求应聘者先做简单的自我介绍，自我介绍的时间一般为2~3分钟左右。自我介绍是很好的表现机会，应把握以下几个要点：首先，要突出个人的优点和特长，并要有相当的可信度。特别是具有实际管理经验的要突出自己在管理方面的优势，最好是通过自己做过什么项目这样的方式来验证一下。其次，要展示个性，使个人形象鲜明，可以适当引用别人的言论，如老师、朋友等的评论来支持自己的描述。第三，不可夸张，坚持以事实说话，少用虚词、感叹词之类。最后，要符合逻辑，介绍时应层次分明、重点突出，使自己的优势很自然地逐步显露，不要一上来就急于罗列自己的优点。在一次招聘考试中，有一个笔试分很低，并且只有4年工作经验的应聘者战胜众多工作时间长、经验相对丰富的竞聘者被录取，其中一份6易其稿的个人介绍起了关键的作用，因为在将近25分钟的面试时间里，面试老师的提问都是围绕着应聘者个人介绍以及基于这个介绍制作的一个PPT图进行的。请看这位获胜的竞聘者的自我介绍：

各位老师好，我叫邓小群，1998年毕业于哈尔滨工业大学，同年分配到北京工作，现在一家外企亿书堂公司市场部任部门经理。

下面我想从两个方面介绍一下我自己。

一是工作业绩：

1. 1998年7月分配到北京＊＊＊＊＊公司重点实验室；

1999年4月作为首席代表组建并运作上海办事处，一年就为公司实现了＊＊＊万销售业绩。

2. 2000年5月加入＊＊＊＊＊＊公司，在市场部任商务经理，带领sales人员，推动中小企业的网站建设。

3. 2001年元月份，加盟美资企业亿书堂科技发展有限公司，任职市场部部门经理，主要负责培养销售团队，带领我的客户经理人及销售人员推广我们的软件系统。

二是其中最大的成绩:

在亿书堂公司,作为市场部部门经理,带领客户经理,面对包括北大方正等竞争对手,最终将我们的软件系统与惠普、康柏、恒基伟业等四大随身电脑硬件平台捆绑成功!使我们的软件成为该行业的一种标准!

去年华纳与联想FM365合并后,由于我们的成功,他们希望收购我们公司,为此我们还专门给联想总裁柳传志做了一场融资报告,其中的产品竞争对手分析以及未来市场预测两部分就是我负责的!

自我介绍中几个值得注意的问题:

(1)重在个人经历介绍还是个人品质和能力?

在写自我介绍前,要静下心来想一想,自己这些年的所有发生的事情,从十年寒窗到每一年的工作经历,自己到底拥有哪些优秀的品质,哪些事情反映了这些品质;这些在自我介绍中一定要当作一个重要的事情去做。

自我介绍要用事实说话,切忌使用含糊的字眼,要知道招聘的主考老师都是有很强的辨别能力,比如:授予你第一学位的学校在很大程度上反映你学习新知识的能力,你在很短的时间内被提拔为部门经理在很大程度上反映你工作方面的能力。所以在写自我介绍时候要用个人的经历来证明自己的品质和能力。

(2)露出马脚还是埋下伏笔?

作为招聘考官都有很强的鉴别能力,对你面试中表现出的不严密的地方,能够很快感觉到,从而进一步提问,很多考生就乱了阵脚,回答问题时漏洞就更多。其实自我介绍对突出业绩的介绍要精练,要点到为止,必要的时候要为招聘的主考官设置一些伏笔,引起主考官对你进行提问,然后你才将早已准备的内容娓娓道来。

自我介绍要反复模拟练习,并找不同背景的人士提出修改意见,在陈述时,不能让人感觉在背稿子,而应该是与朋友交流,语气中肯又不失激情。

第九章　影响口才的几大因素

美国历史上最伟大的总统之一的林肯有句名言:口才辅佐事业成功。林肯出身于平民阶层,曾当过律师,杰出的口才是他成为伟人的一个重要因素。林肯本人是一位著名的演讲家,最后他就是在演讲台上被罪恶的子弹夺去生命的。可见他的演讲已经具有了怎样的震慑力。

大家可能认为,好口才是天生的,要不然为什么有的人能言善辩,妙语连珠,而有的人却笨嘴拙舌,不善言辞呢?究其原因,良好的口才主要受以下八方面因素的影响,其中前四项属于语言因素,后四项属于非语言因素。

第一节　影响口才的语言因素

一、语言技巧

口头表述是演说的核心,任何精心组织、内容精彩的演说都要通过口头语言的形式表现出来,因此,语言技巧运用得如何,则直接影响到演说的效果。

1. 发音要规范

演说时要尽量运用规范的普通话,克服方言语音和咬字不清的问题。

2. 音质要纯净

每个人都希望自己拥有浑厚、悦耳、优美的声音,这些往往是受先天条件的限制而不能如愿。但有效的演说不一定只用一种音色、一种声音,演说者可以在自己的音质和音域范围内实现最优美的效果,尽量避免演讲过程中出现沙哑、尖利、刺耳的声音,保持音质的纯净和音色的优美。

3. 停顿要适当

演讲中停顿处理得好,可以有效地控制表述速度,更明晰地传达演讲的内容。适当地安排停顿的位置,换气要自然,有利于转换情绪。在演讲中,为了突出或强调某一特殊的意思需要停顿,这就是逻辑停顿;有时为了突出某种强烈的感情而安排停顿,则叫感情停顿;而一般情况下,停顿要按标点符号要求来安排,这就是最常用的语法停顿。

除上述三个方面以外,重音、语调和节奏等语言技巧因素的掌握,在演讲时亦很重要。重音设计往往通过语句内部一个词、一个字的重音强调,达到强化听众感觉的效果,同停顿的方法一样,重音设计也可以通过把握逻辑、感情和语法三个因素来完成。恰当的语调追求的是一种抑扬顿挫之美。只有抑扬顿挫合理搭配,才能产生自然生动的语言效果。而演说时,容易出现一种倾向,即不管句子的意思或语法结构如何,自始至终只采用一种语调模式,使得演说单调、重复,这是演说时应极力避免的语调现象。节奏的缓急有效也是演讲时要注意的语音技巧之一。演讲的不同阶段,不时改变说话的节奏是调动或突出重点的有效手段。

下面谈谈训练语言技巧的方法:

1. 速读法

这里的"读"指的是朗读,是用嘴去读,而不是用眼去看,顾名思义,"速读"也就是快速的朗读。这种训练方法的目的,是在于锻炼人口齿伶俐,语音准确,吐字清晰。训练的时候先找来一篇演讲词或一篇文辞优美的散文,把文章中不认识或弄不懂的字、词查出来,搞清楚,弄明白,然后开始朗读。一般开始朗读的时候速度较慢,逐次加快,一次比一次读得快,最后达到你所能达到的最快速度。读的过程中不要有停顿,发音要准确,吐字清晰,要尽量达到发声完整。因为如果不把每个字音都完整地发出来,那么,如果速度加快以后,就会让人听不清楚你在说些什么,快也就失去了快的意义。速度的快必须建立在吐字清楚、发音干净利落的基础上。我们都听过体育节目的解说专家宋世雄的解说,他的解说就很有"快"的功夫。宋世雄解说的"快",是快而不乱,每个字、每个音都发得十分清楚、准确,没有含混不清的地方。这里希望达到的快也就是他的那种快,吐字清晰,发音准确,而不是为了快而快。

速读法的优点是不受时间、地点的约束,无论在何时、何地。只要手头有一篇文章就可以练习。而且还不受人员的限制,不需要别人的配合,一个人就可以独立完成。当然训练的时候也可以找一位同学听听速读练习,让他帮助挑速读中出现的毛病。比如哪个字发音不够准确,那个地方吐字还不清晰,等等,这样就更有利于有目的地进行纠正、学习。速读时还可以用录音机把速读录下来,然后自己听一听,从中找出不足,进行改进。当然,如果有老师指导就更好了。

2. 背诵法

我们都背诵过课文,有诗歌、有散文、有小说。背诵的目的是各有不同的。有的是因为老师要求必须背诵,而不得不背,以完成老师交给的学习任务;也有的是为了记忆下某个名诗、名句,以此来丰富自己的文学素养。而这里提倡的背诵,主要的目的是在于锻炼口才。

这里要求的背诵,并不仅仅只要求把某篇演讲词、散文背下来就算完成了任务,而是不仅要求"背",还要求"诵"。这种训练的目的有两个:一是培养记忆能力,二是培养口头表达能力。

记忆是练口才必不可少的一种素质。没有好的记忆力,要想培养出好口才是不可能的。只有大脑中充分地积累了知识,你才可能张口即出,滔滔不绝。如果你大脑中是一片空白,那么你再伶牙俐齿,也无济于事。记忆与口才一样,它并不是一种天赋的才能,后天的锻炼对它同样起着至关重要的作用,"背"正是对这种能力的培养。"诵"是对表达能力的一种训练。这里的"诵"也就是常说的"朗诵"。它要求在准确把握文章内容的基础上进行声情并茂的表达。

背诵法,不同于前面讲的速读法。速读法的着眼点在"快"上,而背诵法的着眼点在"准"上。也就是背的演讲词或文章一定要准确,不能有遗漏或错误的地方,而且在吐字、发音上也一定要准确无误。

背诵具体的训练方法是:首先选一篇自己喜欢的演讲词、散文、诗歌;然后对选定的材料进行分析、理解,体会作者的思想感情。这是要花点工夫的,需要我们逐句逐段地进行分析,推敲每一个词句,从中感受作者的思想感情,并激发自己的感情;第三步,对所选的演讲词、散文、诗歌等进行一些艺术处理,比如找出重音、划分停顿等,这些都有利于准确表达内容;第四步,在以上几步工作的基础上进行背诵。在背诵的过程中,也可分步进行。首先,进行"背"的训练。也就是先将文章背下来。在这个阶段不要求声情并茂。只要能达到熟练记忆就行。并在背的过程中,自己进一步领会作品的格调、节奏,为准确把握作品打下更坚实的基础。第二,是在背熟文章的基础上进行大声朗诵。将背熟的演讲词、散文、诗歌等大声地背诵出来,并随时注意发声的正确与否,而且要带有一定的感情。第三,是这个训练的最后一步,用饱满的情感、准确的语言、语调进行背诵。这里的要求是准确无误地记忆文章,准确地表达作品的思想感情。比如,我们要背诵高尔基的《海燕》,我们首先就应明白,这是篇散文诗。它是在预报革命的风暴即将来临,讴歌的是海燕——无产阶级战士的形象。整篇散文诗都是热烈激昂的,表达了革命者不可遏止的爱憎分明之情。那么在朗诵《海燕》时就要抓住这个基调。当然仅仅抓住作品的基调还是不够的,还要对作品进行一些技巧上的处理,比如划分段落、确定重音、停顿等等。平平淡淡,没有波澜,没有起伏,一调到底的朗诵是不会成功的。有些人在背诵《海燕》时,把握了它激昂奋进的基调,却没有注意朗诵技巧,开口就定在最高的音上,结果到了表达感情的最高点时,就只能是声嘶力竭,这也是把握欠准确的缘故。如果对作者的思想感情发展的脉络有了准确的把握,那么就不会犯类似的错误了。

3. 练声法

练声也就是练声音、练嗓子。在生活中,我们都喜欢听那些饱满圆润、悦耳动听的声音,而不愿听干瘪无力、沙哑干涩的声音。所以锻炼出一副好嗓子,练就一腔悦耳动听的声音,是我们必做的工作。

练声的第一步是练气。气息是人体发声的动力,就像汽车上的发动机一样,它是发声的基础。气息的大小对发声有着直接的关系。气不足,声音无力,用力过猛,又有损声带。所以练声,首先要学会用气。用气就要学习吸气与呼气的基本方法。吸气要深,小腹收缩,整个胸部要撑开,尽量把更多的气吸进去。我们可以体会一下,你闻到一股香味时的吸气法。呼气时要慢慢地进行。要让气慢慢地呼出。因为在演讲、朗诵、论辩时,有时需要较长的气息,那么只有呼气慢而长,才能达到这个目的。呼气时可以把两齿基本合上。留一条小缝让气息慢慢地通过。学习吸气与呼气的基本方法,你可以每天到室外、到公园去做这种练习,做深呼吸,天长日久定会见效。

第二步就是练声了。在练发声以前先要做一些准备工作。先放松声带,用一些轻缓的气流振动它,让声带有点准备,发一些轻慢的声音,千万不要张口就大喊大叫,那只能对声带起破坏作用。这就像我们在做激烈运动之前,要做些准备动作一样,否则就容易使肌肉拉伤。

声带活动开了,还要在口腔上做一些准备活动。口腔是人的一个重要的共鸣器,声音的洪亮、圆润与否与口腔有着直接的联系,所以不要小看了口腔的作用。

练声的第三步是练习吐字。吐字似乎离发声远了些,其实二者是息息相关的。只有发音准确无误、清晰、圆润,吐字也才能"字正腔圆"。

吐字发声时一定要咬住字头。有一句话叫"咬字千斤重,听者自动容",说的就是这个意思。所以我们在发音时,一定要紧紧咬住字头,这时嘴唇一定要有力,把发音的力量放在字头上,利用字头带响字腹与字尾。字腹的发音一定要饱满、充实,口形要正确。发出的声音应该是立着的,而不是横着的,应该是圆的,而不是扁的。但是,如果处理不好,就容易使发出的声音扁、塌、不圆润。字尾,主要是归音。归音一定要到位,要完整。也就是不要念"半截子"字,要把音发完整。当然字尾也要能收住,不能把音拖得过长。

如果我们能按照以上的练习要求去做,那么你的吐字一定圆润、响亮,你的声音也就会变得悦耳动听了。

4. 复述法

复述法简单地说,就是把别人的话重复地叙述一遍。这种方法在课堂上使用的较多。如老师让同学们看一段幻灯片,然后请同学复述幻灯片的情节或人物的对话。这种训练方法的目的,在于锻炼人的记忆力、反应力和语言的连贯性。

练习的时候可选一段长短合适、有一定情节的文章。最好是小说或演讲词中叙述性强的一段,然后请朗诵较好的同学进行朗读,最好能用录音机把它录下来,然后听一遍复述一遍,反复多次地进行。直到能完全把这个作品复述出来。复述的时候,可把第一次复述的内容录下来,然后对比原文,看能复述下多少,重复进行,看多少遍自己才能把全部的内容复述下来。这种练习绝不单单在于背诵,而在于锻炼语言的连贯性。如果能面对众人复述就更好了,它还可以锻炼演讲者的胆量,有助于克服紧张心理。

开始练习时,最好选择句子较短、内容活泼的材料进行,这样便于把握、记忆、复述。随着训练的深入,可以逐渐选一些句子较长、情节少的材料,进行练习。这样由易到难,循序渐进,效果会更好。

这种练习一定要有耐心与毅力。有的同学一开始就选用那些长句子、情节少的文章作为训练材料,结果常常是欲速则不达。这就像我们学走路一样,没学会走就要学跑是一定要摔跤的。而且这个训练有时显得很繁琐、麻烦,甚至是枯燥乏味,这就需要我们要有耐心与毅力,要知难而进,勇于吃苦,不怕麻烦。

5.模仿法

我们每个人从小就会模仿,模仿大人做事,模仿大人说话。其实模仿的过程也是一个学习的过程。我们小时候学说话是向爸爸、妈妈及周围的人学习,向周围的人模仿。那么我们练口才也可以利用模仿法,向这方面有专长的人模仿。这样天长日久,我们的口语表达能力就能得到提高。

模仿可以采用以下方法:

(1)模仿专人。在生活中找一位口语表达能力强的人,请他讲几段最精彩的话,录下来,以供进行模仿。也可以把喜欢的、又适合模仿的播音员、演员的声音录下来,然后进行模仿。

(2)专题模仿。几个好友在一起,请一个人先讲一段小故事、小幽默,然后大家轮流模仿,看谁模仿的最像。为了刺激积极性,也可以采用打分的形式,大家一起来评分,表扬模仿最成功的一位。这个方法简单易行,且有娱乐性。课上、课间、课后都可进行。只要有三四个人就能进行。所要注意的是,每个人讲的小故事、小幽默,一定要新鲜有趣,大家爱听爱学。而且在讲以前一定要进行一些准备,一定要准确、生动、形象。

(3)随时模仿。我们每天都听广播,看电视、电影,那么就可以随时跟着播音员、演播员、演员进行模仿,注意他的声音、语调,他的神态、动作,边听边模仿,边看边模仿,天长日久,口语能力就得到了提高。而且会增加词汇量,增长知识。

在进行这种练习时,一要注意选择适合自己的对象进行模仿。要选择那些对自己身心有好处的语言动作进行模仿,我们有些同学模仿力很强,可是在模仿时都不够严肃认真,专拣一些脏话进行模仿,久而久之,就形成了一种低级的趣味,我们反对这种模仿方法。

模仿法是一种简单易学、娱乐性强、见效快的方法,尤其适合同学们练习。

6. 描述法

小的时候我们都学过看图说话,描述法就类似于这种看图说话,只是我们要看的不仅仅是书本上的图,还有生活中的一些景、事、物、人,而且要求也比看图说话高一些。简单地说,描述法也就是把看到的景、事、物、人用描述性的语言表达出来。

描述法可以说是比以上的几种训练法更进了一步。这里没有现成的演讲词、散文、诗歌等做练习材料,而要求自己去组织语言进行描述。所以描述法训练的主要目的就在于训练语言组织能力和语言的条理性。无论是演讲、说话、论辩都需要有较强的语言组织的能力,没有这种能力也就不可能有一张悬河之口,语言组织的能力是口语表达能力的一项基本功。

可采取以下方法进行描述训练:把一幅画或一个景物作为描述的对象。第一步,对要描述的对象进行观察。比如,我们所要描述的对象是"秋天的小湖边",那么我们就要观察一下这个湖的周围都有些什么,有树?有假山?有凉亭?还有游人?并且树是什么样子,山是什么样子?凉亭在这湖光山色、树影的衬托下又是个什么样子,这秋天里的游人此时又该是一种什么心情呢?这一切都需要用自己的眼睛去观察,用心去体验。只有有了这种观察,描述才有基础。第二步,描述。描述时一定要抓住景物的特点,要有顺序地进行描述。描述时语言要清楚、明白,要有一定的文采。描述千万不要成流水账,平平淡淡,一定要用描述性的语言,尽量生动些、活泼些。要讲点顺序,不要东一句、西一句、南一句、北一句的,描述出的东西,让人听了以后能知道你描述的到底是个什么景物。描述的时候允许有联想与想象。比如,你观察到秋天的湖边有一位白发苍苍的老爷爷,孤独地坐在树荫下,你就可能有一种联想,你可能想到了自己的爷爷,也可能想到这个老人的生活晚景,还可能想到"夕阳无限好,只是近黄昏"这个诗句……那么在描述的时候,你就可以把这一切都加进去,使你的描述更充实、生动。

7. 角色扮演法

角色扮演法,就是要学演员那样去演戏,去扮演作品中出现的不同的人物,当然这个扮演主要是在语言上的扮演。

这种方法可以采取如下步骤进行练习：

(1)选一篇有情节、有人物的小说、戏剧为材料；

(2)对选定的材料进行分析，特别要分析人物的语言特点；

(3)根据作品中人物的多少，找同学，分别扮演不同的人物角色。比比看，谁最能准确地扮演自己的角色；

(4)也可一个人扮演多种角色，以此培养自己的语言适应力。

这种训练的目的，在于培养语言的适应性、个性，以及适当的表情、动作。

这种训练法要求"演"的成分很重，它有别于对朗诵的要求。它不仅要求声音洪亮、充满感情、停顿得当；还要求能绘声绘色、惟妙惟肖地把人物的性格表现出来，而且要配有一定的动作和表情。从这个角度看，这个训练是有一定的难度的。但只要我们朝着这个方向努力，那么我们就会成功。

8.讲故事法

讲故事看起来很容易，要真讲起来就不那么容易了，常言说"看花容易，绣花难"，听别人讲故事绘声绘色，很吸引人，有些人听起故事来甚至都可以忘了吃饭、睡觉，可是自己一讲起来，仿佛就不是那么回事了，干干巴巴，毫无吸引力。因此，讲故事也是一种才能，并不是人人都可以把故事讲好的。学习讲故事是练口才的一种好方法，因为故事里面既有独白，又有人物对话，还有描述性的语言、叙述性的语言，所以讲故事可以训练人的多种口语能力。

训练时首先要分析故事中的人物。故事的情节性是十分强的，而且故事的主题大都是通过人物的语言、行动表现出来的，所以在讲故事以前就要先研究人物的性格特征，以及人物之间的关系。比如，要讲《皇帝的新衣》这个童话故事，那么就要分析其中的几个人物，以及他们的性格，然后把国王的愚蠢无知，骗子的狡诈阴险，大臣的阿谀奉承、不分是非，乃至小孩的天真无邪都用语言表现出来，这是一项十分艰巨的工作。

然后要掌握故事的语言特点。故事的语言不同于其他文学形式的语言，其最大的特点是口语性强、个性化强。所以当拿到一个材料的时候，不要马上就开始练习讲，而要先把材料改造一下，改成适合讲的故事。

再者要反复练讲。对材料做了以上的分析、加工以后，就可以开始练讲了。通过反复练讲达到对内容的熟悉。最后能使自己的感情与故事中人物的感情相融合，做到惟妙惟肖地表现人物性格，语言生动形象。

二、词汇量

演说时,尤其是即兴演讲和现场辩论,若中间突然停下来想词,不但破坏了意思表达的连贯性,而且显得笨拙可笑。好口才必然建立在丰富的词汇量的基础上。词汇量的积累,不是一夕一朝的功夫,不能指望在短时间内,通过突击的方式就可达到理想的效果,它是一个长期的、持之以恒的过程。词汇量积累最行之有效的方式可以说一是阅读,二是参加言语交际,其中以阅读最为重要,所以,有人说"流利的口才来自书本",这是有道理的。林肯之所以能成为伟大的演说家,他最重要的老师,就是历代著名的学者、诗人和优秀的人物。通过大量的阅读,可以充实和丰富演讲、说话时所用的词汇。曾任哈佛大学校长30多年之久的什洛特博士曾说过:"我仅承认一件事,受教育的男女们,在知识上所应得的收获,那就是:能够正确优美地使用其本国语言!"

词汇量积累的方法多种多样,但一般来说不外乎以下几种途径:

一是阅读古今中外的名著名篇。名篇佳作中出现的词语丰富,文辞优美,遣词造句生动、准确、精练,是积累词语的最好材料。

二是浏览报纸杂志。报刊及杂志中的语言丰富生动,有很强的现实性,且取材容易,方法简便,是获取词汇量较为有效的途径。

三是从电影、电视、广播中积累,尤其是可以多看电视。电视是最感性的语言来源,但要注意:不要只看电视剧,而应该多看那些咨询性及访谈性节目。

四是多与人交谈。不妨尝试扩大社交圈子,不断增加说话机会,这样更有利于提高对语言的驾驭能力。

五是学一些新语言。在日常的工作、学习中,经常学习和吸收一些新的语言,能够更好地丰富你的语言词汇。

三、遣词造句能力

在语法规范方面,口头表达的要求要低于书面语言,但在敏捷流畅方面,口头表达的要求要高得多。能写一手好文章的人不一定有好的口才,因为写作是可以停下来慢慢想,而口语表达是不允许随便停顿的。

口头表达流畅主要依靠遣词造句的能力。写作能力和口头表达能力可以相互迁移,写作能力较强的人通过短期的训练,就能将潜在的口语能力开发出来;而训练口语最好的形式就是参加各种言语交际活动,以训练遣词造句的能力和语言的应变、应急能力,以实现口头表达的流畅练达。

训练遣词造句还有一种有效的方法就是加强记忆。记忆,是演讲者储存材料、发挥联想、出口成章的前提条件。优秀的演讲家往往都有惊人的记忆力。著名作家王蒙曾说:"作家没有记忆力就是白痴。"这个说法对于演讲者来说,也是非常合适的。

记忆力可以通过合理使用和训练不断提高。演讲需要记忆力,因为演讲者必须熟记演讲内容才有可能随时随地当众表达。所以说,学习演讲能够训练一个人的记忆力,而增强了记忆力又能使演讲水平不断提高,这是一个良性循环的过程和结果。那么怎样才能提高演讲的记忆力和水平以达到提高遣词造句能力呢?古今中外著名演讲家成功的经验告诉我们,一个出色的演讲家在知识的记忆方面,应该做到三个一百,有了这三个一百,就不愁遣词造句能力提不高了。

1. 记住一百句名人名言、哲理格言

哲理名言大多是一个思想体系、一个整体结构中的精华;它是经过时间和实践检验的被广大人民群众认可的,有一定思想性、真理性、指导性的语言;是人类智慧的总结。一篇演讲中,如有一句哲理名言,便能使听众受益匪浅,难以忘怀。因为无论演讲者阐述的观点多么的标新立异或超凡脱俗,其实都是或多或少地被历史上的名家论述过的。名人名言是永远闪烁着智慧的光芒的,而名家所具有的影响力也是恒久存在的。因此,演讲者应抓住听众内心深处的想法,恰当地引用哲理名言或权威人士的论述,让它们服务于自己的理论观点的论证,加强演讲的说服力量。

2. 记住一百首诗词歌赋

中国是一个诗歌的国度。诗词歌赋在内容方面,高度集中、全面概括,并具有强烈的感情和丰富的想象。在形式方面,语言精练、准确、富于表现力,同时,具有鲜明、和谐的韵律和节奏,便于人们口头传诵。演讲的语言和诗歌的语言都具有有声性的特点。好的演讲就应该具有诗歌般的语言,出色的演讲者就应该有诗歌般的激情。实践证明,那些洋溢着诗歌激情,充满了诗情画意的演讲词,一经演讲者说出,就仿佛插了双翅,能飞进千百万听众的心中,成为震撼人心的鼓点、鼓舞人心的号角。

所以,一个成功的演讲者就应该多读一些诗词歌赋,多记一些诗句在脑海里。俗话说:"熟读唐诗三百首,不会吟诗也会吟。"在演讲时,在平常生活中,适当地引用一些诗词歌赋,不仅能产生美的意境,而且还能提高说话者的文学品味和艺术魅力。

3.记住一百段在不同的场合下说话的语句

在现实工作和生活中,我们每一个人都经常会遇到一些场合,需要我们说几句话,而且有时就是这么几句话,如果得体、恰当就能够帮我们很大的忙,解决我们大大小小的许多问题;但如果词不达意、含糊不清、颠三倒四,那么就会造成被动,甚至带来祸从口出的后果。

一个口才出众的、能说会道的人,不管在什么场合都能准确、生动、简洁、流利地用语言表达出自己意图,使别人非常愉快地接受,并能很快地谈成要办的事情,建立起良好的友谊,甚至还有一种一见如故的感觉。相反,我们也会经常看到许多不会说话的人,他们无法用语言完全表达出自己的意图,往往使别人听起来费劲,结果造成工作和交际上的困难,以至于严重影响工作和事业的发展。究其原因,除口语表达能力差外,主要原因还是由于对不同场合、不同时间、不同对象、不同情况下说话技巧、套话掌握不够。

总之,人的记忆力是无限的,只有用心地记,经常地记,反复地记,积少成多,由量变到质量,那么,随着知识的储备增多,遣词造句的能力就会越来越强,口才也就会越来越出色。

四、修辞手段

语言的生动性和幽默感会提升演讲的表达水平,丰富口头表达的形式,增强演讲的效果。演讲还要求运用鲜明生动的语言,使抽象的事物具体化,深奥的道理显易化,概念的东西形象化。要使语言形象生动,一个主要的方面,是讲究修辞手法的运用,对语言进行必要的修饰加工,使之更富有感召力。郭沫若在改革开放以后全国第一次科学大会上的演讲《科学的春天》的结尾仅几十个字:"'日出江花红似火,春来江水绿如蓝',这是人民的春天,这是科学的春天!让我们张开双臂热烈地拥抱这个春天吧!"这里用了引用、排比、反复、比喻、拟人、双关等修辞手法,妙语生辉,大放异彩。

作为演讲者,应当善于根据演讲的不同内容来综合运用修辞手法,既可以进行形象化的描写,又可以运用比喻、象征、设问等方法。抽象的议论往往带有思辩的色彩和哲理的思考。而柔婉的抒情,往往依赖于形象的描绘。形象化的描绘,指在现实生活的基础上创造出来的具有一定思想内容和艺术感染力的具体、生动、鲜明的人生画面。演讲者就是要借助这些生动、具体、鲜明的人生画面来表达感情,从而达到阐述道理、宣传思想、征服人心的演讲目的。演讲中运用修辞手法来抒情,也各有其妙:比喻可以成功地化抽象为形象;排比可以化一般性的叙述为激情洋溢的抒情;设问加答问,语气强烈有力,叩人心扉,能使所答问题带上鲜明的感情色彩,具有感染力。

第二节 影响口才的非语言因素

一、信心

一个从来不敢在公众场合讲话的人不会有好的口才。有的人底气不足是因为水平不高,若让他们到水平相当的或低于自己的人群中讲话,就会显得自然,因为他们不必害怕丢丑。而许多人水平并不低,他们不敢讲话仅仅是因为觉得自己没有演讲天赋。实际上,任何人的口才都不是天生的,而是后天通过学习训练培养起来的。

缺乏自信,源于未知和不确定。当面临自己的第一次的时候怎么办呢?我们人生有很多的第一次,遇见这种情况的时候,请专注你即将要做的事情,从容面对,勇敢完成即将到来的第一次,它将给你带来十分的快乐和百分的自信。请看这则关于自信的小故事:

握住自信

有一位女歌手,第一次登台演出,内心十分紧张。想到自己马上就要上场,面对上千名观众,她的手心都在冒汗:"要是在舞台上一紧张,忘了歌词怎么办?"越想,她心跳得越快,甚至产生了打退堂鼓的念头。

就在这时,一位前辈笑着走过来,随手将一个纸卷塞到她的手里,轻声说道:"这里面写着你要唱的歌词,如果你在台上忘了词,就打开来看。"她握着这张纸条,像握着一根救命的稻草,匆匆上了台。也许有那个纸卷握在手心,她的心里踏实了许多。她在台上发挥得相当好,完全没有失常。她高兴地走下舞台,向那位前辈致谢。前辈却笑着说:"是你自己战胜了自己,找回了自信。其实,我给你的,是一张白纸,上面根本没有写什么歌词!"她展开手心里的纸卷,果然上面什么也没写。她感到惊讶,自己凭着握住一张白纸,竟顺利地度过了难关,获得了演出的成功。

"你握住的这张白纸,并不是一张白纸,而是你的自信啊!"前辈说。歌手拜谢了前辈。在以后的人生路上,她就是凭着握住自信,战胜了一个又一个困难,取得了一次又一次成功。

信心的树立,一要基于频繁的训练。一个人进行演说的次数越多,就会变得更加自信。优秀的演说者在进行演说时会游刃有余、驾轻就熟,但这并不意味着他们的成功轻而易举或者不费吹灰之力,他们的成功是建立在充分的准备工作之上的。这些演说者所表现出的信心,也是充分准备的结果,这是树立信心的第二个立足点。有了充分的准备和反复的训练,几乎任何人都可以泰然自若,满怀信心地发表一篇演说。

二、知识面

知识面决定着人的基本素质,当然也制约着一个人的演说的能力。如果一个人知识面很窄,知道的东西很有限,不要说演讲,就是许多场合的谈话他都根本插不上嘴。一个知识浅薄的人,不可能在谈话中自如地接过对方的话题,侃侃地表达自己的见解。但也有另外一些人,不管什么场合都喜欢讲话,可是内容浅薄,毫无新意,只能招人厌烦。

要想改变上述状况,得靠长期的努力。就像词汇量的积累一样,不能指望一蹴而就。知识面的拓宽,依赖于知识的获得和积累,这就必须通过刻苦的学习来实现。积少成多,不断扩大知识范围,对各个方面的知识都要有所涉猎。也就是要和实践相结合,学以致用,知识只有在用的时候才有可能创造出新的价值。要想扩大自己的知识面,读一定量的书是必不可少的。而书又分很多种,这就要看你想要哪方面的知识了。但无论如何,文学作品的阅读是很必要的,在古今中外的名家作品中,不仅可以读到优美的文字,学到人生的一些道理,同时,在作家对发生在某些地方的事情的描述中,还能了解某些地区独特的文化、风景,或对另一些名人的了解。所以,多读一些书是一种不错的拓展知识的方法。不仅如此,扩大知识面还要多听、多看、多思、多记。以文史为主,这是基础、基本,再则是专业知识。不要一味求全,做有心人足矣。

综上所属,扩大和拓展知识面的办法或者是博览群书,博闻强记;或者是广泛涉及,积极吸收。总之是需要"读万卷书,行万里路"。

三、思想深度

演讲、谈话等,切忌人云亦云,贵在新意迭出。而有新意的演说,就需要有一定的思想深度。

在一般性的谈话中,新事故、新消息、新观点等都可以说是"新意",但在演讲中,"新意"则主要指独到的见解。在发音、姿态、思想这些演说的最主要的元素中,思想最为重要。演说者有新颖、不同凡俗的具体化的思想和新意,就能引起听众的兴趣,给人以智慧的启迪和美的享受。因此,要想使演说受人欢迎,则必须养成独立思考的习惯。

可以说演讲时表现出的思想深度,是语言表达中所显现出来的智慧。古人说"慧于心而秀于口",就是对口语表达与人的智慧之间的紧密联系所作的说明。但是,"慧于心"往往不一定就能"秀于口",有些比较智慧而且知识经验也相当丰富的人,在许多场合只能"知"其然而不能"表"其然。这说明,虽然"慧于心"常常是"秀于口"的必要前提,但人的思维智慧不等同于人的语言智慧,也不能体现其思想深度。

演讲时的思想深度是人的多种智慧、多种素养的综合反映。我们可以通过有意识的训练,开发演讲时的思想深度:

提高对头脑里"库存"的语言材料的提炼、控制和驾驭的能力;

提高言语生成过程中语义确定、语句完型和词语选择等环节推进的速度;

提高口语表达认知思维的深度和难度,在语义形成和言语生成的同步训练中,培养创造性的思维。

四、情感

语言富有感染力是好口才的标志之一。感染力的强弱,取决于说话人的情感是否丰富、热烈、真诚。有人说,所谓口才流利,就是说从心底发出来的话,内心则充满热诚,这话不无道理。一个诚恳而热情的演说者,可能缺乏知识,却能够把自己的心与听众的心融合为一,这种情感发自内心,听众当然会大为感动。人是容易被感情所转移的,一个演讲者不管他讲的是重大的政治经济问题,或是个人的感情杂谈,只要他有火一般的热情,他心里确有一番非说不可的话,他的演说就一定不会失败。当一个演说者把热情和经历大量掺进演说时,往往可使听众忽视其中的小错误,其恳切和热诚的演说,也往往具有影响听众的强大力量。

要想做到在演讲中以情动人,就应该正确把握演讲情势。所谓情势,就是人的情感中存在着一种趋向,或兴奋或悲伤,人的行为总会带着情感色彩,不为人的意志所左右。演讲要讲究情势,就是不光要告诉听者道理,更要引导人们的情感,让他们在情感上认同演讲者,从而在理智上相信演讲者说的是真实的,是正确的。演讲的情势决定演讲的情感特征,决定了听众的情感指向。

情势在演讲中主要起着引导演讲情感指向的作用。演讲不是谈话,要有一种气势,要讲究语言的文学性、抒情性和诗意性,如长江之水绵延不绝,如泰山之石大气磅礴,激发起人们的热情和勇气,使他们相信,让他们感动。

更重要的原因是,演讲作为理性和感性的结合体,应该用演讲者的智慧和善意去感动听众,去引导听众,让他们全身心地沉浸于情感的波澜之中。最高境界的演讲者应该担当起人类心灵诉求大师的重任,用激情引导听众,让观众感受到善的力量、信任的力量、感化的力量。而演讲者的感染力就在于他的激情、他的奔放、他的汪洋恣肆。

演讲无非是表达一种想法、一种信念,传达一种情感,要打动听众的心,先要打动他们的情感。情感是演讲的基调,没有情感就没有演讲,演讲者应该是一个鼓动者,让听的人感到崇高,感到激动;去感染他人,去打动他人。

那么,如何把握好演讲的情势呢?

让人激动的演讲就是好的演讲吗？当然是的,因为还有什么比内心的激动更让人感到人生的价值,更让人的心灵纯粹？问题在于,激动不一定非要慷慨激昂,嗷嗷大叫,演讲给人的激动,是理性和感性的融合,是昂扬向上的力量。鼓舞人的信心是一种激动,明白一个道理也能让人激动,坚定一个信念也是一种激动,雨果说过:"比宇宙更宽广的是人的心灵。"心灵的情感各种各样,心潮澎湃是激动,沉着冷静也可以说是一种激动,你想引导人们怎样的情绪,就要让这种情绪占主导地位。

演讲不是劝诫,不是灌输,而是用自己的真挚的感情和思想的智慧去唤起人们的觉悟。因此能不能把握演讲的情势,去引导人们的情感走向,是演讲成功的关键所在。

首先要明白自己想给听众什么样的情感的指向,需要用哪种情绪影响听众,是讲清一个道理还是鼓舞听众的信心,是给人启迪还是给人热情,需要事先确定,然后毫不犹豫地让这种情绪贯穿整个演讲,唤起人们的心灵深处的情感力量和道德的力量。

其次要在语言上情感化,增强语言的感染力。演讲是一个说服的过程,又是一个诉诸听觉的短暂过程。一件事物用形象化的话语,用富于艺术的话语说出来,与平平常常说话,是不一样的,后者会让人感觉演讲者自己也没有投入感情,又怎么使别人动情呢？要让人动情,就要让演讲者说的话动听,充满感情色彩,自己动情,听众也会因相信演讲者而动情了。

第十章 交际的技巧

人是社会的动物,处理人际关系是人生旅途的一大要务。人生在世,不可能两耳不闻窗外事,不可能与他人老死不相往来,尤其是在现代社会生活中,交往处世对人们的学习、工作和生活发挥着越来越重要的作用。不论是为人处世,还是商战公关,都不可能离开语言的表达。说话是一门艺术,激烈的语言交锋中,往往一词一句的不慎,会有全军皆败的结局,而巧于遣词造句,及时转换话题则又可能带来柳暗花明的新境;尤其是在说服别人,更要注意语言的完美适度和切中要害。

1. 与人交往保持适当距离

俗话说:"淡淡长流水,酽酽不到头。"在人际交往中,保持一定的距离,既是应该,也为必要。这种距离既有空间上的,也有心理上的。两者密切相关。一般来讲,心理的距离越近,空间的距离也越近,反之亦然。这就是人际交往中所说的"距离效应"。

美国学者爱德华·霍尔根据交往双方的人际关系状况将人际交往的距离划分为四种:(1)亲密距离:双方的距离在0~46厘米范围内,交往双方可以耳鬓厮磨、肌肤相亲、挽臂执手、促膝谈心,这属于私下场合的交往,允许进入这个区域的人有恋人、父母、夫妇、子女等。(2)个人距离:双方相距在0.46~1.22米,这个距离内,人们可以亲切握手,执手谈心。允许进入这个区域的人为亲密朋友和相当熟悉的人。(3)社交距离:双方相距1.22~3.7米,这个距离中人们没有直接的身体接触,目光接触显得较为重要,适用于社交、应酬、公务、谈判等场合。(4)公众距离:双方相距3.7~7.6米,一切人都可进入这个区域,相互之间不发生直接交往,适用于演讲、表演等活动。

人际交往时的距离往往受到交往者的身份、性格、情绪及文化背景、习俗风尚等的影响。地位尊贵的人,往往需要较大的个体空间,总是有意无意地和下属、群体保持一定距离,而不能容忍地位较低的人和他紧挨着说话。性格开朗的人喜欢接近别人,也喜欢别人靠近自己;而性格内向者往往和人保持较大距离。人们心情好时,喜欢结交朋友,和人们空间距离较小;心情不好时,则会拒人于千里之外,和人的空间距离就会增大。距离的远近有时还受特定场合的限制,当物理空间相对较小,人们不得不近距离接触时,为了拉大心理上的距离,人们可以通过避开视线上的接触表现出漠不关心的神情,此所谓"近在咫尺,远在天涯"。

当我们了解了人们交往时的空间距离及其相关因素影响时,我们就可以有意识地选择与人交往的空间距离,从而有效地影响对方的心理状态,促进与别人的交往。

2.学会察言观色

人们往往用"喜怒不形于色"来形容有城府的人。其实,人是感情动物,人的感情总是通过面部表情和语言来表达的。正所谓"听话听声,锣鼓听音"。听力正常的人都能听,但能听的人不一定都会听。会听,不仅要"察言",也要"观色"。既要对说话者充分注意,又要主动分担交往的责任。

会听需要哪些技巧呢?

(1)尊重对方,努力创造良好的交谈气氛

首先,要从心底里尊重对方。要全身心注意、面向说话者,与他保持目光接触,以你的姿势和手势表明你在倾听,无论是在坐着还是站着都要保持在与对方适宜的距离上。这能促成对方的信任,从而开诚布公地讲出自己的心里话。其次,要主动履行自己在交际中的责任,应答对方并及时问清你没有听明白的话。第三,要自觉克服主、客观上的心理障碍。主观方面,如喜欢听与自己见解一致的话,一旦与自己有分歧,就不乐意听或打断对方;客观方面,如对方方言较重,个别词句听不清或听不懂,室外有噪音影响听力等都要努力克服。

(2)以视助听,敏锐把握对方话语里的深层含义

听的过程是一个认真观察和积极思考的过程,不仅要捕捉对方传达的信息,而且还要努力理解对方话语的含义,听出对方所要表达的感情。为此,听话者就要注意观察讲话者的非语言表达方式,如面部表情、眼神、语气、音调、语速以及姿态等等,力争能听出弦外之音、言外之意,以便胸有成竹、从容自若地跟随对方。对方也会因你能敏锐洞悉他的想法而对你表现出由衷的敬意,从而乐于与你交谈。

(3)体语配合,及时表达你听讲的诚恳态度

在听的过程中,倾听者如果能借助得体的体语,主动地对对方的话语作出反应,就能及时表达你对说话人的信任,这对谈话者是极大的鼓舞。如对他表示赞赏、赞同,就不时地点头微笑,显露出感兴趣的样子;对方讲到愤激之处,应表现出凝重、理解的表情;必要时可握住对方的手,轻拍对方的肩等。不过运用这些表情、语言一定要得体,否则会让对方误认为你矫揉造作而适得其反。

(4)适度插话、巧妙鼓励讲话者的交谈信心

倘若"尊口"一味"不开",只有表情语言,时间一长,对方也难免感到尴尬,但若中途打岔、争着去说,也易使对方厌烦。听话者应以认真聆听对方说话为主,在不打断对方说话的原则下,在关键处插话,明确表达自己的见解。插话的内容一是称赞、二是评价、三是启发。插话时要注意:第一,次数要适中,频率不能太高,要在十分必要或对方有意征求你的意见时才插话,一个中心议题一般不要超过两次。第二,时机要适宜,不要在中途打断或终止交谈者的谈话,要在对方谈话的间隙或某一议题告一段落时插入。第三,形式要适当,插话的表现形式要适应谈话的气氛,最好把自己的想法以探讨、研究的口吻提出,切忌自以为是。

(5)准确表达、主动增强与说话者的情感交流

人人都希望别人能听出自己的弦外之音、言外之意,认为理解情感和表达情感比听懂词语的直接意义更重要。为此,听话者就必须掌握理解谈话人的情感的途径:第一,通过他所使用的反映情感的关键词,如忧愁、生气、愤怒、高兴、愉快等;第二,通过他的非语言交往工具,如情态语言、位移情况等。第三,进行角色转换,设身处地、换位思考。第四,想办法了解交往的来龙去脉,对方找你的原因,往往有助于判断对方的情感。

听话者如果能准确领会说话者的情感,说话者心里就会感到极大的满足,对听话者十分感激乃至引为知己,从而达到交往的最高境界。可见,会听与否直接决定着交往效果和人际关系的优劣。

3.回绝的技巧

在现实生活中,经常遇到有求于人和被人所求的事,求人和被求就可能存在答应和拒绝。答应则皆大欢喜;而拒绝则使人垂头丧气,甚至影响双方

关系。被人拒绝是难堪的事,拒绝别人则是为难的事。怎样告知别人其所求无法满足,而又不使人难堪,这就有个技巧问题。

(1) 比喻式

用类比的方式否定相似的要求以拒绝对方,使对方觉得拒绝有理。有一位初一学生因外语成绩在全班最差,遭到同桌的讥笑而向班主任提出调座位的要求。班主任对他讲了"俄国科学始祖"罗蒙诺索夫的故事,19 岁的罗蒙诺索夫第一次跨进校门时,连拉丁字母也不认识,而这所教会学校恰恰用拉丁文讲课。他遭到同学甚至老师的嘲笑,但罗蒙诺索夫毫不介意,更不灰心丧气,而是发愤学习,最后成为全班的学习尖子,还没等班主任讲完,这位学生便对班主任说:"王老师,我不调座位了。我要向罗蒙诺索夫学习,做个有志气的人。"这位班主任没有采用"居高临下,严词训人"的方法做思想工作,变拒绝为鼓励,使这位学生受到鼓舞,决心做个有志气的人,其效果令人叹服。

(2) 模糊式

对于有些不能外泄或不愿使别人知道的情报,采用一些伸缩性大、模糊不清的语义来应对。一个外国参观者询问某厂飞机和发动机的年产量,这属于机密,不允许向外泄露,但直接回绝又破坏气氛,使外宾难堪,该厂总工程师于是巧妙回答道:"计划下达多少,我们就生产多少。"从表面上看好像回答了对方,实际上什么也没有回答。

(3) 转移式

对于对方不合情理的要求,可采用转换话题方式予以回绝。一个中国小画家访问日本,他的高超的技艺赢得了日本人的厚爱,一所学校的校长动员他:"留在我们这儿吧,你的一切费用我全包了,像你这样的人才真是少见。""我非常愿意,但是你能解决我想妈妈的问题吗?"这位小画家把这位校长"留在我们这儿吧"的话题巧妙地转换为"你能解决我想妈妈的问题吗"的话题,移花接木、李代桃僵,既谢绝了对方的好意,又使气氛变得谐趣。

(4) 发问式

对于对方不合理的要求,通过巧妙提问,促使对方自我否定、自我放弃原来不合理的要求。一次,某单位召开研究人事安排问题的会议。会议刚散,厂长的一个朋友某副厅长就来到厂长家,打听其女婿的职务安排问题。厂长问副厅长:"你平时也把厅党组会议保密的内容告诉别人吗?"副厅长回答说:"那怎么行!"厂长随即笑着说:"那么我向你学习。"厂长通过巧妙发问,促使对方按照自己的逻辑去否定自己,以子之矛,攻子之盾。

(5)代替式

对方提出 A 事情,你则采用比 A 事情更为重要的 B 事情来替代。有一天,小王对小李说:"今天晚上,我们一块去玩卡拉 OK 好吗?""卡拉 OK?我真想见识见识这种玩意,与你一起乐一乐。可是今天晚上恰好有课,而且是期末复习课,很抱歉,我想去上课。"在这里,小李用晚上去上课来代替小王请她晚上去玩卡拉 OK,既拒绝了小王的邀请,又使小王不致难堪,如果小李生硬地拒绝,不但使小王不易接受,也破坏了小李的形象。使人觉得小李太傲气,太难交,没有涵养。

4. 批评的艺术

大都说"良药苦口利于病,忠言逆耳利于行"。但在人际交往中,又有多少人乐于听逆耳之言,尝苦口之药呢?唐太宗以善于纳谏著称,但他也曾对魏征的批评愤恨不已,发誓要除掉这个"乡巴佬"。这里既有个如何对待批评的问题,也有个怎样批评的问题,应读说后一点更为重要。如果你批评别人出于真诚,又特别讲究批评艺术,别人怎么会不乐于接受呢?即使注意方法,却不看所处的场合、心境同样让人无法接受。

许多人都批评过别人,也都尝过被人批评的滋味。但是当我们批评别人的时候,往往只想到自己理由在握,得理不让人,很少去体谅被批评者的心理感受、或者不想想是不是真的有理,因此不讲究或根本就不想讲究批评的艺术。

批评别人的目的不是拿对方出气,不是要把对方整垮,而是为了对方好,帮助对方提高,使对方能和我们更好地去协作。但遗憾的是,许多批评者没有用适当的方式表达出这个意思。更多的批评者只从主观愿望出发,或者只以为自己的愿望良好,片面强调"良药苦口,猛药攻心"之效。所以在批评别人的时候,有的人习惯于用训斥,有的人甚欢挑剔,有的人喋喋不休,有的人居高临下,或者不惜以责备、谩骂去伤害别人的自尊来抬高自己的威信,维护自己的面子,结果往往遭到受批评者的拒绝、顶撞、抵触心理,造成彼此间的感情隔阂和日后关系的紧张。就受批评者来说,虽然理智上可能知道只要你批评得对、有道理，就应该虚心接受，无奈感觉的本能常常使自己只接受诚恳、善意、不伤感情的批评。因此，需要批评别人的时候，不妨讲点批评的艺术。

(1) 从商讨入手

在"一比一"的环境中和私下用"你认为这样是否更好些"或"你可以考虑一下"之类的口吻提出批评，对方感受到你的诚意，通情达理。当有其他人在场时的批评，不要用教训、责任、命令的口吻，摆出唯我正确的架势，以免令人产生反感、厌恶之情。即使用比较温和的口气，也容易使受批评者感到你已经使他在同事、朋友面前丢脸，甚至觉得你是有意通过当众羞辱、贬低他来达到自我满足。这么一来，无论你批评的正确与否，动机何等高尚，他也难以接受。

(2) 从称赞入手

从先称赞对方的某些优点开始，而不用单刀直入的批评方式。批评前的称赞能使对方有个愉快的心境，会消除对立、戒备的心理，酿造友好、和谐、无拘无束的气氛。此时提出批评，对方不会感到你把他看得一无是处，不觉得自己是在单纯地挨批评。相反，他很可能会领略到你的好意，甚至感谢你的批评。

(3) 从抑己入手

在批评人家之前，先谦虚地提及自己曾经多么幼稚、不成熟，以及有过什么类似的缺点、错误，意在向对方表明自己并不比别人高明，然后再提出批评，让受批评者明白你现在对他的批评只不过是对自己过去经验教训的总结，是诚心诚意地希望他少走弯路，这样就不容易伤害到对方的感情。

(4) 从事情入手

每个人都有自尊，都会维护自己的面子。要是你所批评的矛头指向对方的人格，出口就是"你太糟糕了"、"你怎么这么笨"等等，受批评者多半还来不及考虑你的批评是否有道理就会采取种种方式加以拒绝，为自己辩护。如果你只客观批评对方的行为和事情本身，对方就相对易于接受。

5.避免争吵的良方

有性格的人敢怒敢言，他们在人际交往中常常会因一时兴起和别人高声争吵。其实，争吵是解决不了问题的，有时反而会把事情搞得更糟。因而，避免与人争吵十分重要。

(1) 保持沉默

人们在情绪激动时很容易说些带刺激的语言激怒对方,而对方也很可能针锋相对,用三寸不烂之舌扩大事态,于是争吵便不可避免。避免争吵的最好方法是保持沉默,待对方冷静后慢慢解释说理。其实大吵大骂不是解决问题的办法,这只能加深矛盾、恶化事态。要把问题弄明白,应该心平气和、以事论理,以理服人。古人说:三思而后得,就是说人们遇事宜止怒静思,遇到争吵不是火上浇油,以牙还牙。当然,如果通过沉默后的解释说理,对方仍是大吵大骂,则需另想办法了。

(2) 控制举止

即采用自己身体的某个部位的行为动作的方法来控制和稳定自己的情绪,达到双方降温息怒的目的。可以用眼神交换和原地踱步的方法提示对方。在对方较为盛怒的情况下,你闭上嘴巴,将上肢交叉扶于胸前,面带笑容、双目平视对方面部,使对方产生一种羞涩感而住嘴,然后原地踱步,头脑中去思考某个问题。这既能使对方失去一泄怒火、发泄怒气的对象,又能使对方意识到自己行为的失检,缺少风度。这样,有助于事态的平息。

(3) 巧于言辞

说话是一门艺术。在争辩中需要规劝别人时,不要损害对方的自尊心,不能冒失地向别人发起进攻。因为冒失者事后的处境往往比被侵犯者的处境更为难堪。例如,英国诗人乔治·莫瑞是一位木匠的儿子。一天,一个纨绔子弟想中伤诗人,便问道:"对不起,请问阁下的父亲是不是木匠?"诗人回答:"是的。"纨绔子弟又说:"那你父亲为什么没有把你培养成本匠?"诗人微笑着回答说:"对不起,那阁下的父亲想必是绅士?"纨绔子弟傲气十足地回答:"是的。"诗人又说:"那你父亲怎么没有把你培养成一位绅士呢?"这里,诗人就突破了对方的句式控制,他没有去接应对方的句式,回答对方的问题,而是别出心裁来反问。结果使对方反遭其辱,咎由自取。

6. 纠正别人错误的技巧

在一次群众大会上,某领导作重要报告,说错了一个重要数字,引起了场上的议论。在一旁的另一位领导见状,立即对这个领导纠正说:"这个数字不对吧,应该是……"当着这么多人纠正失误,这是很叫人难堪的事情。这位领导的脸一红,不太高兴地说:"稿子上就是这样写的!"听众哄笑得更厉害。当众纠错使人难堪,而被纠正者的不虚心又使另一个领导下不来台。可见,纠正他人错误要讲究方法,否则纠错者即使出于善心,也未必能得到别人的理解。

(1)幽默法

不直截了当地否定,换一种方式使用幽默语言给予指出,在轻松的气氛中达到纠正的目的。一次,某领导在介绍一个新来的同志的年龄时,少说了一岁。这个年轻人没有直接打断,而是待介绍完毕后幽默地说:"刚才经理特别地关照我,少说了一岁,他是想叫我越活越年轻。"大家听了哈哈大笑。

(2)暗纠法

不当众公开纠正,而是个别纠正指出,由他本人加以纠正。比如给他递个条子,指出错误的地方,让人家自己去更正。或者利用会议休息时间,单独给发言人指出来,再由他自己纠正。如,在一次总结表彰会上,某经理在讲话中,说错了个字,把"楷模"念成了"皆模"。大家在下面窃笑。经理还不知道怎么回事。会议休息时,书记私下提醒说:"楷字是否念错了?"对方一想是错了,再开会时特意更正:"刚才偷工减料,把木字旁漏了,现在,我郑重宣布,还得把它补上,是楷模!"大家又笑了,可这次是赞赏的笑。

(3)补充法

针对他人讲话存在的失误,自己在讲话中加以补充更正,达到纠正的目的。一次,某领导讲话时把一个情况说错了,另一位领导在讲话中,用随便提一句的方式,加以纠正,他说:"刚才处长讲话中有一个情况,我顺便说一句,那个地点不是在××,而是在××……",这样纠正不会对当事人产生过分的刺激,影响两人之间的关系。

纠正别人的方法多种多样,但是集中一点就是要从善良的愿望出发,以诚待人。在具体运用中,要机动灵活,不能千人一法。

7. 社交魅力的塑造

社交魅力是人们在社会生活中相互沟通、交往时表现出来的一种吸引人的力量,它是一个人自身整体素质所形成的综合体。魅力是一个人对自身仪表的修饰、风度的讲求与思想品德、文化修养以及优良的行为习惯的完美结合,是外在美与内在美的统一。那么怎样才能增强自己的社交魅力呢?

(1)重视首因效应,留下良好的第一印象

心理学上的"首因效应"理论告诉我们,第一印象是最鲜明、最牢固的,它往往决定着以后交往、沟通的过程,尽管它并非总是正确的。直接的第一印象主要是对一个人的表情、姿态、仪表、服饰、气质等方面的印象。与人第一次交往要做到仪表整洁、举止端庄、穿着得体、态度从容、文雅朴实。

(2)区分不同场合,注意表情的从容得体

表情是人的心理状态的外在显现。在交往和沟通中,表情一定要从容、自然,不要扭捏作态。该笑则笑,该严肃则严肃,该活泼则活泼,要分清不同场合,使自己的表情得体,才能受到他人的尊重和欢迎,才能使沟通成功。

(3)讲究手势身态,显示出较高的文化修养

交际场中,人们常常借助手势来表达某些思想或加强说服力,使谈话变得有声有色。交谈时要留心控制自己的双手,不随便乱动,以保持文雅的风度。如讲到自己时,不要指着自己的鼻子尖,而要将手掌按在自己的胸口上,这样显得端庄大方、谦虚和斯文;将到别人时,不可用手指着别人,指指点点,尤其是不要在人背后指指点点;介绍某人,为某人指示方向或请某人干某事时,则应该掌心向上,由内向外自然地伸开手臂,这样显得恭敬、有礼、慈祥、谦和。

关于身态,首先,坐姿要端正,不论椅子、沙发,最好不要坐满,只坐一半,上身挺直,不垂肩下腰,这样显得较为精神,但不要过分死板、僵硬。其次,和人交谈时要避免以下不良动作和姿势:指手画脚,拉拉扯扯,手舞足蹈,勾肩搭背,伸懒腰,挖鼻孔,打哈欠,剔牙缝,喷烟圈等。

魅力与知识修养、思想情操、审美情趣等密切相关,是内在素质的综合表现。要在平时培养自己的高雅的兴趣爱好,养成良好的生活习惯,不断丰富自己的内心世界,不断提高自己的内心素质,才能使翩翩风度、高雅举止自然而然地表现出来,才能具有真正的魅力。

8.重视交际双方的心理相容和文化接受

语言是人际交往的重要工具,生活离不开语言,交际就需要说话。人们总想用恰当的语言表达自己的思想,但语言交际往往会由于某些因素的干扰而影响交际效果。这种"干扰"既来自交流环境中的某些因素,也来自语言交际者的心理和文化等因素。因此要提高语言交际的效果,就得注重交际双方

的心理相容性和文化接受性。

(1)心理相容

"心理相容"包括心理的相近因素和相悦因素。

相近因素,主要表现为语言交际的双方在心理距离上的邻近性。交际伊始,邻近性因素往往起着重要作用,它能消除各项心理障碍,缩短交际距离。比如人们初次见面时的寒暄,如果能从双方的一些"亲"、"友"等关系出发,哪怕是非直接的,往往也会转化为建立交往、发展友谊的契机。如:某人与一复旦大学毕业的人首次见面,他便说:"你是复旦大学毕业的吧,我曾在复旦大学进修过两年,说起来咱们还是校友呢!""哈哈,既然是校友,那我们就有共同语言了"。于是一场愉快的谈话就此开始。这场谈话的成功就在于说话者能够发觉双方的共同点,从情感上靠拢对方。又如,一位大学生回到自己的家乡,与父老乡亲们交谈,是讲家乡话,还是操普通话,其交际效果就完全不一样。前者会使乡亲们觉得"这娃没变",而后者会让人感到"这娃现在与俺不一样了"。

相悦因素主要表现为语言交际的双方在情感上的相互接纳、肯定和行为上的愉悦互动。上海市第一百货商店在 40 周年店庆之际,相继推出了三类广告:A 穿在一店,美在一店。B 不惑之年,赤诚之心。C 不愁货比货,更愿心贴心。从效果看,广告 A 给人一种主观认定式的单方面评价,有"自吹自擂"之嫌,而广告 B 和 C 则是站在双方为一个利益共同体的角度,传递一种情感关系,其效果是通过自己对他人的奉献来达到他人对自己的偏爱,体现了一种"顾客至上"的意识,让人感到亲切温暖。

(2)文化接受

语言是直接反映文化的一种形式,交往中语言的接受实际上是一种文化接受。影响文化接受的因素有三:经济环境、风俗习惯和性格特征。

经济环境是文化生存的最基本因素,也是造成语言差异的原因之一。如在中国农村,传统是用牛耕田,而在英国主要是用马耕田,于是汉语说:"他干活像头老黄牛。"而英语则说"work like a horse"(像马一样地干活)。

风俗习惯也是直接影响语言的交际。如广东人对于电话号码和车牌号的选择就有特别讲究,都喜欢数字 8,因为,在广东话中,"8""发"同音。而欧美人对"13"这个数字则噤若寒蝉,他们尽量避免与"13"打交道,一般用

"12A"来替代,如果是连续数字,一般采用从12跳到14的办法。语言交际中如果不注意这些因素,显然要影响到人际交往的效果。

性格特征主要表现在两个方面,即内向型和外露型。前者说话比较委婉、拘谨,而后者则比较直率大胆。一个中国人受到别人表扬,一般会谦虚地说:"不,不,过奖了。"如果是一个美国人则会高兴且毫不客气地说:"thank you!"见到一个漂亮的中国女人,你夸她"很性感",她则会认为你好色,如果是一个美国女人则会感到很荣幸。

9. 机智委婉、攻心夺气,劝服别人

人际交往中少不了要劝说他人。有时候,一番真诚的劝说可以改变一个人的命运,甚至改写一段历史。机智委婉的劝说往往能以大义微言攻心夺气,达到曲径通幽的劝说目的。

第二次世界大战期间,一位科学家受爱因斯坦、奥本海默等人委托,去劝说罗斯福拨款研究原子弹。这位科学家百般陈述利害,罗斯福仍然不为所动。临走时,科学家发现罗斯福的办公室墙壁上挂着一幅画,上面画着一艘潜水艇,顿时计上心来,说道:"19世纪时,曾有人向拿破仑提出过造潜水艇的建议,拿破仑觉得可笑,没有采纳。如果拿破仑采纳了这个建议,今日欧洲的历史就得重写了。"罗斯福听罢,改变了态度,同意开始研究原子弹。

可见,劝说是要有些技巧的。

(1)顺水推舟

顺水推舟,因势利导是一种启发式教学方法,一位年轻的女教师第一次到夜校高考复习班上课,几位学员油腔滑调地说:"哟!老师长得真漂亮!""啊!字也写得秀气,真是字如其人啊!"老师瞟了一眼说话的学生,笑了笑说:"你们和我开玩笑,这没关系,我这个人很随和,同学们和我开玩笑,我从不计较,你们可以尽量开。但是有一点要提醒大家:你们不能自己和自己开玩笑,你们交了学费,还花了比金钱更宝贵的时间来学习,假如上课时思想分散,学不到知识,明年考不上大学,一年的复习等于白读,金钱和时间统统浪费掉了,这不是在和自己开玩笑吗?所以我劝大家,千万不要和自己开玩笑。"学员们听了以后,顿时肃然无声。这位聪明的女教师面对学生的不恭,没有大动干戈,给学生一个下马威,也没有来一场正面教育,而是顺水推舟,巧妙地告诉学生不要因娱自误,使学生们心悦诚服。

(2)敲山震虎

陈寔训盗的历史故事是这一劝说方式的典型事例。后汉人陈寔善于辞辩,很会劝说、改造人。灾荒之年,一小偷潜入陈寔居室,藏于屋梁之上,待机而偷,但被陈寔发现了。他起身穿好衣服,唤来满堂儿孙严肃地训斥道:"做人不能不自强,坏人不一定生来就坏,只是因为习惯成自然,最后才到这种地步,而屋梁上的那位先生正是如此。"小偷非常吃惊,从梁上跳到地下叩头认错并从此改过自新。所以后人便叫小偷为"梁上君子"。技巧得法的劝说可以让小人变成君子,委婉的忠告有时比严重的警告更奏效。

(3)巧释因果

古代有位哲学家曾说:"宁要一个因果的解释,也不要一个波斯王位。"无论是在自然界还是人类社会各领域中,有技巧而合乎逻辑的因果解释都有普释疑难、启迪智慧、愉悦人心的奇特功效,因而也有不可抗拒的劝说力。1950年,当战火燃烧到中朝边境的鸭绿江时,毛泽东主席曾打算以"支援军"的名义出兵朝鲜,在征求民主人士意见的时候,黄炎培先生直言不讳地劝说道:"自古道师出有名,名不正则言不顺,这个仗就打不好。我们叫'支援军'是不是师出无名?'支援军'那是派出去的,谁派的?国家吗?我们是不是跟美国宣战?"毛泽东听后很是赞赏,就把"支援军"改成了"志愿军",表明中国人民是志愿帮助朝鲜人民的。这就避免了名义上同美国宣战的嫌疑。

(4)默语攻心

沉默是一种特殊的语言。在劝说中,适度的沉默配合以特殊的环境或某种暗示性肢体语言,会比有声的劝说更有效。某报曾登载过一篇有关新兵生活的报道,其中有这样一段情节:新兵入伍不久,部队就开展了节约粮食的教育,但在一次午餐时,指导员却发现一个城市来的新兵偷偷将一个带碱斑的馒头扔进了泔水桶,指导员一语不发,将那个新兵叫到泔水桶前,自己捡起新兵刚扔下的馒头,用水冲了一下就大口大口地吃起来。见此情景,那新兵先是害怕,随之惊愕,再后就是抢指导员手中的馒头吃,最后他热泪盈眶,向指导员做了诚恳的自我批评,并保证此后绝不犯类似的错误。这种无言的劝说之所以比有声的命令更有威力,是因为它表达的是劝说者某种强烈的不满情绪和对某种事情的坚决态度,其劝说目的正是通过这种情绪的感染、行为和心理的暗示而间接实现的。如果用粗暴的训斥方法。就不可能使战士心悦诚服,也就达不到劝说的目的。

(5)微言讽喻

历代名臣劝君多有"微词",其所谓"微词",大多表现为一种言此意彼的含蓄讽喻。因时、因地、因人、因景而临机取喻,是一种随机应变的高超说服术。1945年9月,周恩来与国民党高层在重庆进行和平谈判,一天会间休息,蒋介石一时兴起,邀周恩来下棋,周欣然应允。对弈开始,蒋求胜心切,使出拿手的"大炮攻势",当头炮、沉底炮,气势咄咄逼人。周恩来沉着应战,车马炮配合并进,化解了开局的险势,一局终了,周恩来乘机说:"蒋先生的大炮攻势很见功力,只是太轻视了我们这些小米加步枪的过河卒子,以致铸成了败局。"蒋介石尴尬地应付了一句:"还是周先生棋高一筹嘛。"这里,周恩来引幽发微,见缝插针,娱乐之中不忘使命,其劝说不可谓不妙,当然,微言讽喻如果运用不当,则可能造成更可怕的后果。因为它运用的对象主要是上级或有一定影响的高层人士,这些人手里都掌握着一定的权力,如若使其脸面尽失,威风扫地,那他怎么能够答应。讽喻是劝诫,不是批判,必须把握好尺度。

(6)荣辱自省

荣辱之心,人皆有之,趋荣避辱是每个人的正常心理。如果分不清荣辱,以辱为荣,以荣为辱,则可能导致行为上的错误。在现实生活中,有的人为追求金钱而丧失人格,有的人盲目追求某种时髦而丧失其个性,无味地耗费一些心力与时间,这种现象恐怕人人都有所闻所见,而当事人也许身居其中而不自觉。这就要求在劝说中,以强烈的刺激性语言激发对方,令其自省自悟,使其发现良知,回归理性。这种点拨、引悟式劝说要比"填鸭式"的满耳灌有效得多。美国乔治顿一家服装店有位精通顾客心理的售货员小姐布拉姆顿,一天,一位年轻的女顾客来找布拉姆顿小姐,说她想买一件最有刺激性的衣服,然后去肯尼迪中心,让那里的每个人见了她都把眼珠子掉出来。售货员小姐说:"我这儿有非常漂亮的晚礼服,很适合卖给那缺乏自信心的人。""缺乏自信心的人?"女士瞪大眼睛,不解地盯着布拉姆顿。"是啊,你不知道女人常用这个办法——穿些让人惊异的衣服来掩饰她们自信心的不足吗?"女士生气地说:"我可不是这种人。"布拉姆顿说:"是吗?那你为什么要使肯尼迪中心的每个人都羡慕得连眼珠子都要掉出来呢?难道你不能不依靠衣服,而凭自身的美去吸引人吗?你很有风度,很有内在的魅力,可你却要掩盖起来。

我当然可以卖给你一件最时髦的衣服,让你出尽风头,可是你就不会明白人们停住脚步是为了看你,还是为了看你的衣服。"女士听到这里,恍然明白了什么,说:"是啊,我干什么要花一大笔钱去买人家的几句恭维话呢?真的,这些年我一直缺乏自信心,可我自己竟然没有意识到这一点。我应该向你表示感谢。"布拉姆顿的一番真诚劝说虽然失掉一桩现成的生意,使自己的商店暂时蒙受到一定的损失,但却赢得一位长久的主顾和人们的尊敬。

10. 怎样确立最佳谈话角度

我们知道,人们都无不希望自己能与人谈话获得成功,无不希望对方能出自内心地改变立场和看法,站到自己一边来。那么,在日常生活、工作和学习中,自己拥有一定的事实材料,又确立了观点和立场,是否就足以确保与人谈话获得成功呢?未必。这里还存在着一个如何确立最佳谈话角度的问题,而这一点,却往往被人们忽视了。谈话高手在与人语言交流或交锋之前,为使自己的论点具有最强的说服力,往往总是在谈话前就反复揣度,力求选定自己展开话题的最佳角度。

最佳角度的确立,包含有三层意思:一是对自己的论点和论据再一次作推敲,以审定是否互相吻合(也即"是否切题"),如果(事实)论据不能证明论点,或是论点不能阐释事实,则务必推翻,重作考虑。宁可不加入谈话,或推迟谈话,也不要硬性"投入",以免事与愿违,难以获得成功。

二是谈话方式的选定。从总的来看,谈话方式可分为两种:一种是谈话时"心理相容",双方均"得理不压人",且力求让对方自己主动修正看法的交谈式;另一种为谈话时"心理不相容",双方都"得理不让人",以迫使对方不得不让步的辩论式。在现实生活中,二者既可以分别独立出现,也可能是交叉混合,但谈话高手往往总是更喜爱气氛和谐融洽的"交谈式",有时则是两手准备,"先礼而后兵",为对抗的"辩论式"作为后备。

三是即使双方已经进入了"以理相争"的辩论交锋阶段,也要力求"以理服人",而不要"以理压人",也就是说,要让对方心服口服,而不要使对方"口服"而"心不服",甚至借用权势等手段将对方"压服"。

为了说明上述观点,这里试剖析个例子。某校教师乙放学后,在校门外遗失一只金表,被教师甲拾得,甲知道是乙所遗失,恐乙着急,告诉传达室,金表由他带回家中保管,次日璧还。不料甲在途中被扒手窃去金表。第二天甲乙相遇,大启辩论。乙坚持要甲照样赔偿,而甲认为拾得金表代为保管本是好意,被人偷窃,虽有过失,但没有赔偿责任,双方争论不休:

  甲:这真是热心人招来是非多。如果我看见你的金表不拾,你能要我赔吗?又如果我拾得后不告诉传达室,私自带回去,你又怎样呢?你不以我为德,反以我为仇,竟要叫我照价赔偿,有这种情理吗?

  乙:你不拾表我当然不能强要你赔偿。现在这金表既已到了你的手,又由你保管不力而被窃,我当然有向你要求赔偿的权利,你也有归还我的义务,金表被窃,依法律而言,也应由你赔偿。

对于这场辩论,甲的辩词完全根据伦理的概念,乙的立论处处运用法律的条文,很明显,乙的理由为正,甲无论如何措辞,都有不容推卸赔偿的责任。甲欲通过辩论,减轻自己的责任,必须舍弃伦理的标准,依据法律条文为自己辩护。

就此例而言,我们可知,从"宏观"角度而言,当今社会,人与人之间的关系可呈现"情、理、法"三重关系,也即,除了法律关系之外,至少有伦理道德关系、情感友谊关系等,三者之间有时互相融合,有时又互相对立。从此例提供的情况看,甲在拾得金表后,不仅诚心归还,而且恐乙着急,还请传达室转告,足见两人平素交往不仅甚厚,而且甲也很重视这一友谊。而乙在得知甲再次将表遗失后,以"保管不力"为由,要甲如数"赔偿",显然看似提出了"法律依据",但其思维方式是较为明显的"认钱不认人",足见乙视二人之间的友谊为零。为此,先行"调解"时可提醒乙,是友谊重要还是金表重要的问题,由乙自己权衡。如以友谊为重而"宽恕"对方,则乙至多损失一块(原已一时难以寻回的)金表,但却可交得一个挚友,而且也无异于向周围显扬了自己的君子风度和坦荡胸襟。在生活中,能够获得机会美化和完善自我形象,其实是比一块金表的价值要大得多的。同时可再奉劝乙说,如乙一定要甲赔偿,则纵使依照上述法律条文,也至多只可追回金表价值的70%,但无疑将失去甲这个好友,而且也会使自己的人品受到"为人过于精明,不可深交"之类的非议,甚至可能会出现下次再遇到诸如此类的情况,别人能帮你却拒绝帮你(比如又遗失了贵重物品,只怕拾到的人就不会再告诉你了)。到那时,你的损失就可能会比一块金表大得多。究竟怎么做为上策,不是显而易见吗?如果至此,乙仍不听劝告,则要让甲进行法律方面的辩论,否定赔偿70%价值的裁决依据。

这种从"情、理、法"交叉的全方位立论,从历史、现实和未来的角度综合剖析所产生的辩服力,无疑比单一从"法"的角度立论产生的辩服力要强得多。

11.以问代答,巧妙应对

社交语言最为丰富。人们为了达到自己社交的目的,可以按常规的方式,以答为问;也可以别出心裁,以问为答。由于提问者的情况不同,动机不一,答者可以采取不同类型的以问代答方式,以追求最佳的力度和效果。

(1)幽默反问

有时候可以用幽默口气提出反问,有助于化解矛盾,调节人际关系,取得良好的实际效果,例如,有一天,夫妇俩出去买衣服,妻子挑了一件又一件都不满意,丈夫有些不耐烦了,说:"你真啰嗦,不能快点?"妻子见状发火说:"你这个人做事情怎么都是随随便便的?"那么这时,如果丈夫与其对阵,一定会火上浇油引起一场争吵,于是他用幽默方式反问道:"是吗?当初我是随随便便挑上你,而你却认认真真才选上我吗?"这句反问一出口,妻子被他逗笑了,一场矛盾冲突就这样在笑声中化解了。

(2)点化反问

假如对方提出的观点存在严重的缺陷,需要加以否定的话,也可以有的放矢地用反问的方式点另一件事情,直指对方的要害处,就能达到让对方顿悟的目的。比如,有一位青年对爱迪生说,他要发明能溶解一切物质的"万能溶剂",问爱迪生的意见如何?爱迪生对于他的异想天开的想法,略带惊奇地问道:"那么,你打算把它放在什么容器里呢?"就这样一反问,一针见血地提出一个对方无法解决的矛盾,揭示了问题的本质,达到了指点迷津的效果。

(3)类比反问

提出另一个相类似的又是十分浅显的问题加以反问,问题的答案便不言自明了。比如,加里宁有一次向农民代表讲解工农联盟的重要性,但有些农民不理解,有人提出这样的一个问题:"什么对苏维埃政权更珍贵?是工人,还是农民?"对于这样一个问题如果从正面直接回答,是很难用三言两语说清楚的。这时,加里宁以反问式答道:"那么对一个人来说,什么最珍贵,是右腿还是左腿?"他在反问中提出一个相类似的人人都明白的浅显事实相比较,就把一个复杂的道理轻易地暗示了出来,农民听后爆发出雷鸣般的掌声。显然,在此他用类比反问的方式回答问题,比起从正面说一篇大道理更形象生动,也更加有效。

(4)驳斥反问

假如对方提出带有挑衅行为的问题,对你进行羞辱,你又不想和他争辩纠缠,就可以用反问方式针锋相对地给予驳斥回击,可以收到一言取胜的效果。比如,俄国诗人马雅可夫斯基有一次戴一顶破帽外出,几个游手好闲的人嘲笑他说:"喂,你脑袋上的那个东西是什么玩意?是帽子吗?"马雅可夫斯基立即反驳问道:"你帽子下面的东西是什么玩意?是脑袋吗?"他以牙还牙,有力地讥讽了对方,回击了对方的无礼。且更胜对方一筹。

(5)回避反问

如果对方提出的问题不能回答,或不想回答,也可以运用反问方式提出另一个问题,转移话题,巧妙地把对方的嘴堵住,达到拒绝回答的目的。比如,一次基辛格向美国记者介绍情况时,有位记者问一个保密数字:"我们有多少潜艇导弹在配置分导式多弹头?有多少'民兵'导弹在配置分导式多弹头?"基辛格回答说:"我不确切知道正在配置分导式多弹头的'民兵'导弹有多少。至于潜艇,我的苦处是数目我是知道的,但我不知道是不是保密。"记者急忙说:"不是保密的。"基辛格反问:"不是保密的吗?那你说是多少呢?"对方听了只好一笑了之。他通过反问方式达到了使提问者自我否定的目的,避免了泄露军事机密。

反问是为了解答,如果只提出问题,而没有解决问题的方法,则失去了反问的目的。如果没有必要乱问一通,则可能给人以缺乏逻辑、混乱无序的感觉,因此要巧用反问。

12.交际语言的误区

人际交往的重要工具是言语。美好的言语总给人以愉悦的感觉,使人愿意交往,但在交际中,有的交谈并不投机,常给人以厌恶的感觉,使人不愿再继续下去,正所谓话不投机半句多。如此,交际目的当然也无法达到。为什么在交际关系中会出现如此情况呢?主要是由以下误区造成:

(1)自以为是

日常交际活动中,我们不难发现有些人总是固执己见,心目中只有自己,不喜欢听取别人的意见,似乎他处处比别人高明。显然,这种习惯使他在不自觉中逐渐远离一切朋友和同事,没有人愿意与他深交,更没有人愿意向他提出意见或忠告。

事实上,在日常的谈话中,我们谈论的话题大多数是没有绝对的是非标准的,大可不必在琐碎的事情上执拗己见,况且你的"高见"并不一定是对的。所以,要注意在轻松的谈话中不可太认真、太聪明、太固执。在一切非正式谈话时,别人根本没有准备请你说教,大家聚在一起,不过说说笑笑,交流信息,通融感情而已。若总是以自己的话为真理,拿别人的话当谬论,只能在自己的周围筑起一道闭合式的围墙。

(2)心在不焉

也许你有过这种体验,当我们置身于一个交际圈中,大家谈论的话题并非都能让你感兴趣。处于这种情形之下,往往会心不在焉,敷衍了事,抑或答非所问,前后矛盾,丝毫不顾及对方的心理状态和自尊心。诚然,人们在进行言语交流时,热衷于自己感兴趣的话题是无可厚非的,但是如果这种热衷一味地以自我为中心,无视他人,就是交际的大忌。因此,当我们遇到不感兴趣或不适当的场合时,应尽量随着别人的谈话中心去言谈,并将自己的兴趣与交往对象的兴趣尽可能融为一体。假如你真正难于集中对这个话题的注意力,最好保持沉默——不说话比说话更好;或者不时对对方的谈论表示一下微笑,点头称是。只有这样,才不至于言不由衷地说一通,让对方发觉你在应付而暴露出心不在焉的不礼貌行为。

(3)信口开河

有些人喜欢故弄玄虚,有的人谈话不着边际,东扯西拉,想到哪儿,说到哪儿;还有些人喜欢吹牛,华而不实,你若让他办某件事,他会毫不迟疑,满口应承,至于能否实现则完全没有一点把握。这些都是信口开河的表现。自然,这种言语交往可以蒙蔽别人一时,但交往久了则让人产生不信任感。信息交流的利益要求得不到满足是令人不快的,因为没有人愿意与说大话、靠不住的人交往。

（4）自诩

根据马斯洛的需要层次理论，人们在交谈活动中需要友伴的重视和增加对交际对象的吸引力。但是，有些人在谈话时为了强化这种需要，便对自己的能力、才华、风范、仪表等等表现出夸大的言词——很自然地在交谈中为自己"涂脂抹粉"。自诩是一种以自己为中心的不切合实际的言语行为，它往往使交往对象感到失去了自己的交际价值。

（5）插话

言语交流时，我们的思维活动能与对方的思维活动出现交合，产生共鸣，应该是交际顺利进行的最佳状态。但是这种情形也很容易激起交际对象的插话。他在你说话时不断打岔，并以自己的意见补充或修改你的意见。应该说爱插话者的真正目的也许是出自好心，但人们往往非常讨厌这种现象。因此，在别人说话时，无论我们当时多么激动兴奋，无论我们的见解多么独特超群，无论别人的看法或观点多么不成熟或近乎荒谬，我们都必须极力抑制住自己插嘴的冲动。只有这样，对方才不至于因你的打岔、补充而感到心中不快。

（6）唠叨不休

在社交场合中，你稍一留心就可以发现有一些很"爱说话的人"，你只要轻轻用一两句话逗他，他便自开话匣，不停地将他的观点、见识、经验、偏见灌输给你。无论你接受与否，他总是颠三倒四重复那么几个概念、那么几个话题，让你没有任何说话的机会。这种"以口代耳"的交谈者，时间越长，越容易让对方产生厌烦之感，最终导致对方左耳进、右耳出，使交际的效果大打折扣。

（7）出言不逊

有些人觉得自己是深通某方面问题的专家，因此，在言语上表现出口出狂言、贬损他人、盛气凌人等行为。出言不逊是一种不良的交际习惯，是缺乏修养的一种语文行为表现。这对对方是一种嘲弄和压抑，常常使别人感到受了侮辱。伴随而来的是交际对象的拆台辩驳，反唇相讥，甚至使用不礼貌的语言进行挖苦、诋毁等。保持言语交流和谐的重要原则是要求人们谦恭和蔼、相互尊重，出言不逊者最终把自己引入孤立的死角。

(8)强词夺理

不服输和爱虚荣的心理是这种现象产生的主要原因。一般情况下,在长时间的舒畅的言谈过程中,人的心中会逐渐产生错觉,放松警惕,好像进入了"飘飘然"的境界,不大注意自己说话的逻辑性、严谨性和表达方式,不免出现一些让交际对象否定或质疑的语言。这时由于虚荣心的驱使,即使一点小小的言语障碍都可能导致强词夺理。强词夺理不仅会使自己失去言谈中的优势,而且还会把自己逼到如无言以对的紧张态势之中。所以,明智的做法是愉快接受、采纳对方建议或者友好地表示道歉。

附　录

就任北京大学校长之演说

（1917年1月4日）

蔡元培

　　五年前,严几道先生为本校校长时,余方服务教育部,开学日曾有所贡献于同校。诸君多自预科毕业而来,想必闻知。士别三日,刮目相见,况时阅数载,诸君较昔当必为长足之进步矣。予今长斯校,请更以三事为诸君告。
　　一曰抱定宗旨。诸君来此求学,必有一定宗旨,欲求宗旨之正大与否,必先知大学之性质。今人肄业专门学校,学成任事,此固势所必然。而在大学则不然,大学者,研究高深学问者也。外人每指摘本校之腐败,以求学于此者,皆有做官发财思想,故毕业预科者,多入法科,入文科者甚少,入理科者尤少,盖以法科为干禄之终南捷径也。因做官心热,对于教员,则不问其学问之浅深,惟问其官阶之大小。官阶大者,特别欢迎,盖为将来毕业有人提携也。现在我国精于政法者,多入政界,专任教授者甚少,故聘请教员,不得不聘请兼职之人,亦属不得已之举。究之外人指摘之当否,姑不具论,然弭谤莫如自修,人讥我腐败,而我不腐败,问心无愧,于我何损？果欲达其做官发财之目的,则北京不少专门学校,入法科者尽可肄业法律学堂,入商科者亦可投考商业学校,又何必来此大学？所以诸君须抱定宗旨,为求学而来。入法科者,非为做官,商科者,非为致富。宗旨既定,自趋正轨,诸君肄业于此,或三年,或四年,时间不为不多,苟能爱惜分阴,孜孜求学,则其造诣,容有底止。若徒志在做官发财,宗旨既乖,趋向自异。平时则放荡冶游,考试则熟读讲义,不问学问之有无,惟争分数之多寡；试验既终,书籍束之高阁,毫不过问,敷衍三四年,潦草塞责,文凭到手,即可借此活动于社会,岂非与求学初衷大相背驰乎？光阴虚度,学问毫无,是自误也。且辛亥之役,吾人之所以革命,因清廷官吏之腐败。即在今日,吾人对于当局多不满意,亦以其道德沦丧。今诸君苟不于此时植其基,勤其学,则将来万一因生计所迫,出而任事,担任讲席,则必贻误学生;置身政界,则必贻误国家。是误人也。误己谋人,又岂本心所愿乎?故宗旨不可以不正大。此余所希望于诸君者一也。

二曰砥砺德行。方今风俗日偷,道德沦丧,北京社会,尤为恶劣:败德毁行之事,触目皆是,非根基深固,鲜不为流俗所染。诸君肄业大学,当能洁身自爱。然国家之兴替,视风俗之厚薄。流俗如此,前途何堪设想。故必有卓绝之士,以身作则,力矫颓俗。诸君为大学学生,地位甚高,肩此重任,责无旁贷,故诸君不惟思所以感己,更必有以励人。苟德之不修,学之不讲,同乎流俗,合乎污世,己且为人轻侮,更何足以感人。然诸君终日伏首案前,芸芸攻苦,毫无娱乐之事,必感身体上之苦痛。为诸君计,莫如以正当之娱乐,易不正当之娱乐,庶于道德无亏,而于身体有益。诸君入分科时,曾填写愿书,遵守本校规则,苟中道而违之,岂非与原始之意相反乎?故品行不可以不谨严。此余所希望于诸君者二也。

三曰敬爱师友。教员之教授,职员之任务,皆以图诸君求学便利,诸君能无动于衷乎?自应以诚相待,敬礼有加。至于同学共处一堂,尤应互相亲爱,庶可收切磋之效。不惟开诚布公,更宜道义相勖,盖同处此校,毁誉共之。同学中苟道德有亏,行有不正,为社会所訾詈,己虽规行矩步,亦莫能辩,此所以必互相劝勉也。余在德国,每至店肆购买物品,店主殷勤款待,付价接物,互相称谢,此虽小节,然亦交际所必需,常人如此,况堂堂大学生乎?对于师友之敬爱,此余所希望于诸君者三也。

余到校视事仅数日,校事多未详悉,兹所计划者二事:一曰改良讲义。诸君既研究高深学问,自与中学、高等不同,不惟恃教员讲授,尤赖一己潜修。以后所印讲义,只列纲要,细微末节,以旨奥义,或讲师口授,或自行参考,以期学有心得,能裨实用。二曰添购书籍。本校图书馆书籍虽多,新出者甚少,苟不广为购办,必不足供学生之参考。刻拟筹集款项,多购新书,将来典籍满架,自可旁稽博采,无虞缺乏矣。今日所与诸君陈说者只此,以后会晤日长,随时再为商榷可也。

人权和女权

(对女子师范学校师生的演讲 1922年11月6日)

梁启超

诸君看见我这题目,一定说梁某不通。女也是人,说人权自然连女权包在里头,为什么把人权和女权对举呢?哈哈!不通诚然是不通,但这个不通题目,并非我梁某人杜撰出来。社会现状本来就是这样的不通,我不过照实说,而且想把不通的弄通罢了。

我要出一个问题考诸君一考:"什么叫做人?"诸君听见我这话,一定又要说:"梁某只怕疯了!这问题有什么难解?凡天地间'圆颅方趾横目睿心'的动物自然都是人。"哈哈!你这个答案错了。这个答案只能解释自然界"人"字的意义,并不能解释历史上"人"字的意义。历史上的人,其初范围是很窄的,一百个"圆颅方趾横目睿心"的动物之中,顶多有三几个够得上做"人",其余都够不上!换一句话说,从前能够享有人格的人是很少的,历史慢慢开展,"人格人"才渐渐多起来。

诸君听这番话,只怕越听越糊涂了。别着急,等我逐层解剖出来。同是"圆颅方趾横目睿心"的动物,自然我做得到的事,你也做得到;你享有的权,我也该享有。是不是呢?着啊,果然应该如此。但是从历史上看来,却大大不然。无论何国历史,最初总有一部分人叫做"奴隶"。奴隶岂不也是"圆颅方趾横目睿心"吗!然而那些非奴隶的人,只认他们是货物,不认他们是人。诸君读过西洋历史,谅来都知道古代希腊和雅典,号称"全民政治",说是个个人都平等都自由。又应该知道有位大哲学家柏拉图,是主张共和政体的老祖宗。不错,柏拉图说,凡人都应该参与政治,但奴隶却不许。为什么呢?因为奴隶并不是人!雅典城里几万人,实际上不过几千人参与政治。为什么说是全民政治呢?因为他们公认是"人"的都已参与了,剩下那一大部分,便是奴隶,本来认做货物不认做人。

不但奴隶如此,就是贵族和平民比较,只有贵族算是完完全全一个人,平民顶多不过够得上做半个人。许多教育,只准贵族受,不准平民受;许多职业,只准贵族当,不准平民当;许多财产,只准贵族有,不准平民有。这种现象,我们中国自唐虞三代到孔子的时候便是如此;欧洲自罗马帝国以来一直到十八世纪都是如此。

在奴隶制度底下,不但非奴隶的人把奴隶不当人看,连那些奴隶也不知道自己是个"人"。在贵族制度底下,不但贵族把平民当半个人看,连那些平民也自己觉得我这个人和他那个人不同。如是者浑浑沌沌过了几千年。

人是有聪明的,有志气的,他们慢慢的从梦中觉醒起来了!你有两只眼睛一个鼻子,我也有一个鼻子两只眼睛,为什么你便该如彼我便该如此?他们心问口、口问心,经过多少年烦闷悲哀,忽然石破天惊,发明一件怪事:"啊,啊!原来我是一个人!"这件怪事,中国人发明到什么程度我且不说,欧洲人什么时候发明呢?大约在十五六世纪文艺复兴时代。他们一旦发明了自己是个人,不知不觉的便齐心合力下一个决心。一面要把做人的条件预备充实,一面要把做人的权利扩张圆满。第一步,凡是人都要有受同等教育的机会,不能让贵族和教会把学问垄断。第二步,凡是人都要各因他的才能就相当的职业,不许说某项职业该被某种阶级的人把持到底。第三步,为保障前两事起见,一国政治,凡属人都要有权过问。总说一句:他们有了"人的自觉",便发生出人权运动。教育上平等权,职业上平等权,政治上平等权,便是人权运动的三大阶段。

啊,啊!了不得,了不得!人类心力发动起来,什么东西也挡他不住。"一!二!三!开步走!""走!走!走!"走到十八世纪末年,在法国巴黎城轰的放出一声大炮来:《人权宣言》!好呀好呀!我们一齐来!属地么,要自治;阶级么,要废除;选举么,要普遍;黑奴农奴么,要解放。在十九世纪,全个欧洲、全个美洲,热烘烘闹了一百年,闹的就是这一件事。吹喇叭,放爆竹,吃干杯,成功!凯旋!人权万岁!从前只有皇帝是人,贵族是人,僧侣是人,如今我们也和他们一样,不算人的都算人了,普天之下率土之滨凡叫做人的,都恢复他们资格了。人权万岁!万万岁!

万岁声中,还有一大部分"圆颅方趾横目睿心"的动物在那边悄悄地滴眼泪。这一部分动物,虽然在他们同类中占一半的数量,但向来没有把她们编在人类里头。这一部分是谁,就是女子!人权运动,运动的是人权。她们是

Women 不是 Men,说得天花乱坠的人权,却不关她们的事!

　　眼泪是最神圣不过的东西,眼泪是从自觉的心苗中才滴得出来。男子固然一样的两只眼睛一个鼻子,没有什么贵族、平民、奴隶的分别,难道女子又只有一只眼睛半个鼻子吗?当人权运动高唱入云的时候,又发明一件更怪的事:"啊! 啊! 原来世界上还有许多人!"有了这种发明,于是女权运动开始起来。女权运动,我们可以给他一个名词,叫做广义的人权运动。

　　广义的人权运动——女权运动和那狭义的人权运动——平民运动正是一样,要有两种主要条件;第一要自动,第二要有阶段。

　　什么叫自动呢?例如美国放奴运动,不是黑奴自己要解放自己,乃是一部分有博爱心的白人要解放他们,这便是他动不是自动。不由自动得来的解放,虽解放了也没有什么价值。不惟如此,凡运动是多数人协作的事,不是少数人包办的事,所以要多数共同的自动。例如中国建设共和政体,仅有极少数人在那里动,其余大多数不管事,这仍算是他动不是自动。像欧洲十九世纪的平民运动,的确是出于全部或大多数的平民自觉自动。其所以能成功而且彻底的理由,全在乎此。女权运动能否有意义有价值,第一件就要看女子切实自觉自动的程度何如。

　　什么是阶段呢?前头说过,人权运动含有三种意味:一是教育上平等权,二是职业上平等权。三是政治上平等权。这三件事虽然一贯,但里头自然分出个步骤来。在贵族垄断权利的时代,他们辩护自己唯一的武器,就是说:我们贵族所有的学问知识,你平民没有;我们贵族办得下来的事,你们平民办不下来。这话对不对呢?对呀。欧洲中世的社会情状,的确是如此。倘若十八九世纪依然是这种情状。我敢保《人权宣言》一定发不出来,即发出来也是空话。所以自文艺复兴以来,他们平民第一件最急切的要求,是要和贵族有受同等教育的机会。这种机会陆续到手,他们便十二分努力去增进自己的知识和能力。到十八九世纪时,平民的知识能力,比贵族只有加高,绝无低下,于是乎一鼓作气,把平民运动成功了。换一句话说:他们是先把做人条件预备充实,才能把做人的权利扩张圆满。

　　他们的女权运动,现在也正往这条路上走。女权运动,也是好几十年前已经开始了,但势力很是微微不振。为什么不振呢?因为女子知识能力的确赶不上男子。为什么赶不上呢?因为不能和男子有受同等教育的机会。他们用全力打破这一关,打破之后,再一步一步的肉搏前去,以次到职业问题,以次到参政权问题。现在欧美这种运动,渐渐的已有一部分成功了。

我们怎么样呢?哎,说起来,又惭愧,又可怜,连大部分男子也没有发明自己是个人,何论女子!狭义的人权运动还没有做过,说什么广义的人权运动!所以有些人主张"女权尚早论",说等到平民运动完功之后,再做女权运动不迟。这种话对吗?不对。欧洲造铁路,先有了狭轨,才渐渐改成广轨,我们造铁路,自然一动手就用广轨,有什么客气!欧洲人把狭义广义的人权运动分作两回做,我们并做一回,并非不可能的事。但有一件万不可以忘记:狭轨广轨固然不成问题,然而没有筑路便想开车,却是断断乎不行的。我说一句不怕诸君怄气的话:中国现在男子的知识能力固然也是很幼稚薄弱的,但女子又比男子幼稚薄弱好几倍!讲女权吗?头一个条件,要不依赖男子而能独立。换一句话说,是要有职业。譬如某学校出了一个教授的缺,十位女子和十位男子竞争,谁争赢谁?譬如某公司或某私人要用一位秘书,十位女子和十位男子竞争,又谁争赢谁?再进一步,假使女子参政权实行规定在宪法,到选举场中公开讲演自由竞争,又谁争赢谁?以现在情形论,我斗胆敢说:女子十回一定有九回失败。为什么呢?因为现在女子的知识能力实实在在不如男子。天生成不如吗?不然不然,不过因为学力不够。为什么学力不够?为的是从前女子求学不能和男子有均等机会。没有均等机会,固然不是现在女子之过;然而学力不够,却是不能讳言的事实。诸君在英文读本里头谅来都读过一句格言:Knowledge is power——知识即权力。不从知识基础上求权力,权力断乎得不到;侥幸得到,也断断乎保持不住,一个人如此,阶级相互间也是如此,两性相互间也是如此。

讲到这里,我们大概可以得一个结论了。女权运动,无论为求学运动,为竞业运动,为参政运动,我在原则上都赞成;不惟赞成,而且十分认为必要。若以程序论,我说学第一,业第二,政第三。近来讲女权的人,集中于参政问题,我说是急其所缓,缓其所急。老实说一句:现在男子算有参政权没有?说没有吗?《约法》上明明规定;没有吗?民国成立十一个年头,看见哪一位男子曾参过政来?还不是在选举人名册上凑些假名,供那班"政棍"买票卖票的工具!人民在这种政治意识之下,就让你争得女子参政权,也不过每县添出千把几百个"赵兰、钱惠、孙淑、李娟……"等等人名,替"政棍"多弄几票生意!

我真不愿志洁行芳的姊妹们，无端受这种污辱。平心而论，政治上的事情，原不能因噎废食，这种愤激之谈，我也不愿多说了。归根结底一句：无论何种运动，都要多培实力，少作空谈。……

诸君啊！现在全国中女子知识的制造场，就靠这十几个女子师范学校，诸君就是女权运动的基本军队。庄子说得好："水之积不厚，则其负大舟也无力。"诸君要知道自己责任重大，又要知道想尽此责任，除却把学问做好，知识能力提高外，别无捷径。我盼望诸君和全国姊妹们，都彻底觉悟自己是一个人，都加倍努力完成一个人的资格，将来和全世界女子共同协力做广义的人权运动。这回运动成功的时候，真可以欢呼人权万岁了！

我的道德底线是不说谎(节录)

(在东南大学百年校庆的演讲　2002年5月)

沙叶新

知识分子最大的痛苦就是内心的痛苦,是思想的痛苦。知识分子的本能就是求真。叫一个知识分子不说真话,逼他说假话,这是知识分子最痛苦的事情。为什么文革当中会有那么多知识分子自杀,除了被打、被关、身体被折磨受不了以外,更重要的还是他精神的痛苦,灵魂的痛苦。他觉得他丧失了一个知识分子应有的良知,他在撒谎。这是不可饶恕的罪过,有很多知识分子就是这么自杀的。

到了90年代,意识形态的色彩开始淡漠了。中国转入消费时代,欲望时代,所以知识分子又面临着另外一种选择,说俗了,就是一个"权",一个"钱"的选择。于是就像鲁迅讲的,有人退隐,有人消沉,有人流亡,有人当官,有人发财,但也有人坚守。

可悲的是坚守的人越来越少。90年代是知识分子大分化的年代。知识分子应该具有的责任、良心、道义、勇气、执著、诚实、规范、准则都被耻笑,说什么年代了,你还坚守这样一些破烂,所以很多像我这样的人又不适应了。我也有过彷徨、有过困惑,也有过笑话。我举个例子,也许说明不了什么问题,也许可以从中透露出一些什么。

1999年吧、也许是2000年,我对数字总是记忆不清。法国有个有名的酒,叫铭锐吧?这个酒拿破仑喝过,说拿破仑打仗,必须到这个酒厂去喝他一瓶。一喝每战必胜。这个厂有几百年的历史了,发展到现在成了法国一个专门制造高档奢侈品的一家大的公司,比如毛皮衣啊,钻石啊,高档的酒啊……

1999年吧,这家法国大公司把1900年到1999年不同年份的酒混合到一起,酿造了300瓶"鸡尾酒",其中100瓶不出售,只送给世界各国在某个领域的著名人物。香港送给了萧芳芳,还送给了一些什么国家的政要,反正都是名人。中国就送给了张艺谋。当时张艺谋在德国领奖,是《我的父亲母亲》获奖吧。他特地到上海来,到法国驻上海的领事馆来接受这瓶酒。这要举行一个仪式,在那个公司的总裁把这瓶酒送给张艺谋之前,要找个当地文化界的名人来介绍张艺谋出场。于是就找到我,我说好呀,这是一次文化活动嘛,是中国的光荣嘛!他们问:"沙先生,你有什么要求吗?"我说:"没有什么要求。"然后又问:"真的没什么要求吗?"(笑声)我心想能有什么要求呢?总不能让张艺谋拍部电影让我演男主角吧。我实在是没想到其他地方去,就说:"一点要求也没有。"对方说:"那好,那好。"

这一次,我确实是把它当作一次纯粹的文化活动。我平时发言、演讲,都不写讲稿,信口开河,那次我特地写了讲稿,做了准备。张艺谋嘛,要郑重对待。我想这是发奖大会,发言不要搞得太一本正经。发奖本来就是开心的事,你看奥斯卡颁奖多开心。所以我想尽量讲得轻松一点,风趣一点。我的发言开头说:"张艺谋是不用介绍的,天下谁人不识君。张艺谋也不希望别人去夸奖他,一夸奖张艺谋就成了'夸张'了。"(笑声)

这个开头就赢得大家掌声,我也很得意(笑声)。我说:"张艺谋是中国电影界的'大红灯笼',是得奖专业户。他以前得奖是'一个和八个',现在他是'一个都不能少'。"(笑声)中间说得也不错吧?是不是?你想呀,他得过表演奖,得过导演奖,还得过摄影奖。不是"一个也不能少"吗?那次我讲了10分钟,很受欢迎,我也认为我是参加了一次有意义的文化活动。第二天早上,我请张艺谋喝早茶,还请了黄蜀芹、奚美娟等上海电影界人士。

其实人家法国公司是有利可图的,他们是用文化来包装商业目的。所以他才问你:"你有什么要求?"说白了,你要多少钱嘛。可我就是听不懂嘛(笑声)。这是两种符号,两种语言。他送给名人的100瓶酒不卖,但其他200瓶酒是要卖的,也可能卖得很贵嘛。他这100瓶送的酒是广告嘛,是为了推销那200瓶酒的广告嘛。我也在无形中做了一次广告,一分钱没拿(笑声)。

我讲这件事情是说到了90年代,商业大潮汹涌澎湃,把一部分想坚守的知识分子席卷而去,就像钱塘大潮一样,你即便原先只是想在岸上看看的,也会把你席卷下海。可是我理解那些下海的知识分子。90年代知识分子是分化了,被官场、商场冲走了。但还有一小部分人在坚守。他们面对不公,面对邪恶,没有闭上眼睛,没有掉头而去;他们仍有良知,还在坚持真理,敢说真话,坚持伸张正义,揭露黑暗。这样的知识分子不少,老人有,新人也有。老的当中,我所钦佩的李慎之先生就是这样的人。

我很少很少给名人写信,不是骄傲,是怕打扰他们。当我看到李慎之先生的《风雨苍黄五十年》之后,我激动不已,抑制不住给他写了一封信。

说了半天,有人会问我:"阁下如何啊?"

我境界不高,但我有一个底线,我是作家,不能撒谎。何以证之?有个例子可以一说。这儿没有打小报告的吧?打小报告,我也说。我说出来是为了说明问题,是希望知识分子绝对不要撒谎(鼓掌)。

去年年底,开全国文代会、作代会。我当时很高兴。为什么呢?因为我从来没想到我在上海的选票是如此之高,我真的真的感谢上海作家们对我的信任,对我的支持。我真的真的心存感激。虽然我知道我不够资格当选代表,因为我几乎从来不参加任何协会的会议。我连官都不想当,还开什么会?85年我当上海人民艺术剧院的院长,当了4年不想当了,要辞职。我说我一个人改变不了终身制,但我一定要从我做起,一定要任期制,只能当4年。可是就是不让我辞,还叫我继续当。没办法,我就写了一张名片。我的名片可能有些人知道,上面印的是:"我,沙叶新——上海人民艺术院院长——暂时的(笑声)。剧作家——长久的。某某理事,某某委员,某某教授,某某主席——都是挂名的(笑声)。"

所以呢,我就这么多年一直坚守这样的立场,不愿当官,不愿开会,我行我素,独往独来,只要对得起良心,问心无愧就可以了。不以被接见感到荣幸,不以被赏识感到骄傲。有副对联,好像原本是流沙河先生的,我可能记不准确了,但我一定按照自己的意思审改了,叫做:"偶有慧心写小品,绝无俗趣见大官。"埋头写作,一心只读"剩""闲"书。所以作协选我,我真的感到我太辜负上海作家们对我的信任了。我这个人是很容易感动的。

这样,我去年就到了北京参加全国作家协会代表大会去了。你不是不喜欢开会吗?怎么又去北京开会了?我可以借此机会看朋友呀,可以到我喜欢的几家靠近北大的书店去买书呀。至于会,我真的没参加,连开幕式,中央首长都出席的隆重的开幕式你居然都没出席?是的。是不是太过分了,太狂妄了?什么原因,我下面说。

我认为,这样的所谓全国作家代表大会没意思。一是最近几届大会从来不安排代表们的大会发言,只安排代表们听中央首长的大会报告,因此各个代表团之间无从交流,你无法了解其他地区代表团的意见。各个代表团是虽然有小组发言,但没有会议简报,因此各代表团之间也无从了解其他代表团的发言情况。没大会发言,没会议简报,这叫什么全国代表大会?北京的不知道上海的会议情况,山东的不知道山西的会议情况,议不起来嘛(笑声、鼓掌)。那各个代表团何必要相聚北京?就在自己所在的地区开会不是一样吗?干吗还要浪费那么多经费跑到北京来呢?所以我每次上北京开会,我都说我一定要认认真真地把这会开得像没开一样(笑声、鼓掌)。

但不开也不行,作协章程上规定了的呀,几年……大概四年就要开一次吧?开了又要高度警惕,严加防范。我看每次开会,最紧张的是领导,就怕出事。防范大家交流思想,交流意见,串通一气,形成舆论,或是决定,给上面造成压力,打乱上面的战略部署,无法和上面保持一致,无法维持那"压倒一切"的稳定局面。所以这样的所谓大会,总是在开幕之前先要召开党员预备会议,统一思想,保持一致。很少听说另外一种局面,就是要党员带头各抒己见、言无不尽,或者要党员鼓动大家打消顾虑、畅所欲言。如果有过这样的局面,那是在1957年,那是为了"阳谋",为了"钓鱼",为了打你个"右派"。

你说这样的会又有什么意思?会议、会议,就是要"议"嘛;不"议",光让大家到北京来"会"一下,有什么意思?当然也不能说没"议";也"议"了,问题是"议"了什么。按我的理解,全国作家代表大会应该议一议在上一届会议之后的几年里全国的创作情况,有什么经验和问题等等,总之主要应该议的是创作和与之相关的问题。可是我们的代表大会呢?主要的议题是学习中央领导的讲话或学习文件,谈体会,谈心得,领会精神,提高认识,然后表示决心,坚决贯彻。你这样"议"也行,反正也听惯了,可是你不要议得肉麻呀。怎么个肉麻?听我慢慢说。

先说开幕式我为啥不去呢?说实话,我怕拍照片。这虽然是"无上的荣光",可我怕等,怕排队。文联的代表,作协的代表,数千人,排队要一个小时。排好之后又要等一个小时(笑声)。在这一个小时之内,你最好别动。像我这样多动症的人肯定受不了(笑声)。我怕受这个罪。那不是听不到领导的报告了吗?听开幕式的报告好几次了,不听也罢,我估计不会有什么新意。所以我就没参加开幕式。报告没听,怎么讨论呀?报纸上有呀,绝对是头版头条,不可能登在中缝,连找都不用找,翻也不用翻,拿到手上一眼就能看到。

况且我还不一定参加小组讨论。但也不能做得太绝,第三天吧,我就到了小组会上去了。

说来真巧,那天下午全国作协的一位领导亲临会场,来听我们上海代表团的讨论,听听大家学习领导在开幕式上的讲话。这位领导原来在上海工作,是部长。我觉得他这个人不错,没听说他整过人,只听说他在当大学党委书记的时候还保护过学生。我对他毫无恶感。大家都叫他某部长。他刚坐下,就有一位作家发言。这个作家曾在这位部长手下工作过。我对他也有好感,我喜欢他的性格,虽接触不多,但印象不错,我们甚至还相约以后一起运动。这个人的小说和文章写得也挺好,很风趣。真的是如此。这位老兄第一个发言,说:"哎呀,部长你来了,看到你,我感到非常亲切。至今我还记得在你在离开市委的那天告别会上的发言。你的讲话,你的作风,至今给我们留下深刻的印象……"(笑声)

哇,我真的受不了啊(笑声、鼓掌)!怎么好这样呢?我就坐在他不远的地方,他看到我的脸色,有些异样,就对我说:"你发言、你发言。"我根本没接他这个茬儿,我抑制不住地对他说:"你拍马屁怎么拍得这么恶心(笑声)!"他很尴尬,他也知道我没坏心,我和他无冤无仇。事后我想,我这样的说他,会不会伤害了他?如果有所伤害,我向他道歉。我真的没坏心,当时真的是抑制不住,脱口而出。我非但不是坏心,而且还是好意。否则我不会说他。因为我喜欢他,所以才说。否则我理也不理他。他说:"你说,你说。"他一说"你说,你说",我就忘了老婆的吩咐了。我这次到北京来,我老婆对我说:"叶新,求你一件事情,你到北京千万不要说话,千万不要发言(笑声)。"我说:"好,我保证不说话!"这也是我不参加开幕式和小组讨论的原因之一,不开会,就不会发言了。可这位作家冲着我说:"你说,你说。"我就忘记妻子的嘱咐了。

其实我也可以不说的。实在是看了北京某大报上刊登了一些著名作家学习领导讲话的文章,我憋不住了。如鲠在喉,不吐不快。

我想,说就说吧。我说:"这次我到北京来,医生嘱咐我,你心脏不好,凡是激动人心,鼓舞人心的地方你不要去(笑声、鼓掌)。"所以开幕式我就没去(笑声)。但是,领导的讲话我在报纸上看了。我认为很重要。因为领导的讲话,都是很慎重的,要经过研究,经过思考,经过多方面的征求意见,甚至字斟句酌,才最后定稿的,当然重要。但是我今天看到报纸上刊登了一些著名作家学习领导讲话的文章,我感到我很落后,甚至怀疑我是不是阴暗。都是一些全国著名的作家呀,他们有的文章说,这次领导的讲话是纲领性的,是划时代的。有的文章说,这次领导讲话和毛泽东的在延安文艺座谈会上的讲话,和邓小平同志在全国第四次文代会上的讲话一样,都是里程碑。我怎么就没有这样的认识呢(笑声、鼓掌)?领导讲话当然重要,但是不是每次讲话都是划时代的,都是纲领性的,都是里程碑呢?还有的作家在文章中说,听了这次领导讲话就像一股暖流流入心中。咦,奇怪,我怎么就没这感觉呢(鼓掌、笑声)?

有一部分人肯定有这样的感受,我不能以小人之心,度君子之腹,但是不是所有的人都这样呢?他们这样强烈、激动的感受能不能代表大多数人呢?我就不信。我这次来北京,我老婆对我说,你千万别说话。你说的不是大家不懂,你看出的问题不是大家看不出。而是大家都在演戏,你干嘛那么认真呢?这是老婆的原话。我说我是作家,我的思想境界不高。可我有我的道德底线,那就是不能撒谎,要说真话。当然真话不一定是正确的话,更不一定是真理,但假话一定是罪恶,谎言一定是无耻。假如面对谎言我沉默,在某种程度上来讲,我也是在撒谎。所以我今天必须说出来。我说我们不是作家吗,而且作家的代表。假如我们在这个全国的会议上都不能说真话,那这会有什么开的呢?我们能对得起那些选举我们的大多数没来开会的作家吗?

我发言完了之后,可能真的是有点激动,心跳加快,我就说,我心脏不好,我要回去吃药,拍拍屁股就走了。

我认为我的那番话是讲道理的,不是胡说八道,不是胡搅蛮缠。我反对的是谎言,每个代表应该说出真心话,尤其是作家。我是出于爱心。真正爱这个国家,不害这个领导,就应该把真话跟他说。不要老是"一股暖流流入心中"(笑声)。

好,我就说到这里。欢迎大家和我对话。有什么问题都直言不讳地提出来。跟我商榷也好,反对我的说法也好,都能提出来。我能回答的,一定很真诚地回答大家。大家有什么问题,站起来都可以说,写条子也可以。

为什么我不是基督教徒(节录)

(在全英非宗教主义协会南伦敦分会大会上的演讲 1927年3月6日)

伯特兰·罗素(英国)

主席对大家说了,今晚我演讲的题目是:"为什么我不是基督教徒。"首先,也许应该搞清楚,人们所说的"基督教徒"这个词是什么含义。现在,许多人用起它来是很不确切的。有人以为基督教徒只是指那些想过高尚生活的人。照这样说来,我想各种宗教,各种教派中都有基督教徒了,但是我看这不是这个词的本义,最大的理由是,这样说言外之意就是说凡不是基督教徒的人——一切佛教徒、儒教徒、伊斯兰教徒等等,都不想过高尚的生活,我说的基督教徒并不就是想按自己的看法过清白生活的人。我想你有权利自称为基督教徒,一定有某种程度的具体信仰,今天,基督教徒这个名词远不如圣奥古斯丁时代和圣托马斯·阿奎那时代那样含义单纯明确。当年,如果有人宣称自己是基督教徒,谁都知道这意味着什么。你接受一整套严谨精确地制定的信条,而且全心全意,刚毅坚定地信仰这些信条的一词一句。……

人们常说,攻击宗教是错误的。因为宗教使人更有道德。……我倒似乎觉得,信仰基督教的人大多都是极其邪恶的。大家可以看到这种咄咄怪事,就是历史上无论什么时期,只要宗教信仰越狂热,对教条越迷信,残忍的行为就越猖狂,事态就变得越糟糕,在所谓宗教信念的时代里,当人们不折不扣地信仰基督教义的时候,就出现了宗教裁判所和与之俱来的严刑,于是也便有数以百万计的不幸妇女被当作女巫烧死,在宗教的名义下,对各阶层人民实施了各种各样的残酷迫害。环顾今日的世界,你会发现世界上人类的情感稍微有一点进展,刑法有任何改进,缓和战争的每一步骤,改善有色人种待遇的每一步骤,奴隶的解放和道德的进步,都曾受到世界上有组织的教会一贯的反对。我可以很慎重地说:"基督教作为有组织的教会,过去是,现在也依然是世界道德进步的主要敌人。"

我说今日的教会依然阻碍着人类的进步,你也许觉得有些过火。我并不认为这样。现在只说一件事实。请你们原谅我提到这样的事。这不是令人愉快的事,但是教会强迫我们谈论令人不愉快的事。假定在我们今天居住的世界上,有一个天真无知的少女嫁给了一个梅毒病患者,天主教会就说:"这是不可变更的神圣誓约。你们必须共同生活一辈子。"女方还不能采取任何措施以预防生养患梅毒病的婴儿,这就是天主教的主张。我认为这是穷凶极恶的残忍,只要人类天然的同情心还没有被教条完全泯灭,只要人类的道德天性对苦难的感觉还没有达到麻木不仁的地步,谁也不能说这种事情是合乎情理的,这种事态应该继续下去。

这还只是一个例子。目前,教会仍然拥有各种手段坚持它所称为的道德,使各种人民蒙受不应有和不必要的痛苦,当然,正如我们知道的那样,它仍然反对减轻世界上痛苦的各种各样的发展和进步。因为它把某些同人类幸福毫无关系的狭隘的行为准则,美其名为道德;如果你认为应该做这做那,因为它有利于人类幸福,他们却说这同问题毫无关系。"人类的幸福与道德有什么关系呢?道德的目的并不在于让人类幸福。"

我们要独立思考、光明正大地看待世界的一切——善的、恶的、美的、丑的;正视客观而不是害怕现实。用智慧征服自然而不是仅仅慑于自然的淫威,甘愿俯首听命。有关上帝的整个观念来源于古代东方专制主义。这种观念是同自由人格格不入的。当你听见人们在教堂中自我贬斥,说他们是可怜的罪人这类话时,会感到是可耻的,是同有自尊心的人不相称的。我们应当昂然奋起、坦率地正视世界。我们应当把世界建设得尽可能美好些,纵然不能十全十美尽如人意,也总要比别人在过去干的强得多。建设一个美好的世界需要的是知识、善良、勇气,而不是对以往嗟悔不已,也不是用许久以前无知的人们用过的话语来禁锢我们自由的思想。这需要的是大无畏的观点和自由的思想。这需要的是对未来的憧憬,而不是对于业已死亡的过去永无止息的怀恋。我们深信:用人类智慧创造的未来世界将远远地超过死亡的过去。

科学的颂歌

(对加利福尼亚理工学院学生的演讲 1931年2月16日)

爱因斯坦(美)

我亲爱的朋友们：

我十分高兴看到在我面前的你们——选择了科学作为职业，精力充沛的青年人队伍。

我将反复唱一首赞美歌，赞美在应用科学上我们已经取得的伟大成果，赞美你们即将带来的更大的进步。事实上，我们是在应用科学的时代，也是在这样一个应用科学的国度。

如果说我现在是在不合时节地说话，那是错误的！恰像有人认为不开化的印第安人经济不丰富生活不愉快一样，但我不这么想。事实上，开明国家的孩子是那样地喜欢玩"印第安人"游戏，这具有深刻的意味。

伟大的应用科学又使我们减少劳动，使生活变得安乐舒适。但为什么现在它带给我们的幸福这么少呢？简单的答案就是：因为我们仍然没有把科学置于合理的应用之中。

战争年代，科学为我们可能中毒和相互伤害服务，和平时期，它使我们的生活变得匆忙和不稳定。代替大规模从脑力消耗的劳动中解脱我们，它使人们成为机器的奴隶——人们的大部分时间都用在了漫长单调的令人厌恶的工作上，且还要继续担心自己可怜的口粮。

你们可能觉得我这个老头儿唱的歌不中听，可是，我这么说具有一个良好的目的——为了指出科学的重要和前途。

为使你们的工作能够赐福于人类，仅仅懂得应用科学本身是不够的！对人类本身及其命运的关心总是培养出努力学习各种技术的兴趣；对尚未解决的巨大劳动起源和商品分配的问题的关心——为了我们思想意识的建立，将会给整个人类带来幸福而不是灾难。在你们的图表和方程式中千万不要忘记这一点。

一个遗臭万年的日子

（向美国参、众两院的演讲　1941年12月8日）

罗斯福（美）

副总统先生、议长先生、参众两院各位议员：

昨天，1941年12月7日——一个遗臭万年的日子——美利坚合众国遭到了日本帝国海空军部队突然和蓄谋的进攻。

合众国当时同该国处于和平状态，而且，根据日本的请求，当时仍在同该国政府和该国天皇进行着对话，对于维持太平洋的和平有所期待。实际上，就在日本空军中队已经开始轰炸美国瓦胡岛之后一小时，日本驻合众国大使及其同事还向我们国务卿提交了对美国最近致日方的信函的正式答复。虽然复函声言继续现行外交谈判似已无用，它并未包含有关战争或武装进攻的威胁或暗示。

应该记录在案的是：由于夏威夷同日本的距离，这次进攻显然是许多天乃至若干星期以前就已蓄意进行了策划的。在策划的过程之中，日本政府通过虚伪的声明和表示希望维系和平而蓄意对合众国进行了欺骗。

昨天对夏威夷群岛的进攻，给美国海陆军部队造成了严重的损害。我遗憾地告诉各位，很多美国人丧失了生命。此外，据报，美国船只在旧金山和火奴鲁鲁之间的公海上也遭到了鱼雷袭击。

昨天，日本政府已发动了对马来西亚的进攻。昨夜，日本军队进攻了香港。

昨夜，日本军队进攻了关岛。

昨夜，日本军队进攻了菲律宾群岛。昨夜，日本人进攻了威克岛。

今晨，日本人进攻了中途岛。

因此，日本在整个太平洋区域采取了突然的攻势。昨天和今天的事实不言自明。合众国的人民已经形成了自己的见解，并且十分清楚这关系到我们国家的安全和生存的本身。

作为陆海军总司令,我已指示,为了我们防务采取一切措施。

但是,我们整个国家都将永远记住这次对于我们进攻的性质。

不论要用多长的时间才能战胜这次预谋的入侵,美国人民以自己的正义力量一定要赢得绝对的胜利。

我现在断言,我们不仅要作出最大的努力来保卫我们自己,我们还将确保这种形式的背信弃义永远不会再危及我们。我这样说,相信是表达了国会和人民的意志。

敌对行动已经存在。毋庸讳言,我国人民,我国领土和我国利益都处于严重危险之中。

信赖我们的武装部队——依靠我国人民的坚定决心——我们将取得必然的胜利——上帝助我。

我要求国会宣布:自1941年12月7日——星期日日本进行无缘无故和卑鄙怯懦的进攻时起,美国向日本帝国宣战。

在萧红墓前的五分钟演讲

郭沫若

年轻的朋友们：

演讲对于我倒不是件难事，然而要不多不少恰好五分钟，却使我感到困难。而主席又只要我作五分钟的滩头演讲，让你们好早点跳下海去，作青春之舞泳。

我想，本来我可以这样开始我的演讲："各位先生，各位女士，请大家沉默五分钟！"于是当大家沉默到五分钟时，我便说："沉默毕，我的演讲完了。"

大家假如要反诘我："你要向我们作五分钟演讲，为什么叫我们沉默五分钟呢？"我可以理直气壮地回答："朋友，人们不是说，沉默胜于雄辩吗？"

本来我可以这么开始我的演讲的，但是，我听了刚才某先生两分钟的演讲，太漂亮了！他说："人民的作家萧红女士一生为人民的解放事业奔走，到头来死于这南方的海边，伙伴们把她埋在这浅水湾旁，今天，围绕在她周围的都是年轻人，在今后的日子里，不知道有多少年轻人来围绕着她。朋友们，我们是年轻人，我们没有悲伤，我们没有感慨，请大家向萧红女士鼓掌！"太好了，我的五分钟演讲，只好改变计划了。让我把年轻人引申来说一下吧。

年轻人之所以为年轻人，并不是单靠着年纪轻，如果是单靠年纪轻，我们倒看见有好些年纪轻轻的人，却已经成了老腐败、老顽固，甚至活的木乃伊——虽然还活着，但早已死了，而且死了几千年。

反过来，我们在历史上也看见有好些年纪老的人，精神并不老，甚至有的人死了几千年，而一直都还像活着的年轻人一样。所以，一个人的年轻不年轻，并不是专靠着生理上的年龄，而主要的还是精神上的年龄。便是"年轻精神"充分的，虽老而不死；"年轻精神"丧失的，虽年轻而人已死了。

那么，什么是年轻精神的品质呢？

第一，是真理的追求者。他是一张白纸，毫无成见地去接受客观真实，他如饥似渴地请人指教，虚心坦怀地受人指教，他肯向一切学习，以养成他的智慧。这是年轻人的第一特征。

第二,是博爱的实践者。他大公无私,好打抱不平,绝不或很少为自己打算,确实地有着人饥己饥,人溺己溺的怀抱,而为他人服务。这是年轻精神的第二特征。

第三,是勇敢的战士。他不怕任何艰难困苦,倒下去立刻跳起来,碰伤了舔干血迹,若无其事,他富于弹性,他以牺牲自我的意志彻底一切。这是年轻人的第三特征。

这三种年轻精神的特征,每一个年轻人都是有的,假如他把这些特征保持着,并扩大着,那他便永远年轻,就死了还年轻;假如他把这些特征失掉,比如年纪轻就作狗胆子的事,那他不仅不年轻,而且老早就是一个死鬼了。

就在这样的认识之下,我们向"年轻精神"饱满的年轻朋友们学习,使自己年轻,使中国年轻。

婴儿

(1789年11月13日)

马克·吐温

主席先生,各位先生们:

"为婴儿祝酒!"真是妙不可言。

我们并非都能有幸做过女人;我们也并非都做过将军、诗人或政治家。但是,轮到为婴儿祝酒,我们就有了共同点——因为我们都做过婴儿。〔笑声〕几千年来,世界各地在举行宴会时竟完全忽视了婴儿,好像婴儿一点也不重要。这太不像话!先生们。如果各位静思片刻——如果各位回到50年或100年前,回到婚后不久的岁月,并再度凝视你们的第一个小宝贝——各位就会记起他非常重要,而且岂止是重要。〔笑声〕

你们军人都知道,当那个小家伙来到你家的大本营,你就得递交辞呈。他掌管了全部指挥权。你成了他的随从,他的保镖。你还随时侍奉左右,恭候吩咐。他这个司令官不考虑时间早晚,距离远近,天气好坏,或其他任何情况。不管有无可能,你都得执行命令,而且,他的战术教范只有一种行军方式,那就是跑步。〔笑声〕他对你百般蛮横,百般无礼,而你就算浑身是胆,也不敢吭声。你可以面对多纳尔森和维克斯堡的死亡风暴并奋勇反击;但是,当他抓你的胡子,扯你的头发,拧你的鼻子,你却不得不忍气吞声。〔笑声〕当战争的雷声在你的耳际响起,你迎着炮火迅猛前进;但是,当他像印第安人那样开始发出令人恐怖的战斗呼喊,〔笑声〕你却大踏步地后撤,而且你还很高兴有这样的机会。当他嚷着要喝止咳糖浆,你敢脱口说出自己的意见吗?你敢说有些服务项目不适合一位军官和绅士吗?不,你会起身去拿糖浆!如果他吩咐你去拿奶瓶,但瓶里的奶不热,你会顶嘴吗?不,你会行动起来,你会去把奶热一下,你在"仆人工作室"里竟然如此屈尊俯就,以至于亲口尝尝那不冷不热的玩意儿,看看是否正好!嗯——3份水,1份奶,加一点糖来减轻"肚子疼",再加一滴薄荷油来防止那顽固的呃逆。我至今还记得那玩意的滋味!〔哄堂大笑〕

你这样下去学会了多少东西哟！多情的年轻人仍然笃信一个古老的传说：婴儿如果在睡梦中微笑，是因为天使在对他讲悄悄话。太美了，但是太不可信了——那只是肠胃发出的嘀咕声而已，朋友。〔笑声〕如果你的小宝贝提议在老时间，即在凌晨两点半散步，你难道不立即起身，并说你正想提议这样做吗？哦，你是训练有素的！你身穿"便服"，〔笑声。〕怀抱宝宝，在房间里来来回回踱步；你不顾尊严地、咿咿呀呀地信口胡扯；你甚至还亮出军人的嗓门，努力唱上一曲"宝宝乖宝宝睡"。田纳西军团真是出足洋相了，而邻居也真是苦恼透了！因为在一英里之内，并非人人都喜欢凌晨 3 点欣赏军乐。〔笑声〕你这样持续了两三个小时，而你的茸头小上司却示意，操练和歌声对他再合适不过，并建议在这条战线上打到底，即使要打一个整夜——继续战斗吧！你怎么办？你只能继续战斗，直到筋疲力尽倒下为止。〔笑声〕

我喜欢"婴儿一点也不重要"的想法！为什么？因为一个婴儿只会把整幢房子都占为己有，并搞得一团糟：一个婴儿就会使你和你的内务部忙个不停；他勇于进取，难以控制，往往目无法纪；无论你采取什么手段，都无法使他恪守常规。一个孩子就够你受的了。如果你还有理智，千万不要祈求生双胞胎。双胞胎意味着骚乱不已，而三胞胎无异于造反。〔大笑〕

现在，在全国三四百万个摇篮中，有几个摇篮将被我国视为神圣的文物而世世代代地保存起来——如果我们知道是哪几个的话。因为在其中一个摇篮中，一位迷迷糊糊的未来的法拉格特此时正在出牙——各位想一想出牙时的情景吧——他还非常热切地咕哝了一句什么，虽然口齿不清，但是情有可原；在另一个摇篮里，未来的天文学家正没精打采地对着闪烁的银河眨眼，思忖着另一位叫奶妈的人的下落；在第三个摇篮里，未来的大史学家正躺在那儿，无疑要躺到这平凡的使命完成为止；在还有一个摇篮里，未来的总统并不在为国家大事而操劳，却在为头发这么早出了问题而烦神；〔笑声〕在一长列其他摇篮里，大约有 6000 名谋求官职者，现在正准备再向这位未来的总统提供解决这一老问题的机会！在美国国旗下的某地还有一个摇篮，里面躺着美军未来的总司令，他此刻并不在为将来的威严和责任犯愁，而是开动着他的全部战略头脑，想方设法把大脚趾伸进嘴里——这并非对今晚显赫的贵宾有何不敬，而是说，56 年前他也曾把注意力放在这件大事上！如果说从小看到大，三岁看到老，那么，只有极少数人才会怀疑他取得了成功。〔笑声、经久不息的掌声〕

后记一

几个轮次的课程讲授下来,终于有了今天的《演讲与口才》书稿。这门课程的开设,既是借了学分制的东风,又了了我多年的宿怨。我既不是研究语言的,也不是演讲专家,只是参加过几次演讲比赛,担任过几次学校演讲大赛的评委,尤其是多年指导学生教学实习的经验,深感在校的大学生在演讲与口才方面的不足,便在我校成立课题组,开设了《演讲与口才》这门课程。

本教材主要讲述演讲的基本知识、演讲的基本过程及其艺术、各种广义演讲的要领以及影响口才的各种要素。以语言学和言语交际学的基本理论为立足点,旁涉逻辑学、心理学、修辞学、文章学等知识,但避免一般教材的理论性讲述,侧重于理论和实践的结合,重点阐述各类演讲的规律和技巧。所以不敢以《演讲学》命名,姑且称之为《演讲与口才》。

本教材各章节编写分工如下:

杨树森:第一、二章。

钱奇佳:第三、四、五、六、七章,第八章第六节。

余大芹:第八、第九章。

在本教材的编写过程中参阅借鉴了唐树芝、刘德强、梁世坚、王洁、邵守义、刘红等诸位前贤大作,也引用了诸多演讲高士的演讲词作,这里虽不一一具名,但一并表示衷心的感谢。

本教材在出版过程中受到安徽大学出版社的关心和支持,也受到了安徽师范大学教务处的支持,在此表示由衷的谢意。

编　者

2006.1.10

后记二

我不是研究语言的,也不是演讲专家,却对演讲感起兴趣来,这缘自于一次活动。那是1996年,安徽省教育厅开展了一次反腐倡廉演讲比赛,要求各高校派选手参加。我们学校便在各个院系组织了一次选拔赛,我是奉院领导之命代表学院参加学校比赛的,没想到竟拔得头筹,又代表学校参加省里的比赛。从此便与演讲结下了不解之缘。后来,学校进行学分制改革,需要大量的素质教育课和通识课,于是我便开始讲授起"演讲与口才"课程。

作为上课的教材,《演讲与口才》于2006年出版。由于当时时间仓促,准备也不充分,因此这本教材显得很粗糙、单薄,既有结构体例上的不足,也存在文字校对上的疏漏,可就是没有腾出空来进行修订。此次,在安大出版社卢坡编辑的一再催促之下,作必要的修订。既然是《演讲与口才》,内容就不能仅限定于演讲,演讲需要口才,而口才更多地体现在交际过程。此次修订增加了"交际的技巧"一章,算是对初版的一种补充,使其更加名副其实。此外,还替换和增补了一些演讲的实例,尽管经典的演讲永远能体现语言的魅力,永不过时,但毕竟与当下的生活隔着一段距离。

演讲能力的提升,绝妙口才的培养,主要来自于训练和实践,作为教材,理应在这方面有所侧重。但考虑到有许多大家在这方面已有专著问世,同时考虑到课时和篇幅的限制,也就不作增补。

感谢安徽大学出版社的卢坡编辑,没有他的敦促,也就没有修订版的问世。

编 者